No 37

Literaturmagazin

POP TECHNIK POESIE

Die nächste Generation

Herausgegeben von
Marcel Hartges, Martin Lüdke
und Delf Schmidt

Rowohlt

Das «Literaturmagazin» erscheint halbjährlich, jeweils im
Frühjahr und im Herbst.
Die Redaktion kann keine Haftung für eingesandte Manuskripte
übernehmen.
Eine Rücksendung erfolgt, wenn entsprechendes Porto beiliegt.
Anschrift der Redaktion: Rowohlt Verlag, D-21462 Reinbek.
Preis des Einzelheftes DM 18,–
Jahresabonnement DM 30,–

Erstausgabe
Juni 1996
Copyright © 1996 by Rowohlt Verlag GmbH,
Reinbek bei Hamburg
Die Rechte an den einzelnen Beiträgen liegen bei den Autoren
Umschlaggestaltung Walter Hellmann
Gesetzt aus der Bembo auf Linotronic 500
Gesamtherstellung Clausen & Bosse, Leck
Printed in Germany
ISBN 3 498 03893 1
ISSN 0934 6503

Inhalt

5

Die Geburt im Rechner

Die Arbeit an der Literatur darf
nicht stillstehen

Kein Roman

II Porträt

III Die Rache des Körpers am Gedanken

Editorische Notiz

Auf dem Münchener Franz-Josef-Strauß-Flughafen gibt es eine großflächige Werbetafel, die aus zwei Plakaten besteht; auf dem linken ist unter der Überschrift «Der Revolutionär der 60er» ein Porträt von Che Guevara zu sehen, auf dem rechten unter der Zeile «Der Revolutionär der 90er» ein Geldautomat, mit dem sich bargeldlos ein Auto der Firma Sixt ausleihen läßt. Die Bildunterschriften sind nicht minder einschlägig als die Abbildungen: «Die Massen mobilisieren!» heißt es links, und rechts, als Motto der 90er Jahre: «Die Massen motorisieren!»

Inzwischen ist mehr von der Daten- als von der Bundesautobahn die Rede, und so mag der zweite, sich modern wähnende Slogan selbst schon wieder hoffnungslos antiquiert sein, in einer Hinsicht hat die Kampagne dennoch recht: Das Politische hat, jedenfalls auf der Oberfläche, über die Jahrzehnte an Terrain verloren – und dies nicht nur bei den vermeintlich autoversessenen «Massen», sondern auch bei der jüngeren Autorengeneration, die das Schwerpunktthema dieses «Literaturmagazins» bildet. Daß sich der heutige schriftstellerische Nachwuchs, wie einst Günter Grass, von der SPD zu poetischen Höhenflügen stimulieren ließe, erscheint, vorsichtig ausgedrückt, höchst unwahrscheinlich – was nicht in erster Linie mit dem Zustand der deutschen Sozialdemokratie zu tun hat: Die Stimulanzien sind andere geworden und ebenso die Themen, die gesellschaftlichen wie die literarischen.

Diese Feststellung stimmt oft auch noch da, wo auf den ersten Blick Kontinuität zu herrschen scheint: Pop, ein Begriff aus den 50er Jahren, der in den 60ern plötzlich in aller Munde war, ist heute erneut zum Trendwort avanciert, allerdings mit anderen, vielleicht diffuseren Bedeutungen als zu Warhols Zeiten. Einen Einstieg in die Begriffsgeschichte von Pop liefert Diedrich Diederichsens Essay, einen Eindruck von der emphatischen Rolle, die Pop gegenwärtig wieder spielt, vermitteln Gero Günthers «11 wichtige Hinweise, die man beachten sollte, ehe man mit Popliteratur ins Bett geht». Literarisches hierzu gibt es wiederum von Gero Günther, daneben von Andreas Neumeister und Norman Ohler, der seit seinem Romandebüt «Die Quotenmaschine» in diesem Frühjahr schon als deutsches Pendant zu William Gibson und Douglas Coupland gehandelt wird. Der Text «Frequenzen» entstand im übrigen aus den Vorarbeiten zu seinem nächsten Roman «Chemie».

Auch in der aktuellen Poesie spielen Traditionen aus den 50er und 60er Jahren eine wichtige Rolle. Die Gedichte von Christian Uetz und Franzobel etwa verfolgen literarische Strategien weiter, wie sie in den Sprachexperimenten der Wiener Gruppe entwickelt wurden. Neues Territorium betritt eine aus den USA importierte Leseform, die mit den eher leisen und beschaulichen Konventionen des Verseschmiedens gründlich bricht: Poetry Slam. Karl Bruckmaier, Organisator des ersten Münchener Literatur-Slams, schreibt über diese «Mischung aus Lesung, Sportveranstaltung und Party».

Der Tod des Erzählers, das Verschwinden des Autors ist wiederum ein Thema mit Tradition. Michel Foucaults vieldiskutierte philosophische Metapher wird in den Arbeiten des Frankfurter Künstlers Marko Lehanka – mit völlig anderen Konnotationen – höchst konkret. Lehanka experimentiert mit einem Programm, das künftig selbsttätig Romane verfassen soll. Norman Mailer hat in einem Interview einmal die Ansicht geäußert, daß es eine reine Frage der Zeit sei, bis die Computer die Schriftsteller verdrängt haben würden. Bis dahin wird es wohl noch dauern, die Texte jedoch, die Lehankas Computer inzwischen zu generieren vermag, haben jetzt schon einen verblüffenden Reiz.

«Pop Technik Poesie» – mit diesen drei Begriffen allein läßt sich die Vielfalt der gegenwärtigen ästhetischen Konzepte sicherlich nicht vollständig erfassen. Die nur sehr begrenzt miteinander korrespondierenden Schreibweisen von Helmut Krausser, Radek Knapp, Kathrin Röggla, Christoph Willumeit, Albert Ostermaier oder Thomas Meinecke dokumentieren, wie heterogen die jüngere Autorengeneration sich derzeit darstellt. Repräsentativ kann ein Generationenporträt daher kaum ausfallen. Eine mit der Gruppe 47 vergleichbare Klammer existiert heute nicht mehr. Kein Grund zur Klage.

M. H. / M. L. / D. S.
Hamburg und Frankfurt, April 1996

I

Pop
Technik
Poesie

*Auf den pittoresken
Ruinen der
sogenannten Hochkultur*

Gero Günther

Countdown to TXTC
(Voulez-Vous-Version)

**11 wichtige Hinweise,
die man beachten sollte,
ehe man mit Pop-
literatur ins Bett steigt**

10 Vor Genuß schütteln!
Nur weil ein Begriff Wischiwaschi ist, heißt das noch lange nicht, daß man nichts mit ihm anfangen kann. POP ist zuallererst das Geräusch beim Öffnen einer Flasche, vorausgesetzt sie enthält reichlich Kohlensäure.

9 Eselsohren
Schreib niemals Namen, Datum, Adresse oder Geschenkwidmungen in Popbücher. Das ätzt. Kritzeleien, Unterstreichungen und das Markieren pornographischer Passagen können hingegen äußerst hilfreich sein.

8 Dildos
Eine der wichtigsten Popgruppen der siebziger Jahre nannte sich nach einem Sex Toy aus Burroughs' Roman *Naked Lunch*. William Seward Burroughs II, Schriftsteller, Schießkünstler und Legende, feierte am 5. Februar seinen 82. Geburtstag. Wenn Burroughs liest

(auf seinen Platten mit Laurie Anderson, Material, Ministry, Kurt Cobain, Donald Fagen), kriegt man eine Gänsehaut. Der stets korrekt gekleidete Herr mit Filzhut & Pokerface kann nölen wie ein kratzbürstiger Schulbengel, drohen wie ein korrupter Bulle und predigen wie ein Baptist. Beim Schreiben wurde Bill Burroughs zum Tier, zum Käfer, zur Kakerlake: «Later I catch this one kid, overpower him with supersonic judo I learned from a lesbian Zen monk. I tie him up, strip off his clothes with a razor and fuck him with Steely Dan I.» 1973 brachte Steely Dan die Platte «Countdown to Ecstasy» heraus, im selben Jahr veröffentlichte Thomas Pynchon «Gravity's Rainbow». «Fantastic! Wild! Dazzling!» stand auf dem Umschlag. Pop eben. Pynchons Wälzer enthält die beste Orgienszene und den extravagantesten Dildo der Weltliteratur: «a girl with an enormous glass dildo inside which baby piranhas are swimming in some kind of decadent medium ...» Pop flutscht. Statt des erhobenen Zeigefingers bedient sich die Popliteratur der erigierten Rhythmusmaschine.

7 69

Unter der schützenden Daunendecke des Lotterbettes können du und das Buch treiben, was ihr wollt. Identitäten wechseln, Aliens zerhäckseln, in Geld schwimmen, Ninjas vögeln, Fressen polieren, den Weltrekord im Riesenslalom brechen, das Universum auslöschen. Alles ist möglich: Zeitreise, Geschlechtsumwandlung, Ferrari fahren, multiple Orgasmen. Verschiedenste virtuelle Realitäten sind denkbar.

Attame! Laß dich von einer unbekannten Autorin ans Bett fesseln. Wenn du lahmarschig, leidenschaftslos und lasch bist, bleibt das Papier allerdings knochentrocken. Wenn du dich wie ein Nerd anstellst, kriegt selbst der potenteste Text keinen hoch. In der Missionarsstellung klappt's sowieso nicht. Die optimale Pop-Position ist 69: lutschen, nuckeln, reinbeißen, in Zungen reden, Circulus vitiosus, ein höllischer Spaß, ein betörender Trancezustand, Textacy. TXTC!

Manchmal kriegst du beim Lesen eine Scheißangst oder einen Riesenekel. In jedem Fall geht dir Pop an die Nieren, die Tränendrüse, das Zwerchfell, die Schwellkörper oder den Adrenalinspiegel. Pop ist drastische, somatische Kunst.

6 Sting

Was Pop ist, bestimmst immer noch du und nicht der Typ, der die Kritik, den Klappentext oder dieses Traktat schreibt. Oft sind angeblich hippe Trendsetter bloß geschmäcklerische Sting-Hörer. Nicht alles, was sich gut auf dem Klo lesen läßt, ist zwangsläufig Pop. Nicht alles, was in Designercafés durchgeblättert wird, ist es wert, mit aufs Klo genommen zu werden.

Allzuviel Virtuosität schadet eher. Stil und Erzählweise variieren enorm. Einfach gestrickte Trivialromane können ebensogut Pop sein wie experimentelle Montage-Prosa.

Versteif dich nicht auf eine Masche, einen Kult, einen Autor. Nimm lieber öfter mal ein dahergelaufenes Buch mit ins Bett. Je mehr du dich umtust, desto größer wird der Spaß. Pop ist prinzipiell promiskuitiv.

Pop schlüpft gerne in anderer Leute Häute, z. B. in Außerirdische vom Planeten Tralfamadore, in eine japanische Hausfrau, einen Theologen aus dem Mittleren Westen, ein kleines rotznasiges Mädchen oder einen Ritualmörder. Da heißt es geschmeidig und biegsam sein wie ein Schlangenmensch. Scheu nicht davor zurück, hundert Seiten lang schwul zu sein, Gesetze zu übertreten oder dir von masochistischen Freiern die Füße lecken zu lassen.

5 Xerox

Pop geht auf den Strich, verkauft sich. Wer es porentief rein und authentisch mag, ist bei Pop an der falschen Adresse. Pop wuchert auf den pittoresken Ruinen der sogenannten Hochkultur. Große Ideen werden vulgarisiert und konventionalisiert. Pop ist ein Abfallprodukt, Kompost, Pilz, Schimmel, Saprophyt. Pop kupfert schamlos ab. Auf wessen Mist das Pop-Unkraut wuchert, kümmert kein Aas. Abschreiben, Hektografieren, Scannen, Tapen, Sampeln, Ausleihen, Tauschen sind gang und gäbe. Pop-Culture ist immer geklaute Kultur. Haarsträubende Mißverständnisse sind das Maggi des Lesens.

4 Pop-Eyes

Wir sind mit Pop aufgewachsen. Geschmackliche Skrupel, die das Gewissen früherer Generationen plagten, kratzen uns nicht im mindesten. Nennt uns ruhig abgestumpft und desensibilisiert. Wir mögen's gerne *intense*. Am meisten graut uns vor der Langeweile. Unser Geduldsfaden reißt schneller als eine Gitarrensaite. In unseren Büchern tauchen Werbeslogans, Fernsehfiguren und Bands auf, Schokoriegel werden beim Markennamen gerufen. Trivial Pursuit!

Die Beatniks haben sich in der Gosse, am Hafen und in zwielichtigen Hehlerkneipen rumgetrieben. Pop ist *streetwise*. Viele Autoren haben sich mit miesen McJobs über Wasser gehalten, ihre Augen und Ohren in Fabriken, Fast-Food-Küchen und Billighotels geschult.

Die Kunst besteht darin, Texte zu fabrizieren, die direkt aus deinem Leben gegriffen und trotzdem wunderbar exotisch sind.

3 Herbarium

Im dunklen Wald fallen Nymphen und Satyrn übereinander her. Satyrn sind haarige Typen mit Dauererektionen. Wilde Gesellen. Nymphen sind Mädchen mit nackten Füßen, die gern die Initiative ergreifen. Allzeit bereit und trotzdem wählerisch. Manchmal nehmen sie ein entspannendes Blutbad. Danach rekeln sie sich splitterfasernackt in einer Lichtung. Eine kleine Buchmilbe läuft über Seite 73, ich klappe zu. Wann hast du zum letzten Mal gepreßte Blumen in einem Buch gefunden? Mit Popliteratur muß man intim werden.

2 Schrott

Lies schlechte, nervende Bücher! Reg dich auf! Billiger Mist und prätentiöser Dreck spornen immens an.

1 Beihilfe zum Mord

Popbücher erwecken düstere Begierden in deiner unschuldigen Seele. Sie machen dich zum Komplizen zahlloser Schandtaten: Saufen mit Kerouac, Kinderschänden mit Nabokov, Strangulieren mit James Ellroy. Schlechte Gesellschaft, drogensüchtige Sex-Maniacs allesamt.

0 Parental Advisory

Lies niemals den Schluß am Anfang!

Gero Günther

Walkman

Lars schob den Lautstärkeregler des Walkmans bis zum Anschlag, um das Knattern des Dieselmotors zu übertönen. Das XL-T-Shirt flatterte im Fahrtwind um seinen muskulösen Körper. Er drückte die nach Gewürzen duftende Zigarette an der Bordwand aus und holte seine Kamera aus dem Daypack. Lars richtete seine neue Nikon F601 auf den Bootsjungen, der am Rettungsring lehnte und mit einem Strohhalm braunen Saft aus einer durchsichtigen Plastiktüte sog. Hinter ihm ragten zwei von dichtem Dschungel überwucherte, höckrige Inseln aus dem Meer.

«The small island has better corals, perfect for snorkeling», sagte der Bootsjunge.

Die Fähre tuckerte an steilen Klippen entlang, an endlosen Reihen von Kokospalmen und hohen Laubbäumen. Nach fünfzehn Minuten hatte sie eine kleine Bucht erreicht, an deren Ufer ein Dutzend schilfgedeckte Holzhütten standen. «Sir, this your place, Musa's Chalets.»

Ein weißbärtiger Mann in Anzughose und gestreiftem Hemd machte sein kleines Motorboot an der Backbordseite der Fähre fest. Seine Knopfaugen leuchteten freundlich – es war selten, daß Touristen so spät in der Saison bei ihm auftauchten. «Welcome, welcome. I am Musa. Give me your luggage.» Lebensmittelkisten, Bananenstauden und ein Postsack wurden über die Reling gehievt. Lars stieg in den schwankenden Yamaha-Außenborder, setzte sich auf die Plastikbank und band seine schulterlangen blonden Locken mit einem schwarzen Haargummi zusammen. Geduldig beantwortete er die Standardfragen: «Where are you from? What's your name? How long will you stay?»

Ein Floß aus Benzinfässern und Bambusrohren diente als Anlegestelle. Der Malaie schulterte Lars' schwere Nylonreisetasche und kletterte mit nackten Füßen über die schwarzen Felsbrocken, die das flache Wasser der Bucht vom offenen Meer trennten.

Zwei Jungen zogen rostige Nägel aus einer Türe, die am Boden lag. Der ältere hatte neue Bluejeans und ein Fake-Lacoste-Polo an. Der jüngere trug Trainingshosen und ein schwarzes T-Shirt, auf dem Chicago Bulls stand. Neben ihnen saß ein Mädchen, das die Löcher in einem Moskitonetz flickte. Das geblümte Kleid reichte ihr bis an die Knöchel, sie hatte ein leichtes hellblaues Kopftuch um die Haare gebunden. Ihre knallrot geschminkten Lippen lächelten Lars freundlich an.

«This is my family, Yussof, Hezah and Fadillah.»

«Hello», sagte Lars. Er mußte sich zwingen, den Blick von der hübschen Fadillah abzuwenden, deren freches Gesicht ihn an die Echobelly-Sängerin erinnerte.

«Please sit, write your name in the book», sagte Yussof.

Lars setzte sich auf eine aus Bauresten gezimmerte Bank und notierte: «Lars Thorwald / 30. 10. 1971 / Kiel, Germany / Passport No.-4369200633.» Fadillah brachte ein Glas Tee und schaute verlegen auf ihre Füße, die in schwarzen Plastiksandalen steckten. Lars schlürfte den mit süßer Kondensmilch zubereiteten Tee und studierte verstohlen den karmesinroten Lack an den Zehennägeln des Mädchens.

«The tea is very good, thank you very much, Fadillah.»

«Welcome», sagte Yussof. Mit einer ungeduldigen Kopfbewegung gab er seiner Schwester zu verstehen, sie solle sich zurückziehen.

Lars schloß die Tür der Stehtoilette und pißte auf einen Fetzen rosaroten Klopapiers, der im Abflußloch lag. Ob Fadillah sich vielleicht damit abgewischt hatte? Oder benutzte sie das Spülwasser, das in einer alten Konservendose bereitstand? Lars fragte sich, ob Fadillahs Schamlippen wohl dunkler wären als die seiner griechischen Freundin. Er war sich fast sicher, daß sie weniger Haare als Melina hatte.

Lars stieg die Steintreppen zu seinem «Chalet» empor. Es lag ganz oben auf dem Hügel am Rand der steil abfallenden Klippe. Man hatte einen fantastischen Überblick über das Hüttendorf, den nördlichen Zipfel der Insel und die ganze Coral Bay. Lars kramte die Nikon aus dem Rucksack. Das Meer schwappte leise auf den von der tiefstehenden Sonne in ein sattes, vaginales Pink getauchten Korallenstrand. Im Anzeigefeld des Sucherokulars stand «P 15 F 11», ein rotes Warnlämpchen blinkte. Lars drückte den

Auslöser und merkte gleichzeitig, daß er die Aufnahme verwackelt hatte. Über eine kurze Bambusleiter stieg er auf die Stelzenplattform, auf der das winzige Häuschen errichtet war. Das Innere des zeltförmigen Bretterverschlags roch muffig. Auf einem Podest gab es ein schmales Bett, daneben stand ein wackliger Stuhl. Lars schlüpfte unter das Moskitonetz, breitete sein mitgebrachtes Laken auf der viel zu weichen Matratze aus und hörte «I'm Only Happy When It Rains» von Garbage auf der Urlaubs-Mix-Kassette, die Melina für ihn aufgenommen hatte.

Drei nackte Glühbirnen baumelten unter dem Wellblechdach und beleuchteten den langen Tisch, an dem die wenigen Gäste auf Rattanstühlen saßen.

«Good evening», sagte Lars und setzte sich neben einen kleinen, bärtigen Mann, der eine bunte Batikhose trug.

«Deutscher?» fragte sein stämmiger Tischnachbar. Eine Muschelkette lag auf seiner behaarten Brust. Seine Hautfarbe unterschied sich nur unwesentlich von der der Malaien.

Lars nickte und sagte: «Und du bist Schweizer?»

«Wieso, hört man das etwa?» Alle lachten. «Ich heiß Robby, und das ist die Geli, meine Freundin. Wir sind aus Sankt Gallen.»

«Grüezi», sagte Geli, die in ihrem ausgewaschenen gelben Trägerhemd kränkelnd und blaß wirkte. Sie mußte mindestens zehn Jahre jünger sein als Robby.

Das ältere Paar, Klaus und Ulla, kam aus München. Ulla trug einen getigerten Badeanzug mit viel zu hohem Beinausschnitt. Ihr hennaroter Bubikopf war in ständiger Bewegung. Klaus hatte eine Leinenhose und ein I-Love-Manhattan-T-Shirt an. Alle paar Sekunden drückte er seine runde Hornbrille an die Nasenwurzel.

Robby, Ulla, Klaus und Lars spielten Backgammon. Geli las in einer zerfledderten «Cosmopolitan», auf deren Cover Naomi Campbell in einem Bikini aus Schlangenhaut abgebildet war. Aus einem gigantischen tragbaren Kassettenrekorder tönte eine dumpfe Aufnahme von «Bad». «Hoffentlich magst du Michael Jackson», sagt Klaus. «Der läuft hier nämlich ständig. Hezah ist ein echter Fan des Kinderschänders.» Hezah hatte den Namen seines Idols aufgeschnappt und lachte: «Michael is the greatest!»

«Dance, please dance for us, Hezah», sagte Ulla.

Der langbeinige Junge stellte die Musik lauter und führte ein paar typische Jackson-Schritte vor. Ulla stand auf und wiegte sich in den Hüften. Hezah fuhr sich nervös über den dünnen Oberlippenbart und hörte auf zu tanzen. «Jetzt hast du den armen Kerl ganz durcheinandergebracht. Sei doch ein bißchen sensibler, Ulla!»

Ulla streckte ihrem Mann die Zunge heraus.

«Vergiß nicht, daß wir es mit Moslems zu tun haben.»

«Der Hezah ist nur ein bißchen schüchtern», sagte Robby.

Ulla zupfte an ihrem Badeanzug. «Genau, und behandel mich nicht immer wie einen von deinen Schülern.»

«Im Ernst, was ich an den Malaien so gern hab ist, daß sie so relaxed sind. Deshalb verstehen wir uns ja auch so gut.» Robby klopfte Yussof auf die Schulter. «Switzerland no good, people always work, work, work. You don't need Swiss watches to be happy, because you have so much time.»

Yussof lächelte.

«You want beer?» fragte Hezah.

Lars blinzelte und sah auf seine Swatch. Kurz nach sechs. Er kroch unter dem Moskitonetz hervor und atmete tief durch. Die Sonne war noch nicht über die Wipfel der Eukalyptusbäume gestiegen. Perfektes Fotolicht. Lars zog sich das Massive-Attack-T-Shirt über, trank einen Schluck Wasser und griff nach der Nikon. Vorsichtig kletterte er auf die Klippe hinaus und fotografierte ein Fischerboot auf dem türkisfarbenen Meer. Während ihm Björks «Hyper-Ballad» im Kopf herumging, nahm Lars das Gewirr der Wäscheleinen ins Visier. Im Hüttendorf regte sich nichts. Dann öffnete sich die Tür des Langhauses, in dem Musas Familie wohnte. Fadillah nahm ein Handtuch von der Leine und ging zu den Duschen. Lars' Blicke verfolgten sie durch das Telezoom. Wie ein Späher legte er sich an den Rand der Klippe und lugte hinunter. Die Duschen bestanden aus Betonmauern ohne Dach, so daß man von den darüberliegenden Felsen problemlos hineinsehen konnte. Fadillah wickelte sich aus dem Sarong und streifte die Badelatschen ab. Lars schätzte das Mädchen auf ungefähr sechzehn. Er zielte auf ihre kleinen, mangoförmigen Brüste und spürte, wie sich sein Schwanz versteifte. Das Mädchen stellte die Dusche an und schauderte unter dem Strahl des kalten Wassers. Fadillah seifte sich ein, rieb zwischen den Zehen, den Pobacken und hinter den Ohren. Zitternd wusch sie den Schaum von ihren Schultern. Lars schoß ein Bild nach dem anderen und preßte sein Becken fieberhaft gegen den Felsen. Als sich Fadillah zwischen den Beinen frottierte, pulsierte Lars' Samen in die gepunkteten H&M-Boxershorts.

Er frühstückte einen Pfannkuchen mit Ananasstücken und Palmhonig. Robby sah von seinem Tagebuch auf und sagte: «Gehst schnorcheln? Die Korallen hier sind völlig crazy, das Meer ist so klar – ein Feeling, als hättest du dir die Birne zugekifft.»

Robby hatte recht, das Tauchen im körperwarmen Ozean versetzte Lars in eine Art Rauschzustand. Er fühlte sich euphorisch wie bei einem morgendlichen Chill-Out – gleichzeitig aufgekratzt und ausgelaugt. Lars lag oft stundenlang in der Hängematte, rauchte und hörte Tricky, Blur oder Transglobal Unterground. Am Abend aßen alle zusammen und spielten Backgammon. Aus der Hitachi-Boombox plärrten knisternde Michael-Jackson-Kassetten. Fadillah werkelte in der Küche und war nur für wenige Sekunden zu sehen. Jeden Morgen jedoch lauerte Lars ihr von seinem Spähposten aus auf. Er hatte bereits fünf 36er Rollen Fuji-Diafilm verschossen.

Am fünften Tag beschloß Lars, einen Trip auf die andere Seite der Insel zu unternehmen. Er packte den Daypack und folgte dem Pfad, der sich hinter den Duschen durch dichten Dschungel den steilen Hügel hinaufschlängelte. Warane huschten durch das Laub, bunte Vögel machten seltsame Geräusche wie defekte elektrische Geräte. Nach wenigen Minuten war Lars' Michael-Jordan-T-Shirt völlig durchgeschwitzt. Zahllose rote Ameisen transportierten halbzerfressene Schmetterlinge in ihre Bauten. Lars war heilfroh, als er nach vierzig Minuten aus dem tropischen Regenwald heraustrat und der leere grellweiße Turtle Beach vor ihm lag. Er breitete das Bart-Simpson-Badetuch im Schatten eines Busches aus, schwamm weit ins Meer hinaus und kraulte zurück.

Als Lars aufwachte, kniete eine nackte Frau neben ihm. Sie hatte das Kassettenfach des Walkmans geöffnet und hielt das TDK-Tape in der Hand.

«Ganz schön unvorsichtig, ich hätte dich easy beklauen können.»

«Wie lange ...?»

«Zehn Minuten. Deine Musik gefällt mir übrigens echt gut.»

«Whale – Super-Band aus Schweden. Läuft gerade in allen Clubs.»

«Ist schon eine Weile her, daß ich in einem Club war. Wohnst du bei den Hippies?»

«Welche Hippies?»

«Drüben bei Musa, mein ich. Ich heiß übrigens Janine.»

«Lars.»

«Nice to meet you, Lars.» Sie betrachtete seinen breiten Brustkorb und die durchtrainierten Wettkampfschwimmer-Schenkel. Ihr Blick ruhte provozierend auf den Wölbungen seiner Adidas-Badehose. Lars biß sich nervös auf die Lippen. Janine war braungebrannt und hager wie Kate Moss. Der gleiche Hals, die gleichen Brüste, ähnliches Gesicht – als wäre sie gerade von der Obsession-Couch aufgestanden. Janine hatte eine Schmetterlingstätowierung auf der linken Brust und einen feuerspeienden Drachen direkt über dem Schamhaar, goldene Ringe an den langen Fingern und Zehen, Ringe in den Brustwarzen und im Bauchnabel, einen winzigen Saphir in der spitzen Nase. Um ihre schmalen Fuß- und Handgelenke trug sie silberne Reife. Ihre nassen Haare lagen in nutellabraunen Strähnen auf dem knochigen Rücken.

«Früher hatte ich auch 'n Piercing in der Klito, hat sich aber entzündet. Schade, war ein echt geiles Feeling beim Ficken.»

«Kann ich mir vorstellen», sagte Lars verlegen.

«So, so. Glaubst du?»

Lars nahm einen Schluck Mineralwasser und hielt ihr die Flasche hin. «Wohnst du auf der kleinen oder auf der großen Insel?»

Sie trank das Wasser aus. «Auf der großen. Kennst du die Tauchbasis in der Diamond Bay?»

Er schüttelte den Kopf. «Bist du Tauchlehrerin, oder was?»

«Nee, bin in meinem ganzen Leben noch nie getaucht.»

«Von was lebst du dann?»

«Neugierig bist du wohl gar nicht?»

«Sorry, ich wollte dich nicht ausquetschen.»

«Wenn du's genau wissen willst, die Tauchbasis gehört Felipe, einem Spanier, cooler Typ. Der läßt mich umsonst da wohnen, ich hab sogar meinen eigenen Katamaran. Dafür tu ich ihm den ein oder anderen Gefallen.»

«Gefallen?»

«Tja, ich blas ihm jeden Morgen einen, schön regelmäßig um punkt acht.»

«Red keinen Scheiß.»

«Es stimmt. Der Typ ist 45. Wir haben einen Deal, mündlicher Vertrag sozusagen.»

Lars schaute sie entgeistert an. Janine zupfte ein Stück Alge aus seinem Haar. Er zuckte zusammen.

«Ohne Old Filipes morgendliche Munddusche hätt ich schon

längst in die deutsche Kälte zurückgemußt. Mir wird schlecht, wenn ich bloß dran denke.»

Lars starrte auf den Schmetterling über ihrem Herzen.

«Sag mal, hast du vielleicht Kassetten dabei? Meine Tapes sind total am Arsch, entweder sie eiern oder sind längst Bandsalat.»

Lars nickte. «Klar, ich kann dir welche ausleihen, wenn du willst.»

«Also, morgen um drei, hier an der gleichen Stelle. Bis dann. Ciao.»

Sein Sony hatte zwei Kopfhörerausgänge. Janine mochte Nightmares On Wax. Der Super Bass stand auf Maximum. Lars und Janine lagen nebeneinander auf dem Badetuch und starrten in die schwarzgelben Gewitterwolken. Sie inhalierte und hielt Lars den Joint hin.

«Zugegeben, nicht ganz ungefährlich in Malaysia. Auf Pot-Rauchen steht hier die Todesstrafe!»

Lars grinste und ließ den Rauch in seinen Lungen zirkulieren. Janine setzte sich auf ihn und wackelte wie eine Stripperin mit den Brüsten vor seinem Gesicht. Er schnappte nach einem Ring und lutschte das Metall in ihrem Nippel. Sie nahm seinen Steifen fest in die Faust und rieb sich an ihm, bis sie feucht war. Dann stieß Janine den Schwanz wie einen Silikondildo im Takt zur Musik genüßlich in ihre Möse.

Der zitronengelbe Walkman lag auf Lars' Brust. Janine gab acht, daß sich die Kopfhörerkabel beim Bumsen nicht verhedderten. Regen prasselte auf die Palmen und strömte über ihre Körper. Zum Glück war der Walkman wasserdicht.

Lars hatte nun einen festen Tagesrhythmus. Er wachte um sechs auf, um Fadillah zu fotografieren. Danach wusch er sich, ging Frühstücken und später Schnorcheln. Nach dem Essen wanderte er zum Turtle Beach und schwamm eine Stunde. Janine bestand darauf, beim Ficken Musik zu hören. Manchmal mußte sie kurz vor dem Orgasmus die Kassette umdrehen, oder sie spulte einen Song an eine bestimmte Stelle zurück, um zum zweiten Mal zu kommen. Die Tapes behielt sie nach dem Sex.

Klaus öffnete die fünfte Flasche Tiger Beer. Der Regen hatte die Nacht leicht abgekühlt. Sie saßen an der Bootsanlegestelle. Lars war müde, er wollte ins Bett, aber Klaus hatte die Biere gezahlt.

«Ich glaube, Ulla ist scharf auf Robby.» Nervös spielte er mit dem Kronkorken. «Ich weiß nicht, was sie an ihm findet. Der Typ ist ein Primitivling. Hat er dir auch schon mal seine Drogengeschichten erzählt?»

«Klar. Ziemlicher Kaputtnik.»

«Kein Wunder jedenfalls, daß es der Geli so schlecht geht. Sag mal, Lars, findest du Ulla eigentlich attraktiv?»

«Klaus, ihr seid fast zwanzig Jahre älter als ich.»

«Was spielt das Alter da für eine Rolle? Würdest du mit ihr ins Bett gehen, wenn sie's drauf anlegt, oder nicht?»

«Wenn du's genau wissen willst, nein!»

«Ja, aber Robby, der Robby würde mit jeder.» Klaus trank die Flasche leer und lachte hämisch. «Sogar mit Ulla.»

«Bei den primitiven Völkern läuft immer alles in Zyklen ab, weißt du?» Janine war schlecht gelaunt. Sie hatte ihre Tage und kein Dope mehr.

«Glaubst du, daß der Fleck wieder rausgeht? Ich habe nämlich nur das eine Strandtuch», jammerte Lars.

«Idiot! Häng's dir doch an die Wand.»

«Sei doch nicht gleich sauer.»

«Ist doch war! Die Malaien wissen, wie man das Leben genießt. Wir dagegen ... Deutschland ist ein einziges Hamsterrad.»

«Ein Hamsterrad ist doch auch zyklisch, irgendwie», sagte Lars und gähnte.

«Arschloch. Du verstehst nie was, oder!?»

Er hörte «It Could Be Sweet» von Portishead – der letzte Song auf Melinas Mix. «You don't get something for nothing», hauchte Beth Gibbons. Lars lag nackt auf dem Bauch und zielte auf Fadillahs kaum behaarten Venusberg. Die Schärfeautomatik fokussierte den Unterleib des Mädchens innerhalb von Sekundenbruchteilen. Lars wollte erst kommen, wenn sie sich abgetrocknet hatte und verlangsamte den Rhythmus. Plötzlich riß jemand die Kopfhörer von seinen Ohren und trat ihm mit voller Wucht in den Rücken. Lars stöhnte. Er drehte sich um und bekam Yussofs Turnschuh frontal ins Gesicht. Seine Nase blutete. Yussof schmetterte den Walkman gegen die Felsen, das Plastik zerbarst in Dutzenden von gelben Splittern.

«My sister is a clean girl and you are a dirty pig!»

Der Malaie trat ihm in den Magen und griff nach der Kamera, die

um Lars' Hals hing. «A dirty pig!» Lars versuchte vergeblich aufzustehen. Yussof spuckte auf sein steifes Glied und trat ihm erneut
ins Gesicht. Lars schrie auf und kroch heulend über die Felsen, er
umklammerte die Kamera und versuchte sich das Blut aus den Augen zu wischen. Blätter klebten an seiner nackten Haut. Yussof
entriß ihm den Apparat. Lars rappelte sich mühsam auf. Blut
strömte aus seiner Brust und seinem immer noch geschwollenen
Schwanz.

«Pig!» Yussof warf die Kamera hoch, in die nach Eukalyptus
duftende Morgenluft. Lars stolperte barfuß über die spitzen Felsen
des Klippenvorsprungs, um die Nikon aufzufangen. Blutige
Strähnen klebten vor seinen Augen, er fing den Kameragurt, strau-
chelte und stürzte röchelnd in die Tiefe. Lars' Körper klatschte ins
flache Wasser. Messerscharfe Korallen zerschnitten seine Bauch-
decke, und die Stachel eines Seeigels bohrten sich zentimetertief in
seine Wange. Lars schnappte zum letzten Mal nach Luft.

Norman Ohler

Frequenzen

Hochspannungsleitungen entladen sich, Straßenbahn fährt vorbei, ein gelber Blitz gleißt durch das Fenster in Richtung: mein Bett. Aufrichten des Körpers aus den Laken: HOCH, HÖHER, Wärme im Zimmer, Sonnenstrahlen, ein Magnetfeld. Sonntagmorgenfrüh, Aufgang der Sonne. Draußen bewegen sich die Schweißer zurück auf die Schienen, feuern wieder ihr Weiß – leise fahren die Bahnen, kaum hörbar, der Energieverlust. Schnell fahren sie, mit wievielen Volt werden Menschen durch die Stadt transportiert: tausende. Tausende, wenige Meter vor dem Fenster, die Leitungen mit schwarzen dicken Gummi-Isolierungen am Haus befestigt, in Greifweite. Sonnenstrahlen auf der Wand, der Raum aufgeladen, gerade haben sie umgeschaltet, von Nachtverkehrsfrequenz auf Normal. Alle zwei Minuten jetzt, alle zwei Minuten ein Schub durch das Haus, Schub in die Seite, anziehen, runter, raus.

Ins Auto. Kassette läuft, digitale, harmonische, orphische Musik. Friedrichstraße entlang, der Wagen ein Boot, die Nautilus, Unter den Linden, die Stahlkonstruktion um mich herum: Schutz. Unbeholfene, schwerfällige Bewegungen da draußen, Asphaltmaschinen gießen heißen Teer, Kräne schwenken.

Parkplatz. An den *Parkplatzleuten* vorbei. Fensterscheiben runtergekurbelt, die Wagentüren offen, Musik aus jedem Auto. Manche gehn nie in den Club rein, bleiben den ganzen Sonntagvormittag auf dem Parkplatz, tanzen vor der Kühlerhaube.

Ganz nahe am Eingang geparkt, die Türsteher verstecken sich um diese Zeit hinter ihren Sonnenbrillen, die stehn da seit zehn Stunden. Da ist so ein Land mit Wettbewerben im Leistungsmelken, mit Ladenschlußzeiten, Subventionsprogramm beim Häuserbau, all das ist weggeblasen, jetzt hier über den Hof, scharf um die Ecke, in die Halle, schwarz gepolsterte Tür: ein Pochen, Herz. Schrittmacher: Leute auf der Tanzfläche, kaum sichtbare Schemen.

Bewegungen inmitten der maschinenhallenhohen Stahlkonstruktion. LKW-große Lautsprecher, langsam vorwärts tasten. Pupillen weiten sich, Pupillen werden zu großen, runden Teichen der Nacht, das Bild klart auf, das Bild und die Musik: Einklang, alles ein Klang, wichtigstes Elektrizitätswerk der Hauptstadt, verankert im Boden, schwarze Eisenträger, dazwischen jetzt Inseln aufsteigend: Podeste durchsetzen die Tanzfläche, darauf Leute. Dort, auf diesen Podesten – von dort oben tanzen, Zeit, die sich entwickelt wie ein Lebewesen, das dort oben tanzt, völlig gelöst, höher noch als der DJ, neben ihm die Lichtmischerin, Informationsmeisterin, sie taucht die Halle in dunkles Orange, erhöht die Frequenz, läßt das Licht ins Türkis gleiten, ins Violette, dann ins Unsichtbare. Die Halle wieder dunkel, nur die Fresken an der Wand punktangestrahlt, die Nebenräume erleuchtet, während auf der Tanzfläche: SCHWARZ, und darin: steigt die Musik an, gewinnt an Tempo, an Komplexität, Klarheit, gewinnt überall um dich herum und hebt dich – zu einem Moment des Luftanhaltens, Stillstehens, WARTEN, bis der Beat wieder einsetzt, SETZT EIN, Erlösung, Bewegung: am gleichen Ort bleiben, am gleichen Ort tiefer gehen, Raum schaffen, am gleichen Ort: morgens aufwachen, Kopf im Kissen, das eigene Körperpochen hören: Wiederholung, Leben, Rhythmus.

Am Rand der Tanzfläche vorbei, laufen und nicht an der Wand stehen bleiben, denn die ist elektrisiert: auf die prallt es drauf, von außen: Potsdamer Platz um die Ecke, die Schwingungen der größten Urbanbaustelle des Planeten, die Stadt der zweitausend Kräne, hunderttausend Bauarbeiter, Schweißer, Ausgraber, ein heißes Sirren, feuernde Schläge: Maschinen, Spannungsfelder, Funktelefonfrequenzen, gelbe Blitze. Elektromagnetisches Feld über Berlin: so dicht, meßbar vom Mars. Große weite Bewegungen tragen sich zu, und in die muß der DJ eingestimmt sein, die Halle dementsprechend eingerichtet: bei ihm kommt die Konstruktionsenergie an, die Transport- und Kommunikationsenergie, die Wiederaufbauenergie: alle Energie, die gegen das Gebäude prallt, fließt in seine Anlage: Ungeordnete, monumentale Schwingungen, am Anfang war der Klang, hier ist Mondnacht und der Klang wird gefeiert, beim Tanzen, in großen Steintempeln, Hochkultur, immer höher kommen, RIESENBAUSTELLEN, gleichzeitig kunstvolle Herstellung von Duftflakons, von edlen Fingerringen mit Hohlräumen für Puder, kraftvolle Pflanzensubstanzen, die Erfindung von Kosmetik, also gleich vorbei an der Tanzfläche, nach hinten in die Schminkräume, die Katakomben, zum Klo.

Immer ins Damenklo, Klofrau dort, die gut gelaunt ist heute, ich hör sie schon, so eine Berliner Klofrau wie im Bahnhof Alexanderplatz, weißer Kittel, ein Loblied auf die Jugend singend: Wieviel liebe Leute da heute schon bei ihr gewesen sind und niemand was schmutzig macht, kein Wunder, es geht ja fast niemand *aufs* Klo, die meisten pudern sich die Nase, was nicht mal Staub hinterläßt, oder schlucken Pillen, das ist auch sauber, und hängen sich dann unter den Wasserhahn, um die runterzuspülen.

Eine Mark der Klofrau aufs Tellerchen legen, sonst läßt die einen nicht in Ruhe, sonst stört sie mich, wie ich mit der Großäugigen hinter eine der Türen gleite, sie ihr silbernes Döschen öffnet und da von mir fünf strahlendweiße Pillen reingelegt bekommt, fünf Schneewittchen-Zwerge, dann sagt sie: Und noch ein Gramm Geschwindigkeit nehm ich.

Zusammen gehn wir raus, sie faßt mich kurz an, eine Schmetterlingsbewegung, ein flüchtiges, fast unkörperliches Berühren am Arm, ein leichtes Kitzeln, sie geht auf die Tanzfläche und entschwindet, manchmal explodiert es in alle Richtungen weg, und die Arme umarmen ins Leere, dabei wird immer Leben gebraucht, eine Reinheit, zu der man hin kann, immer – da ist der Waschsalon am Luxemburg-Platz, denke ich, dieser Waschsalon, und dort muß ich warten, bis die Trommeln fertig gedreht haben, und oben auf den silbermetallenen Waschmaschinendeckeln liegt überall weißes Pulver, ein bißchen, gleißt so verlockend, da hab ich fast einen Schein zusammengerollt, SPEE – da fehlt nur ein Buchstrabe, das dreht sich alles ganz sauber, BEAT IM KOPF, TAUSEND KÖRPER, der Schritt dahinein plötzlich so leicht, so einfach, so wunderschön, aber ich warte, es gibt einen wunderbaren, perfekten Moment, den mußt du schaffen, dann teilt sich die Menge, Sonntagvormittag.

Die jadegrüne Schatulle auf, bißchen gesucht, jetzt ist der richtige Zeitpunkt, eine ECHSE schläft da im Döschen. Ich stell mich schräg hinter die DJ-Box, Blick auf die Tanzfläche, blau-beruhigendes Licht, DJ und Lichtfrau schaffen das mit kleinsten Bewegungen ihrer Finger: Platten auflegen, Mischpult, Mausklicken. Die Straßenbahnfahrer: lassen durch kleinste Bewegungen ihrer Hände tonnenschwere Schlangen durch die Stadt gleiten, hellorangene Ladungen schießen von den Hochspannungsleitungen, und die Leitungen sind von allen Seiten am Haus am Hackeschen Markt befestigt, das inmitten einer Schleife steht, die die Bahnen fahren, Hunderte am Tag.

Sie züngeln über die frischgeschweißten Schienen, die Echse findet ihre Bahnen, klein, schnell, farbige Zunge, bunte Augen, die in

Winkel deines Körpers schauen, dir davon erzählen, dort Nachrichten deponieren. Samtige, starke Zunge, auf der alles zergeht, die so schnell ist, daß sie alles erwischt: SPINNEN erledigt die Echse in Sekundenschnelle, lebt in einem völlig anderen Geschwindigkeitsreich: Das Haus am Hackeschen Markt, nur einen Stock tiefer das: Büro der ZOOLOGISCHEN GENOSSENSCHAFT, DDR-Überbleibsel, Hauseigentümer, eine einzige Person: Losch, Prof., SPINNENzüchter, jahrzehntelange Forschung dort unten, und jetzt ich im zweiten Stock, klare, deutliche Klänge aus Lautsprechern, was die Viecher kirre macht, sie einen anderen Weg gehen läßt, als den von Losch angestrebten, ein anderes Tempo jetzt über ihm, eine ganz andere Geschwindigkeit in meinem Hirn, wie ich da stehe und noch nicht tanze, aber die Energie in meinem Kopf will nach draußen, schafft Wirbel, und die entladen sich: Ein paar Momente lang ist es kalt, Schneebrise, die durch die Nasenlöcher nach oben strömt, dann warm, wärmer als vorher, Schweiß der Tanzenden sammelt sich an den Eisenträgern, nachtfiebriges, aufgeregtes Echsenklima, da geht das hin – wo leben die eigentlich, außer in Terrarien – nicht in Deutschland, sicher südlicher. Wo hab ich diese LEGUANGESTALT gesehen, sitzt plötzlich am Rande des warmen, plätschernden Wassers, als ich die Tür öffne, *sieht*, wie ich reinkomme, bleibt unverändert, überlebensgroß, schaut aus bunten Augen, die nicht blinzeln, schöne Augen, stark, herausfordernd, gleichzeitig zeitlos freundlich, nachgebend: So frisch, die Leguangestalt, so regungslos und ewig, die bleibt, die ist immer da, in sie kannst du immer schauen –

OM MANI PADRI HUM – OM MANI PADRI HUM – YOU – ARE THE ALIEN! Wenden sich nicht ab, wenden sich nie ab, aber tanzen plötzlich in eine andere Richtung, die Augen, der Blickkontakt reißt, von ganz allein bewegt sich der Körper, ganz allein zum Ton G, die Hertz-Frequenz der Drehung der Erde um sich selbst: Nullkommanullnullnulleinseinsfünf. Nicht hörbar, viel zu tief. Fünfundzwanzigmal die Hertzzahl verdoppeln, die fünfundzwanzigste Oktave der Erdumdrehung bilden: das eingestrichene G. Das ist der Tageston, der: treibt die Körper an, das ist Geschwindigkeit, und weiter potenziert, in noch höhere Oktaven: wird die Frequenz wieder unhörbar, ist eine Farbe: HELLORANGE.

Leute tanzen voreinander, weitoffene dunkle Augen, alle eingestimmt auf die gleichen Hertzzahlen. Ornamente an den Rändern der Tanzfläche: kleine Plätze, Durchgänge, Treffpunkte. Der schmale Gang an der Seite, der kammergroße S & M-Käfig, Ketten von der Decke: Palazzo, Süden: Fresken an Wänden und Decken, von einem Raum zum nächsten, auf die Balustrade, zur Belustigung in das Folterzimmer, auf den Hof. Leute liegen im Gras, schauen sich den Himmel an, ferner Anblick: die Venus geht auf. Ein wunderschöner Park, die Grasnarbe neben dem Parkplatz, wilde, frische Vegetation, kein Unkraut, die Ernte ist lange eingefahren, verarbeitet, veredelt, kennerhaft zubereitet: An der Teebar im Vorraum wird anregender Yohimbe-Tee gereicht, ein Ort der Begegnungen, daneben ein Pavillon, ein Wandelgang, überall Musik, edle Männer und starke Frauen, die miteinander spaßen, sich zeigen, magische Momente, die an den Rändern des Energiezentrums entstehen: oder genau in dessen Mitte: Menschen verführen sich, werfen sich Trauben in den Mund, Stechapfelstückchen, und dann träumen sie, sind Tanzende.

Das gigantische Fresko an der Wand, direkt über der Hauptbar: ein Mann im Vollbesitz seiner Kräfte, komplett in Weiß gekleidet, um ihn herum Transformatoren, riesige Spulen, gleißende Blitze, die an einem Wort abprallen, einem Marmorsockel, auf dem er steht: HÄRTER. LICHT IST LICHT, die Elektrifizierung der Hauptstadt, Deutschland gleich Strom, die gigantischen Neubausiedlungen östlich des Alexanderplatzes, zwischen Hackeschem Markt und Hirschbar: Menschen wohnen dort, glückliche Elektrizitätsmenschen, die Stadt ist hell erleuchtet, Anlagen funktionieren, Strom wird produziert, ununterbrochen.

Dunkel, das Treppenhaus am Hackeschen Markt, nachts, Lichtanlage defekt, ich renne den beinahe um, diesen Losch, was macht der nachts noch im Haus, so lange im Büro, Arbeit unter gelbem Neonlicht: Zum ersten Mal begegnen wir uns, vertrocknete Mauer des Mißtrauens, sein Gesicht. Draußen knien die Schweißer über den Schienen, schießen ihr Hellweiß gegen den Stahl. Losch klimpert einen dicken Schlüsselbund raus, schaut mich gar nicht an, plötzlich stiehlt sich ein Hauch von Lächeln in seine Mundwinkel, trotz Dunkelheit kann ich das sehen, beinahe leuchten die Zähne, er schließt wortlos die Tür auf, verschwindet und taucht erst Wochen später wieder auf, dann plötzlich oben, in meiner Wohnung, wo er mir alles erklären muß, weil ich eines seiner: Tierchen gefunden habe – LICHT IST LICHT – UND FRAGT NICHT NACH MEHR LICHT.

DIE ECHSE IST AUF DER JAGD! DIE ECHSE FÄNGT AN ZU JAGEN. Die Musik entspricht jeder Schwingung in meinem Körper, im Kopf, die Frequenz, in der die Echse Serotonin ausschütten läßt, im Gehirn: gleich der Frequenz des Planeten Mars bei der Drehung um die Sonne: ein D mit 145 Hertz, gespielt mit 136 Schlägen pro Minute: alles abgestimmt, alles Einklang, der Körper mit jeder Pore richtig angeschlossen, verbunden, nach innen, nach außen, Augen geschlossen und Planeten unter den Augen, Kreisbewegungen, Ellipsen.

Tanzen in völliger Sicherheit, unangreifbar, Geschwindigkeit des Körpers, die ein Schutzschild errichtet, gegen regelmäßige Erschütterungen, gegen kontinuierliches Spannungsfeld, elektromagnetische Wolke. Energie fließt durch die Luft, damit stehen wir in Kontakt, Stadtenergie, die zittrig macht, Losch ist Züchter, und Züchten verspricht Ehre, ungewöhnliche Resultate, Züchten züchtet selbst: wahnsinnige Hirne. Ein Wunder, wie diese Straßenbahnen durch unsern Bezirk Mitte fahren, so gleich und stoisch auf ihren Bahnen: Und drin sitzen Leute, werfen ihr Augenlicht nach draußen, haben die abstrusesten Gedanken. Losch: SPINNEN, eine kaum bekannte, real-existierende TODESSPINNE aus dem Norden Kubas: Phormictopus cancerides. Auf Forschungsdroge, er, Informationsjäger, eindringend in: DNA, in Moleküle. Züchterhirngedanken: Hochspannungsgesicherte Terrarien, und in den Terrarien die Tiere, auch unter Hochspannung, sollen von hier freigesetzt werden, ein Sack tödlicher, krabbelnder Information: DER MASTERPLAN: überziehen vom Haus am Hackeschen Markt aus die gesamte Mitte Berlins, das künftige Repräsentationsviertel DER VERHASSTEN BRD!

Auf dem Podest, direkt vor den Lautsprechern, oder ganz am Rand: spielt keine Rolle. Jetzt ist die wahre Ruhe, lichtgebadet, Entspanntheit und Stärke. Die Macht der Echse, die Hautporen ein unverletzliches Raster, dahinter perfekte Organisiertheit, alte Information umgesetzt, Schutz. Losch versteht nicht, wie ich dieses Tierchen bei mir oben finde, im fensterlosen Badezimmer, ich will es in der Dusche runterspülen, aber das Ding ist zu groß, zu bizarrschön, ich schau genauer: ein gelb schimmerndes: HAMMER- UND SICHELZEICHEN auf dem bräunlich-roten, kaum behaarten Kreaturenrücken erkennbar. Angezüchtet. Kommt sich hart vor, Losch.

Wasser auf der Haut, Mund öffnen, Wasser trinken, Musik hören. Dann die Spinne zwischen den Füßen entdecken, ganz glücklich, badend, Mensch und Natur: im Einklang. Klettert über meine nackte Haut, aber da gibt es keinen Zugang für Klauen, für scharfe

Zähnchen, die Haut ist glatt, stark, HÄRTER. Die Echse schillert, bewegt sich sauber, perfekt, schnell. Lebt Triumphe in großen Steintempeln, das Tanzen, das Gleiten: Ägypter beim kunstvollen Festhalten von Information, die haben den Stil entwickelt, Pharaonin Hatschepsut, Benutzerin wertvoller Wässer in fingerkleinen, verschlungenen Karaffen. Im Einklang mit der Natur, die Spinne benetzt vom Wasser, das von oben perlt, erfrischend, Kraft gebend, dann hinaus, nachts, auf die Straßenkreuzung Hackescher Markt, eine Nachtstraßenbahn kommt aus Osten geruckt, die Schweißer stehen von den Schienen auf, ihr sprühendes, stroboskopiges Weiß versiegt für einen Moment, die Bahn vorbei, dann bewegen sich die Arbeiter zurück auf die Gleise, schießen wieder gegen das Metall, machen es glatter, leiser. Flackernde Lichtgeister werfen sich auf die Häuserfassaden ringsum, und darin wohnen die Ahnungslosen, wälzen sich in Schwarzweißalpträumen und sind hilflos gegen die Todesspinnen.

Zwei Gruppen von Menschen, die während der Stunden bis zum Morgengrauen nicht schlafen: die Schweißer – und die Tanzenden.

Andreas Neumeister

Reichspartygelände

Studioversion[1]

Montana wimmelt von Musikbesessenen, sagte ich gleich auf der Fahrt von Montana II nach Montana I als von Anfang an alleinverantwortlicher Stadtführer, zum eben angekommenen Carl. Montana ist voll von Musikbesessenen, die zum Plattenkaufen bis London, oft auch gleich nach Brasilien oder zu euch in die Staaten fahren, voll von Verrückten, die bereit sind, ihre letzten Möbel zu verkaufen, um in den Besitz der aktuellsten Import-Singles, oder rarsten Krautrock-Platten zu kommen, für die sie sich von geschäftstüchtigen Second-Hand-Händlern aufs allerbrutalste ausziehen lassen. (Im Vergleich zu diesen Musikbesessenen bin ich immer nur ein Musikbegeisterter gewesen.) Zu Carl: Spätestens seit du so tief in deinen Elektronikfeldforschungen steckst, bist du selbst zu einem Musikbesessenen geworden. (Wirklich Musikbesessene geben sich nicht allein mit dem Hören zufrieden.) Zu Carl: Noch heute werde ich dir Bernd vorstellen. (Jedem Haushalt seine eigene 303.) Gleich morgen kannst du Kingsley anrufen, du kriegst alles gezeigt, was dir in Montana bei deinen Elektronikfeldforschungen weiterhelfen kann. Und sagte, mir vollkommen unverständlich, wie sich jemand nicht für Musik begeistern kann, wie sich jemand wie Carls Bruder nicht im geringsten für Musik interessiert, wie sich jemand wie Will, der doch in den gleichen musikbesessenen siebziger Jahren und nicht nur irgendwie im gleichen Jahrhundert aufgewachsen ist, nicht im geringsten von Pop infiziert zeigen kann. Ich kenne Leute, ich kenne in Montana lebende Leute, die sich nicht im geringsten für Popmusik, nicht mal für irgendeine Art von Musik interessieren. Amon Düül im vorolympischen Montana. Die Disko-Maschine mitten im nacholympischen Montana, Giorgio Moroders Music-Land-Studio in den siebziger Jahren als Zentrum des Weltgeschehens, das Popkaufhaus Babylon als Europas hipstes Gebäude. Karins, Karin Determanns Schlaghosen ins Gesicht.

---

1 Als Liveversion in: Poetry. Slam! Texte der Pop-Fraktion. Rowohlt Taschenbuch Verlag, Mai 1996

Landings per hour, take-offs per hour. Ganz gebannt standen wir Wochenende für Wochenende am alten Flughafen und sahen den mit Musikern aus aller Welt ankommenden Flugzeugen beim Landeanflug zu.

Chill in, smoke out, tatsächlich ist es da, wo am wenigsten geraucht wird, immer am langweiligsten, chill out, smoke in, tatsächlich ist es da, wo am meisten geraucht wird, immer am lustigsten. Kurzes: wer fickt wen, kurzes: wer hat wem was angetan; darfst ihr aber nicht sagen, daß sie's mir schon gesagt hat, wenn du ihr gesagt hast, daß sie's mir nicht sagen soll. Wir befinden uns hier im aufgelassenen Flughafen I von Montana, sagte ich nach dem Einchecken als dessen ständiger Begleiter zu Carl, wir befinden uns im Chill-Out-Zone genannten Matratzenlager im vormaligen Küchen- und Waschküchentrakt des alten Flughafens von Montana. Und sagte, morgen fahren wir wunschgemäß zu den Zentralen Olympischen Stätten, Welt der schicken Zeltdachmützen. Noch immer total siebziger Jahre, noch immer total futuristisch, noch immer wunderschön. Noch immer wie vom andern Stern. Bauboom in Montana: die von unserem großväterlichen Vater vor dem Weltvernichtungskrieg miterrichteten Flughafenbauten, die von unserem jugendlichen Vater nach dem Weltvernichtungskrieg miterrichteten Zentralen Olympischen Stätten. Wir befinden uns hier im Reichspartygelände, der größten Partyzone des Landes oder des Kontinents oder was weiß ich. Egal, vollkommen egal. Music for airports: Ultra, Schall und Rauch.

Kraftwerks Autobahn als unser erstes Hörspiel
Kraftwerks Autobahn als unser aller erstes Hörspiel
Kraftwerks Autobahn als unser allererstes Hörspiel

Drogensüchtiges Verlangen nach Musik, drogensüchtiges Verlangen nach immer schönerer Musik, drogensüchtiges Verlangen nach immer mehr schöner Musik, schönheitssüchtiges Verlangen nach nicht endender Musik. Der Geruch von Rauch, es ist dieser Lagerfeuer- und Höhlengeruch, der sich für mich sofort mit Slade und Sweet verbindet, Matratzenlagerfieber. Annette hatte ihren batteriebetriebenen Plattenspieler mitgebracht, Waldi einen Stoß abgenutzter Platten. Vier Tage in diesen Sandsteinhöhlen oberhalb vom Fluß. Wo alles angefangen hat. Lernt ausländisch mit Popmusik! Zu Carl: Lebende Menschen, die es schaffen, ihr Leben lang keine andere Musik mehr zu hören als die Musik ihrer mythischen Jugend, ich kenne Leute, ich kenne in Montana lebende Leute, die seit zwanzig, fünfundzwanzig Jahren nichts anderes gehört haben als die Doors. Ich kenne Leute, lebende Menschen, die Tag und Nacht nichts anderes hören als Jazz der klassischen Periode und den nur, wenn er aus Chicago kommt. Gepflegte Weine, gepflegte Musik, gepflegter Rasen, gepflegte Literatur. (Ich hasse euch. Ich habe euch immer gehaßt.) Zu Carl: Bin ich froh, heute hier sein zu können, wo Bernd und Christos eine so schöne Musik auflegen, auflegen und beim Auflegen neu erfinden, zur Feier des Tages, zur Feier der Nacht. Seltsamste Moog-Stücke über seltsamste Analog-Sounds gelegt. Seltsamkeitssüchtiges Verlangen nach Bernds und Christos' größenwahnsinniger Musik. Undosa-Melodien, kommt einem alles bekannt vor und kommt dann doch von ganz weit her. Bin ich froh, in einer Stadt zu leben, in der täglich dreihundert DJs Dienst tun! Heute kommt mir das Wort Montana so unverbraucht vor. Goldrichtig, zum goldrichtigen Zeitpunkt, die erste Hitzewelle des Jahres: heftiger Adrenalinstoß in Richtung helles Grün.

Vibrationssüchtiges Verlangen nach immer lauterer Musik. Vibrationssüchtiges Verlangen nach immer wieder neuer Musik. Wir änderten den Namen dieser Stadt. Zur Feier des Tages, zur Feier der Nacht. Montana nennen wir diese Stadt. Grundig nennen wir das Land zu dieser Stadt. Wir sprachen vom Jahreszeitenwechsel, vom großen Glück in Weltgegenden mit einschneidenden Jahreszeitenwechseln zu leben. In Gegenden ohne drastische Jahreszeitenwechsel muß es auf Dauer nicht auszuhalten sein. Außen pfundig, innen Grundig. Von Ländern ohne ständige Regierungswechsel weiß man aus eigener Erfahrung: Auf Dauer wird es unerträglich. Luft zum Schneiden: sehr sauer der Stoff. Am anstrengendsten sind rhythmische Bewegungen bei großer Hitze und großer Luftfeuchtigkeit. Bewegungssüchtiges Verlangen nach abgedrehten Beats. Lange dachte ich, hundertprozentige Luftfeuchtigkeit entspräche hundert Teilen Wasser bei null Teilen Luft, entspräche also reinem Wasser ohne jeden Sauerstoff, entspräche also reinem Wasserstoff. Wenn der Mensch irrt, dann irrt er sich gründlich. *Wenn du denkst, daß du denkst, dann denkst du nur, du denkst* und andere frühe deutsche Raps. (Sebastian war immerhin einige Jahre mit Juliane Werding verheiratet.) Wenn sich der Mensch bindet, dann bindet er sich gründlich. (Mit Sebastian hatte ich immerhin einige Jahre eine gemeinsame Band.)

Wir sind die längste Zeit ein Haushalt ohne Plattenspieler gewesen. Wir sind die längste Zeit ein Haushalt mit einem, später zwei Radios gewesen. Bis zur Olympiade sind wir ein Haushalt ohne Fernseher gewesen. Bis zur Olympiade sind wir ein Haushalt mit einem Grundig-Radio im Wohnzimmer und einem Grundig-Radio in der Küche gewesen. Bis Zweiundsiebzig sind wir ein Haushalt ohne jegliches Tonaufzeichnungsgerät gewesen. (Erst Zweiundsiebzig habe ich einen Philips-Cassettenrekorder samt einer C-60-Cassette von Philips bekommen.) Raoul, Roxy-Music-Fan der ersten Stunde, war der einzige der den kompletten Namen von Brian Eno aufsagen konnte: Brian Peter George St. John Le Baptiste de la Salle Eno. Die Entdeckung von Neu! auf der Fahrt durchs elektrifizierte Land.

DAF für deutsch-amerikanische Freundschaft, DAF für Deutsch als Fremdsprache, DAF das Auto, DAF die Band. Wirklich anstrengend wären rhythmische Bewegungen zu arhythmischer Musik. Lange dachte ich, eine hundertprozentige Steigung entspräche der extremen Neigung der Senkrechten. Sanfter Amphetaminstoß in Richtung weißes Gelb. Rauch. Kriechender Nebel auf dem Weg vom Küchen- in den Waschküchentrakt. Ständiges Pendeln zwischen Bernds und Christos' schrägen melodiösen Welten und der hochgepitchten Rhythmushöhle im Raum nebenan. Eine letzte Modelleisenbahnanlage als letzter Wink der Außenwelt. Kurzes Lippenlecken, kurzer Augenaufschlag. Gitter grell leuchtender Fugen zwischen blendendweißen Kacheln, an der Decke drehn sich bunte Scheiben rastlos zwischen Raum und Zeit. Reine Schwerkraftzersetzung. Gerade noch Gegenwart, sage ich als dessen ständiger Begleiter zum sekundenweise Jet-lag-selig wegdösenden Carl, alles hier arbeitet eifrigst an der überfälligen Abschaffung des 20. Jahrhunderts.

Wir sprachen von der fälligen Neueinteilung unseres Planeten. Wir kamen auf sechs Kontinente: Afrika, Antarktis, Australien, Eurasien, Namerika, Samerika.

Gerade noch, alles gerade noch, die Gegenwart als Alles. Die Gegenwart als Alles und als Nichts. Alles gerade noch, gerade noch neunziger Jahre, gerade noch 20. Jahrhundert, gerade noch zweites Jahrtausend. (Kühl betrachtet, dauert die Gegenwart deutlich kürzer als eine Sekunde.) Zu Carl: Am meisten freue ich mich über die

Nullerjahre des 21. Jahrhunderts: alles wird anders klingen, was nicht jetzt schon anders klingt. Ständiges Pendeln zwischen analogem Waschküchentrakt und digitalem Küchentrakt. Wahre Zukunftsmusik als wahre Jetztmusik, tatsächlich ist seit zwanzig Jahren keine so großartige, so schöne und tatsächlich kompromißlose Musik mehr gemacht worden wie in den letzten drei, vier Jahren. Mit vermeintlicher Selbstverständlichkeit passiert all das eben: jetzt. Beats per minute, roundings per minute. Gerade noch letzte Eisenbahn, die große Party dieser Jahre als eine einzige speicherwahnsinnige Inventur, in die wir zwangsläufig hineingeraten sind, in die wir zwangsläufig hineingeraten mußten.

Amanda Lear has just left the building

Zu Carl: Diejenigen, die am wenigsten Platten haben, das heißt diejenigen, die im allgemeinen am wenigsten für Musik übrig haben, darauf kannst du wetten, haben mit an Sicherheit grenzender Wahrscheinlichkeit die größten Anlagen, die wirklich Musikbesessenen haben die winzigsten Anlagen, für sie ist die Stereoanlage immer zur Hälfte auch Möbel, zu dieser Hälfte also versetzbar, zu dieser Hälfte also zu Tonträgern zu machen. Der bloße Anblick von Thomas' Plattensammlung hatte mich erschlagen. Sein Zimmer bis unter die Decke vollgestopft mit Tonträgern. In der Mitte einer raumhohen, raumbreiten Plattenwand die äußerst mickrige Anlage, direkt drüber und direkt nebeneinander die beiden nicht minder mickrigen Boxen: die Stereophonie hätte für ihren musikbesessenen Besitzer nicht erfunden zu werden brauchen. (Sabine nicht zu vergessen, wie sie trotz plärrendem Kleinkind im Studio weiterhin unbeirrt ihre Hardcoresendungen durchzog.) Und sagte, egal, vollkommen egal, wo ich hinkomme, gewohnheitsmäßig durchkämme ich selbst noch die abgefuckteste private Plattensammlung, im Ernstfall trete ich sofort in Verhandlungen über Tausch oder Ausleihen, aber zwischen diesen gewaltigen Plattenwänden war ich rundum paralysiert, nicht der geringste Impuls, mit Tausch und Ausleihen überhaupt erst anzufangen, sich auf Tausch und Ausleihen irgendwie einzulassen. Bernd und Christos trau ich mich gar nicht erst zu besuchen, so was ist uferlos, vor so was hab ich den größten Respekt – vor so was hab ich echt Angst.

Giorgio Moroder's Late-Seventies-Pre-Techno-Donna-Summer-Disco-Sound of Montana. Musikbesessene Kettenhörer brauchen ständige Abwechslung. (Selbst besitze ich eine Anlage mittlerer Größe, sagen wir untere Mittelklasse, und dazu tatsächlich auch nur mittelviele Platten.) Ausgesprochene Vielhörer, ausgesprochene Kettenhörer, brauchen ständig höhere Dosen, beim Kettenhören nützt sich, was nicht wirklich taugt, gnadenlos auf einmal ab. Superseltsame Krautrockkonzerte vor der Kulisse der Zentralen Olympischen Stätten, Moroder's Eurodisco aus dem Arabellahochhauskeller. Verstoßene Platten wiederkaufen, gerade noch aus zweiter, von mir aus auch aus vierter Hand, alte Welten werden Teil von neuen, gesampelt kehren Kratzer wieder auf CD. Und sagte: Bernd ist kein Hipster. Carl, reiß dich zusammen und sieh dir das an: Mit an Kitsch grenzender Anmut wird ein Cocktailglas an einen spitzen Mund geführt, wie findest du das zeitlos betörende Geschöpf mit der orangen Öljacke da drüben?

LFO für Low Frequency Oscillation

Wann hört das Zählen auf? Spätestens mit dem 31. 12. 99 hört das Zählen auf. Viertausend Jahreszeitenwechsel machen angeblich ein neues Jahrtausend. Upstarts Electric-Disco-Sound of Tomorrow's Montana. Die alte Zeitrechnung ist außer Kraft gesetzt, wir halten hier den Tower besetzt und erklären hiermit die christliche Zeitrechnung für abgeschafft. Um das ersehnte Jahrtausendende vorzuziehen, erklären wir das zweite Jahrtausend für vorzeitig beendet, sagt Carl mit einem abgeschnittenen Kabel in der Hand endlich wieder lautstark. Trotz Quadrophonie waren die Siebziger in erster Linie beschissen, auch in Chicago waren die Siebziger nicht besser als in Europa. Ohne Pop wäre dieses Jahrhundert, wären die letzten vier Jahrzehnte dieses Katastrophenjahrhunderts unerträglich gewesen. Bin ich froh, daß Carl dabei ist! Bin ich froh, daß Ayzit noch gekommen ist! Ayzit darf uns Old School nennen, egal, vollkommen egal, was sie sagt, ist immer Kompliment. Der alte Flughafen wird aufgegeben. Die von Vater miterrichteten Bauten stehen bis auf Abruf zur Verfügung. München I wird abgerissen. Nur der Tower bleibt stehn. *(Ein Track ist beendet, wenn die Maschinen abgestellt werden.)* Der Kampf geht natürlich weiter. Der Kampf wird übers Netz geführt. Meine Freundin und ihre mexikanischen Freundinnen sind allesamt in den Subcommandante verknallt. Reger Mail-Wechsel mit dem lakandonischen Urwald.

Diedrich Diederichsen

Pop – deskriptiv,
normativ, emphatisch

Das englische «popular» – der Sage nach Ursprung von «pop» – kann man schon mal nicht ins Deutsche übersetzen. Unser «populär» steht einerseits im Gegensatz zu «elitär», meint also inklusiv, andrerseits im Gegensatz zu «anspruchsvoll», meint also «niveaulos», den Niveauverlust mithin, den man eingehen muß, wenn man über die Eliten hinauswirken will: für die Landbevölkerung zum Mitschreiben. Gedacht ist das jeweils vom Produzenten der Briefsendung «Kultur» aus, und der Empfänger namens «Populus», von dem populär abgeleitet ist, wäre lediglich der Horizont oder der Gegenstand einer von oben aus gedachten Produktion für unten oder nach unten hin.[1] Neuerdings behilft man sich mit «popular» (wie in Popularmusik), ein nichtssagendes Kunstwort, das sich schon wegen seiner Gespreiztheit nicht als Übersetzung des gebräuchlichen englischen «popular» eignet, obwohl es ausdrücklich die Produktivität des Populus nun mitbedenken will. Frühere Versionen wie «volkstümlich» sind nicht erst durch ein bekanntes Brecht-Wort, demzufolge das Volk gar nicht so tümlich sei, unmöglich geworden. Frühere kritische Versionen wie die «Massenkultur» verraten auf deutsch einen ungebrochenen bürgerlichen Kulturpessimismus, den sie mit Vertretern rechter oder konservativer Benutzer und Definierer des Wortes «Masse» und «Massen», LeBon, Ortega y Gasset etc., gemeinsam haben. Nichtrechte Massentheorien wie von Canetti, Reich oder Broch hatten im deutschsprachigen Raum zunächst mal das deutsche Pop-Phänomen Faschismus zu klären: kein guter Ausgangspunkt für ein Bedenken progressiver Produktivität der unteren Schichten.

Es gibt also keine deutsche Version. Die die Dimension der Eigenproduktivität des «Populus» kennt. Das Volk wird in allen denkbaren Konzeptionen umschmeichelt, betrogen oder verblö-

---

1 Das gilt auch für vergleichbare Begriffe: «Mass Culture» ist die Kultur der Massen, bei uns die Kultur für die Masse (vgl. Van M. Cagle, «Reconstructing Pop/Subculture», S. 8 ff.).

det, nur von alleine macht es gar nichts. Wenn es das täte, hätte es nämlich auch Faschismus gemacht, und weil man das sich in Deutschland lieber anders, «komplexer» vorstellt, kann man sich auch nicht vorstellen, wie andere kollektive Subjektivitäten wenn schon nicht umweglos wirkmächtig werden, aber doch mindestens an kulturellen Prozessen beteiligt sind.

Dennoch hat das, was «popular» ist, auch im angloamerikanischen Sprachraum erst in jüngster Zeit einen analytischen Wert. Das Centre for Contemporary Cultural Studies in Birmingham erklärte zum Gegenstand seines kulturwissenschaftlichen Ansatzes Sub- und populäre Kulturen, erst als Fälle von Arbeiterkultur gefaßt, später weniger «klassenuniversalistisch» und unter starker Betonung von Migrantenkulturen. Die Tatsache, daß «Pop», zwar noch ohne diesen Namen, aber als Untersuchungsgegenstand doch recht präzise eingekreist, schon in den späten 50ern an britischen Universitäten auftauchte, korrespondiert damit, daß zur selben Zeit in Großbritannien zum ersten Mal in der Bildenden Kunst der Umgang mit vorgefundenen Bildern, Layout und industriell gefertigten Gegenständen die Ebene der Kritik oder gar Ridikülisierung [1] vollständig verließ. Dazu gehören die gleichzeitig erschienenen Romane von Colin MacInnes, die ein großstädtisches jugendkulturelles Potential beschrieben, das nicht mehr aus heroischen Protagonisten der Dissidenz oder der Befreiung bestand wie bei den amerikanischen Beatniks, sondern aus den Codes der Arbeiterjugendkultur, der Migrantenkultur und der Massenkultur eine eigene kulturelle Sprache gewonnen zu haben schien, die nun nicht mehr nur «popular» (im britischen Sinne) war, sondern mehr und etwas anderes: Pop.

Was haben diese drei Dinge – die vom CCCS in Birmingham aufgefundenen Aspekte von populärer Kultur, die Pop-Kunst der Blake, Hamilton, Denny, Messenger u. a. und die Romane von MacInnes miteinander gemein? Nun, in allen drei taucht nicht unbedingt neues Material auf: Arbeiter- und Volkskultur waren schon traditionell ein Gegenstand einer linken kulturwissenschaft-

---

1 Natürlich gibt es schon seit den frühen Tagen der Collage, seit Dadaismus und Kubismus und auch wieder bei der Decollage Momente der Affirmation oder Zweideutigkeit gegenüber dem Material. Es scheint mir dennoch sinnvoll, einen Einschnitt anzusetzen bei der umfassenden und intakten Einarbeitung von massenproduzierten Waren und ihrer Gestaltung bei Blake, Hamilton und anderen jungen Briten in den späten 50ern und das Pop zu nennen.

lichen Analyse in Großbritannien gewesen. Schließlich hatte zum einen die Linke hier von jeher ein anderes Verhältnis zu den kulturellen Hervorbringungen ihrer Klientel – etwa der Arbeiter- und Bauernfolklore –, zum anderen waren klassenspezifische kulturelle Formen leichter zu erkennen und durch die fortgesetzte, krasser institutionalisierte Segregation der Klassen auch unter modernen kulturindustriellen Bedingungen noch virulent.

Eine Bezugnahme auf Alltagsgegenstände und -gestaltung war eine Konstante der ganzen Moderne. Die Grenze zwischen «high» und «low» wollten immer schon welche durchbrechen. Profane Gegenstände und Formen tummeln sich in den unterschiedlichsten Bedeutungen in der High Art, seit bei Manet Eisenbahnzüge durch Bilder fahren und Getränke verkauft werden, Picasso und Braque Tageszeitungslayout inkorporierten und Duchamp sich von Werbung inspirieren ließ.

Schließlich waren die Szenen, die den Romanen von MacInnes zugrunde lagen schon lange vor deren Überraschungserfolg in den späten 50ern so bekannt, daß sie zum Hintergrund anderer populärer Kunstwerke wurden. Ein britischer Kriminalfilm, der ganz im Milieu afrokaribischer Immigranten und deren Kindern spielte, und mit der Faszination, die diese Szene auf weiße junge Briten ausübte, wurde schon zu Beginn der 50er Jahre gedreht.

Was die drei Entwicklungen aber gemeinsam haben, und das taugt vielleicht für eine erste Definition von Pop, ist, daß in allen drei Fällen bestehendes Material Grenzen überschreitet oder von jenseits bestehender Grenzen neue Bedeutung bekommt, neu codiert wird. Es finden – wie auch bei Elvis, wenn er schwarze Arbeitsmigranten- und Bauern-Musik für weiße Stadtjugendliche aufbereitet, oder bei Ice-T, wenn er auf dem Cover von «Home Invasion» den weißen Teenager zeigt, der sich «schwarze Kultur» in allen Dareichungsformen reinzieht – Transformationen statt, Crossover ist nicht der Name eines Genres, sondern das Grundprinzip: die Alltagsgegenstände der britischen Pop-Art und die Collagen, als die sie inszeniert werden, definieren eine neuartige Konsumkultur und deren Propaganda; die Arbeiterkultur, die das CCCS klassenuniversalistisch untersucht, erscheint plötzlich in der scheinbar klassenindifferenten oder die Klassenfrage neu stellenden Form von Jugend- und Migrantenkultur, die bei MacInnes auch noch die Grenzen von Ethnien überschreitet. Dies könnte man als erstes Element einer deskriptiven Definition von Pop festhalten: 1. Pop ist immer Transformation, im Sinne einer dynamischen Bewegung, bei der kulturelles Material und seine sozialen Umgebungen sich gegenseitig neu gestalten und bis dahin fixe Grenzen überschreiten: Klassengrenzen, ethnische Grenzen oder kulturelle Grenzen. Dabei lassen wir zunächst mal außen vor, ob es sich bei diesen Transformationen um solche handelt, die den ganz normalen Deterritorialisierungsprozessen des Kapitals entsprechen, oder ob es sich sozusagen um Interventionen gegen dessen Gesetzmäßigkeiten handelt, um unvorhergesehene, am Ende gar «subversive» Überschreitungen.

Der Begriff Pop-Art machte seit den 60ern Karriere. Er stand neben einer reinen Deskription künstlerischer Motive und Techniken, die so weit war, daß sie bezeichnenderweise imstande war, von Rauschenberg bis Warhol, von Lichtenstein zu Peter Saul und Öyvind Fahlström zu reichen, für bestimmte Inhalte und ein Verhalten, das einerseits von Andy Warhol und seiner Factory erstmals mit konkreten – allerdings auch wieder stark auseinanderstrebenden – Praktiken gefüllt wurde: von völlig neuen künstlerischen Verfahren, literarischen (Velvet Underground) bis antiliterarischen, primär visuellen, theatralischen bis konzeptuellen; andrerseits für die Kombination expandierender Jugendkultur (Pop-Musik, Mode) mit gesellschaftlichen Entwicklungen (sexuelle Befreiung, linke Politik, neo-religiöse, oft millenaristische Heilsvorstellungen). Daß Pop jetzt einen Namen hatte, der wie jedes für dynamische Entwicklungen stehende Zauberwort vielfältigen Deutungen offenstand und natürlich vor allem im Kampf der konventionellen Medien und den dahinterstehenden Interessen um Definitionshegemonie auch genutzt wurde, entsprach überhaupt nicht den oft verschwörerischen und klandestin organisierten Bewegungen, die sich unter Pop fassen ließen oder hinter Pop versteckten (White Panther Party, Weathermen, Yippies) bzw. gleichzeitig nicht versteckten. So hieß Pop in jenen Jahren oft nichts anderes als eine Kombination von radikaler Gesellschaftskritik mit formaler Affirmation oder scheinaffirmativen Einsatzes des Gesichts der Verhältnisse und der von ihnen produzierten Waren. Diese positive und, selbst wenn kritische, dennoch nie ironische Beziehung zum Gesicht, zum wahrnehmbaren Teil der je nachdem abzulehnenden oder zu verwirrenden Welt unterschied die Pop-Strategie von vorangegangenen Künstlerstrategien. Halten wir auch dieses Element einer Definition von Pop fest: 2. Pop hat eine positive Beziehung zur wahrnehmbaren Seite der sie umgebenden Welt, ihren Tönen und Bildern. Das ist auch insofern radikal, weil sich kritische und rebellische Energien bis dato nie aus so einer Beziehung zur Welt ergeben haben: Fast könnte man den Bezug von Pop zur Welt «lebensphilosophisch» nennen. Die Revolte ergibt sich aus einem großen Ja (zu Leben, Welt, Moderner Welt), nicht aus einem Nein und einem Ja zur Utopie. Selbst Hippie-Pop-Revolutionäre wie Jefferson Airplane, die stark von den kommunitaristischen Traditionen des US-Anarchismus beeinflußt waren, beziehen sich acidtrunken auf die augenblickliche Gestalt des US-Kapitalismus («Volunteers»-LP-Cover – der gleichnamige revolutionäre Hymnus war im übrigen vom Werbeslogan eines Müllunternehmens inspiriert). Warhol operierte überdreht, aber ohne Ironie mit den Codes, Gebräuchen und auch Werten der normalen US-Gesellschaft (Stars, Hollywood, Reichtum, Berühmtheit etc.) und hielt sich nur nicht an die Regeln über die Erreichbarkeit und Verwendungsweise in bezug auf die Codes und Werte, auf die er sich bezog. Darin ähnelte seine Strategie der schon bekannten schwulen Kunststrategie des Camp, trat aber – und das wäre eine weitere typische Pop-Dynamik – nicht exklusiv und abgrenzend als Geheimcode auf, sondern zumindest scheinbar inklusiv, was entscheidend für seine Bedeutung war. Halten wir also als weitere Bedingungen für Pop fest: 3. Pop tritt als Geheimcode auf, der aber gleichzeitig für alle zugänglich ist.

Aus diesen drei deskriptiven Definitionen von Pop, von Elementen, die nach meinem Dafürhalten keinem der historischen Momente fehlen, wo von Pop im emphatischen Sinne gesprochen wird und wurde [1] – jenseits der banalen Feststellung der Popularität von irgend etwas –, ergaben sich nach dem Verlust der Unschuld oder der Vertreibung aus dem Paradies [2] die diversen teilweise noch heute gebräuchlichen, nun mehr normativen Redeweisen über Pop. Nachdem sich seine drei Elemente nicht mehr einfach so aus historischer Unklarheit lösten und gesellschaftliche und ästhetische Bewegungen antrieben, stellte sich natürlich die Frage nach der

1 Und es erscheint sinnvoll, diese zwei definitorischen Einschränkungen zu machen: Mich interessieren erstens nur Fälle, die irgend jemand schon mal Pop genannt hat, nicht neue denkbare. Und davon nicht alle, sondern nur die, die – deskriptiv oder normativ – Pop in einem emphatischen Sinne meinen: als große Chance, Katastrophe, Ausnahmesituation, Epiphanie etc., nicht nur als soziologische Selbstverständlichkeit.
2 Das Paradies bestand darin, daß niemand die Strategien benennen konnte oder an die recht klaren Auskünfte, die etwa Warhol oder die Byrds – «So You Want to be a Rock 'n' Roll Star» – gaben, geglaubt hatte.

Konstruierbarkeit dieser Momente. Diese Frage, von Künstler/innen und Musiker/innen gestellt, kann natürlich nur eine idealistische Antwort provozieren: Ästhetische und symbolische Produktion kann die transformatorischen Momente, die dynamischen und politisch-gesellschaftlichen Überschreitungen nicht einfach herbeiwünschen. Nur das Ideal eines interventionistischen Künstlers, der sich sozusagen immer ausgerüstet «bereithält» – «ich halte mich als Moment bereit» (Jörg Immendorff) [1] – könnte so arbeiten. Aber in der Regel stehen weder die Definitionen noch überhaupt ein Bewußtsein von der Definierbarkeit zur Verfügung. Um Pop herbeizukonstruieren, mußten die Pop-Künstler selbst Pop-Wissenschaftler werden. Van M. Cagle [2] deutet Glam-Rock als den ersten Versuch, «Pop zu rekonstruieren», in diesem Falle, vor allem durch David Bowie und andere Glam-Rocker, die laut Cagle schon richtig analytisch vorgingen, um Elemente von Warhol und der Factory zu rekonstruieren und auf ihre Lage zu übertragen. Zu nennen ist für diese erste Phase normativen, rekonstruierten Pop mit Sicherheit die Band der beiden Künstler und Kunst-Analytiker Bryan Ferry und Brian Eno Roxy Music, die so weit ging, das Formelhafte, das sie aus ihren Analysen abgeleitet hatten und bei denen ihnen wohl auch selbst nicht ganz wohl war, ästhetisch noch mal zu thematisieren, besonders deutlich in dem nicht umsonst ersten Song ihres ersten Albums, der auch nicht umsonst «Re-Make/Re-Model» hieß.

Roxy und Bowie hatten nicht nur ihre Version von Pop auf eine Analyse des Ur-Pop gestellt, sie hatten auch ein Element darin besonders stark gemacht, das der Affirmation. Nicht im Sinne eines Verzichts auf Kritik – obwohl das in späteren Auslegungen vorherrschend werden konnte –, sondern als massives, vitalistisches Bejahen jeden Grades von Empirie, vor allem der Erfahrung der Transgression. Daß die Überschreitung durch eine besondere Nähe, eine affirmative Intimität zu den Verhältnissen hergestellt werden sollte – «There are problems in these times – but whooo! – none of them are mine» (Velvet Underground) –, war speziell in der weltweit sozialdemokratischen Zeit zwischen Bowie/Roxy (72) und der ersten Talking Heads (77) – «Don't Worry about the Government» – die damals meistversprechende Pop-Strategie: Pop wurde dabei gedacht als eine freundlich-höhnische Präsenta-

1 Jörg Immendorff, «Akademie für Adler», Frankfurt und Köln 1990
2 Vgl. Fußnote 1, S. 39

tion aufklärerischer Dialektik, die sich aber – damals nicht nur die Strategie, sondern auch ihre Protagonisten, das sollte später auseinanderfallen – als linke Kritik an leider nur halblinken Verhältnissen dachte, was natürlich nicht näher ausgesprochen werden mußte.

Die nächste Phase normativen Pops begann im Jahre 1982 und stand für eine Kombination des Massenwirksam-Inklusiven des alten Pop-Modells mit kritischen, auch, aber nicht nur unglamourös sozialdemokratischen Inhalten; die Affirmation richtete sich eher – obwohl als Geste unangetastet und notwendige Bedingung – an schon versunkene, nicht unmittelbar zur Verfügung stehende Welten, eher schon an die eigene Geschichte, die Geschichte von Pop. Im Falle der TV Personalities ganz offen an die große Zeit von Warhol und Hockney, bei ABC und Dexy's Midnight Runners an den Soul der 60er und dessen Glamour sozialer Mobilitätsversprechen qua Revolte oder qua Integration. Heaven 17 phantasierten als einzige eine Möglichkeit von radikaler Labour-Unterstützung, die sich als Penthouse bewohnender Banker-Yuppie-Lifestyle verkleidet. Antifaschismus als überaus bekömmlicher semiotischer Salat – das war die Speise dieser zweiten normativen Pop-Phase. Es wurde viel geredet von der prinzipiell subversiven Kraft von Pop: von dem kurzen knappen Pop-Liedchen als revolutionäre, volksnahe Evidenzmaschine, vom Anti-Rock und Ja zur Konstruiertheit und Künstlichkeit als feministische Absage an machistisches Authentizitätsgehabe, vom Spiel der Identitäten vs. reaktionärem rockabgeleitetem Selbstverwirklichungsstumpfsinn. Die normative und theoretische Begrifflichkeit war oft weiter als die Musik selbst, die dann auch irgendwann leichte Beute ihrer durchaus gewollten Hitparadentauglichkeit wurde, was hochinteressante neue Produktionsformen – Organisationen statt Bands, Ingenieurkunst statt Musizieren – und Typen auf den Plan rief wie den legendären Gramscianer, TJ-Clark-Schüler und späteren Dekonstruktivisten Green Garthside von Scritti Politti, der mindestens soviel in seine Pop-Theorie investierte – die z. B. aus Stax-Soul Regeln für Mitachtziger-Platten ableiten wollte – wie in seine philosophische Bemühungen (Wer seine Single «Jacques Derrida» verpaßt hat, hat was verpaßt).

In den zwei heutigen Grundrichtungen, die Pop ein drittes Mal normativ zurückgewinnen wollen, sind die Theoretiker und Theoretikerinnen verlorengegangen. Zuviel verstreutes Wissen ist heute Voraussetzung jeder besseren Techno-Platte, zuviel praktische Intelligenz wurde in der Zwischenzeit entwickelt, ohne mit einer kongruenten Theorie verbunden zu sein: Oft macht Trance, wer durchaus aktivistisch denkt, oft wirkt uplifting, wer sich geistig lieber in Bäumen aufhält, oft arbeitet expansiv und erschütternd, wer über dem Bett ein Mandala hängen hat.

Die erste Richtung ist der nationalistische britische «Brit-Pop», der die Erinnerung an die tatsächlich britische Herkunft von Pop[1] mit einer nationalistischen Aufrüstung verbindet. Der Großverlag IPC verbietet seinen beiden meinungsbildenden Musikblättern «Melody Maker» und «NME» seit Jahren eine gewisse Quote nichtbritischer Musiker auf dem Titelblatt zu überschreiten. Pop hat als Export-Artikel mittlerweile British Steel übertroffen. Eine Wiederherstellung einer Song-Hegemonie, die an Kinks, Who, Jam, Smiths und andere sowohl exportfähige wie Brit-Identity stärkende Pop-Modelle anschließen soll. Hier erst wird das seit den 80ern so oft angerufene Erlösungsmodell Pop-Lied (gegen avantgardistische Verstiegenheit, technologische Unmenschlichkeit und zuviel Rap angerufen von verschiedenster Seite) wahrhaft normativ und zwar zur Industrie-Norm, zum industriell verwertbaren Folklore-Artikel, wie er in Krisenzeiten ebenso gerne im Inland verkauft wie nach Übersee und auf den Kontinent verschifft wird.

Das zweite Modell nennt sich Easy Listening, nach einem Format-Radio-Begriff der 60er, mit dem diese Praxis des Aufgreifens, Wiederentdeckens und Revitalisierens aber nicht viel zu tun hat. Als man – Ferry, Eno, Bowie u. a. – erkannte, daß Pop-Musik und Pop überhaupt formalisierbar war, entstand eine Art unausgesprochene, aber höchst funktionale Küchensemiologie, derzufolge nicht Klang, Ton, Harmonie etc., sondern der Verweis kleinste Einheit des Pop-Werks sei. Durch Umcodieren oder Neucodieren eines Klangs, Soundtypus etc. macht ein Pop-Song auf sich aufmerksam, gleichzeitig bildet er – da er als Pop nur funktioniert haben kann, wenn er seinerseits für eine bestimmte Zeit verbindlich codiert gewesen ist; wenn Leute massiv an eine bestimmte Auslegung geglaubt haben – endloses Material für Neucodierungen. Auch dies war eine Strategie, die bei Glam Rock und 82 versucht worden ist, mit Erfolg. Easy Listening im heutigen Sinne kann im Prinzip alles aufgreifen und umcodieren: von Bombast-Rock bis zu brasilianischen Schlagern, von mexikanischer Ballhaus-Musik bis zum Soundtrack eines Porno-Science-Fiction-

1 Vgl. Mark Terkessidis in SPEX 9/95 über Blur.

Films. Es ist definiert durch eine unendliche Bandbreite von verwendbaren Formen und Verweisen. Der Nachteil: 1. Die neue Codierung ist selten etwas anderes als «doch genießbar» oder «exotisch» oder «irre schrill»; 2. Es gibt niemanden, der irgendein Investment in die erste Codierung laufen hätte: weder ist es noch für irgendeinen Prog-Rock-Fan skandalös, daß irgendein Jugendlicher Helmut Zacharias für abgespacet hält, noch irritiert es den ursprünglichen Zacharias-Fan.

Pop als ein spezifisches Modell von Zuspitzung, Dynamisierung, Transformation und Transaggression hat abgedankt, seine Bestandteile können für andere Formeln Anwendung finden und finden es längst. So wie es immer ein Indiz einer relevanten Pop-Musik war, daß die Anhänger des Vorgänger-Modells fanden, da höre sich doch alles gleich an, ist es ein Indiz für einen pop-fähigen historischen Moment, daß die sogenannten «Geschlechterrollen» ins sogenannte «Rollen» kommen.

Im Laufe des heiter
dahinrauschenden Abends

Hubert Winkels
Dichter und Fernsehen

Nach dem Abendessen ist die kleine Runde heiter geworden. Der Fernsehunterhalter Harald Schmidt und der Lyriker Thomas Kling machen sich den Spaß, bekannte Fernsehfiguren aus der Frühzeit des Mediums zu parodieren. Da alle Gäste auch Buchautoren sind, macht jemand den Vorschlag, reihum solle jeder aus dem jüngsten Werk seines Nachbarn vorlesen. Man ist in Lachlaune, und Thomas Kling beginnt mit der ersten Seite von Schmidts Kabarettistenprosa ‹Tränen im Aquarium›. Er liest laut und deklamatorisch scharf, bis den wiehernden Zuhörern die Tränen über die Wangen laufen. Dann greift sich der herausgeforderte Schmidt ‹nacht. sicht. gerät.›, den jüngsten Gedichtband Klings, und liest in salbungsvollem Tonfall und überakzentuiert die ersten Verse:

‹rolltreppe russland runter, / in Teile zerborstenes wr / akk, gut sichtbar deutlich ver / nehmbar leningrad airport unweit der landebahn russ- / land landunter, rolltreppe runter u. / in wasfürnemtempo.›

Niemand lacht. In das sich ausbreitende Schweigen macht jemand mit dem Finger im Mund ‹Plop›. Wir lesen nicht weiter. Im Laufe des bald wieder heiter dahinrauschenden Abends stellt sich heraus, daß der Dichter Kling kein Fernsehgerät besitzt.

Christian Uetz

Poësen; ein Hauswall
poetische Posen,
Po esende Poethie,
pro fetische Posaunen

1.
Was ist im Augenblick?
Im Augenblick geist das All. Das gischt im Augenblick alles.
Das nist in diesem Augenblick alles in allem die Allgegenwart von
alles in allem in diesem Augenblick. Und obschon dieser
Augenblick nur schon immer und noch immer diesen Augenblick
misst, mischt er von schon immer bis noch immer die gesamte
Erstreckung von schon immer bis noch immer, und zwar schon
immer und noch immer, und auch schon immer schon immer
und noch immer noch immer. Dieser Augenblick tischt immer.
Es trist kein Vorher und kein Nachher, kein Nochnicht und kein
Nichtmehr, es birst alles in diesem Einen Einzigen
Undsoweiter.

2.
Klar sind Probleme mein Problem, ganz klar.
Klar sind all meine Probleme mit dir
nur meine Probleme mit mir,
und klar habe ich, wenn ich mit mir keine Probleme habe
mit mirr mit dire,
dirrmirr auch keine mit Dio mio Dio!

3.
Binn nahe, zu sagen, was ich nicht weiss,
und zu wissen, was ich nicht glaube;
bimm beilnahe
bei mir
bei dir.

4.
So mohnmordseinfach mich versbrechen:
der Muund mus mich nur sprechen;
und daphon leb ich,
davhohn ich sterb

5.
Du färbrerdst mich,
Mund der Energief lusst f löst tausendf lach F lieder
wieder.

6.
Nenns, das ens, das nicht ens;
nenns nichtens,
nenns Nicht,
nenns nicht ens,
nenns nicht.

7.
Godt
Goethe,
das ist gold
verdammter,
vom Hirnmmel durch Joyce verdarmter
Verdivina
Dante!

8.   (für Thomas Kling)
irr mirr im hore schallen, verse von hohnm
von tür inner ton. marss. kling.
sargks mass sacre,
k lingsloder k ringsbrodll
(kochend)
unter wachsherrnerr haut.

9.
Trakl ist schon tont.
In Hölder brült die heissenste Phatse.
Es ist Zeilt,
dass ich Arpnarble.

10.
Schreischreibelst du immer noch?
Machst du immer noch Gedichtchen?
Immer noch nicht einen einzigen Satz gemachmachMacht.
Aber Verhängte wir müssen doch noch das unserletzte Hemdherz
verbrennen für eine zufällig gefunden gelungene
Schneeballwortwahrheit.
Denn inständig geöhrt, geschwängert von Grossen,
ereignen die stofflos Unvergänglichen,
die zeitlos Werdenden Wortgeburten,
Königsgeburten.
Und Berge diese Bettelleibgeborgenen entbergen und diese
Kleinkindsnackten entblössen auch ungesprochen endsprechen
der demotechnobürokapitaristotelikratisch kaputten Betonwelt
einfach bäurisch einfach, platonisch handschriftlich und
milchmuttermatriarchaisch und verknoten unsere materialkoten,
sterilelektronenidioten und computerhirntoten Schädelschoten
schwer schweig leer und lichtstill, bis auch der letzte filmgraue
Fernsehherr, der letzte lobbylob und strafende Lehrosoph und die
legintimiweltmilieunenmilliarden massen mordlustigen
USArmypositivisten, Stahlstallstalinisten und
unkrautkraftunglaublichrasch aufschiessend
überschwemmenüberströmenübermeerenden
Weltmarktmeerverheerer, Windsbrautentehrer,
Windkindverstörer und Blindverehrer der atom und
wissenschaftsgarantiert untilgbaren Tech Teufel und
Termitenherrschaft, bis diese nun voran die japanohorrnistischen
Heuschreckenkatastrophen, wie auch wir in vero weary Wirren,
wir weltallwissend und atomwespenwüstend nur Dahinrasenden,
nur den Madenmonaden mendelnden Fäulnisanbeter,
wir tubifextoten Toren uns freiwillig in tonerdlichtigen
Engelsstaub zu verwandeln
zu sterben bereit sind.

Barbara Maria Kloos

Die Comtesse Charlotte
als fliegende
Riesen-Roose[1]

«Weil wir träumen, wenn wir leben,
Weil wir leben, wenn wir träumen.»
(August von Platen)

Die Comtesse ist immer allein.
Eine Frau, zur Faust geschlossen.
Außen Dichtung, innen Schleim.

Die Comtesse hat Zeit, genug Zeit, um ihre Finger zu zählen,
genug Hunger, um sie sich einzeln von der Hand zu fressen.
Ob aus jedem Stumpen eine Rose wächst?
Charlotte, Charlotte.
Es macht mir großen Spaß, dein Entsetzen zu photographieren.
Jetzt. Und jetzt. Und jetzt. Und jetzt. Bis kein Funken Leben
zwischen einer endlosen Kette von Bildern mehr zurückbleibt.

Jetzt. Steht sie auf.
Das Laken, eine Zunge voller Träume, leckt ihr hinterher.
So rot und heiß.
Kaum wach, wächst schon die Lust, zurückzusinken.

Jetzt. Fährt sie mit der Dusche ihren Körper ab.
Alles da, nur jeden Morgen ein Jahr älter.
Jetzt. Zupft sie die Barthaare.
Jetzt. Cremt sie sich ein.
Jetzt. Tanzt sie vorm Spiegel, den Walkman im Slip.
Und jetzt. Nimmt sie die schweren Brüste in die Hände,
drückt sie hoch. Ganz fest, bis die Nippel wie Daumen
nach oben zeigen.
So steil müßte man sein, und dann zum Film!
Aber wenn Charlotte die Hände wieder weg nimmt, sackt leider

1 Nach einer Zeichnung des schizophrenen Schweizer Künstlers Adolf Wölfli

alles in sich zusammen, und ihr Leib sieht aus wie irgendein Leib.
Nackt, gezeichnet. Eine Wunde, die nicht heilt.

Jetzt. Klingelt einer an der Tür.
Erst wird gekichert, dann gestöhnt.
Fünf Minuten absolute Stille.
Heißa, das ist Leidenschaft.
Will er bleiben, bitte, bitte,
nein, er möchte hauen ab.

Ach.
Ließe sich die Welt doch nur im Bett umkreisen!
Beine breit, die Zunge rausgestreckt.
So krönte die Comtesse den ganzen Dreck
mit ihrer königlichen Speichelspur.

Jetzt. Öffnet die Comtesse den Kleiderschrank.
Lauter fremde Leute, die auf Bügeln hängen.
Wenn sie nur wüßte,
ob sie Röcke oder Hosen,
Socken oder Strapse tragen soll.
Soll sie sich Locken drehen,
Schnurrbart stehen,
bräunen, färben, naßrasieren,
operieren, parfümieren,
wachsen, ölen, tätowieren?
Soll sie Kind sein oder dominieren?
Schlips, Corsage, Hosenträger,
Spitze, Seide, Nadelstreifen,
Muskeln, Make-up, falsche Beine?

Die Comtesse weiß nur, daß sie ihre dünne Haut verstecken muß.
Keiner darf merken, daß sie durchsichtig ist und täglich ihrem
eignen Herzen bei der Arbeit zusehn muß.
Sie ist nackt.
Nackt.
Nackt.
Nackt wie eine Zunge, die blitzschnell hervorschießt,
wenn man die Lippen nicht fest genug zusammenpreßt.

Jetzt. Geht sie einkaufen.
Jetzt. Kehrt sie zurück.
Nichts los, nur paar Gummibärchen im Gehen verdrückt.
Seit einiger Zeit durchsuche ich den Abfall der Comtesse.
Jetzt. Weiß ich, daß sie Toast und Müsli, Pizza und Spaghetti ißt,
genau wie ich. Dann der Sekt in Strömen, meine Marke.
Ich glaube, sie trinkt.

Abends verfolge ich so lange Charlottes Fernseh-Geräusche,
bis ich die Sendung finde, die sie eingeschaltet hat.
Wenn ihre und meine künstlichen Stimmen zu einem Chor
verschwimmen, stöhne ich auf.
Jetzt. Sind wir uns nah, wie nie zuvor.
Sie und ich, ein Auge und ein Ohr.

Charlotte, Charlotte.
Es macht mir großen Spaß, dein Entsetzen zu photographieren.
Jetzt. Und jetzt. Und jetzt. Und jetzt. Bis kein Funken Leben
zwischen einer endlosen Kette von Bildern mehr zurückbleibt.

Jetzt. Gehst du schlafen.
Jetzt. Ziehst du dich aus.
Im Traum wachsen Rosen aus deiner Faust.

Michael Lentz

huhnhahn

da liegtn fleck blut. frag ich euch
mal, wie der da so hinkommt. der kommt aus mir, ich hab mich
nämlich soeben mal umgebracht. frag ich euch, wieso. weil mir
danach war. frag ich euch, warum es hier so aufgeräumt ist. sag
ich euch klammheimlich mal, daß es was zu feiern gab. nämlich
endlich liegt sie neben mir. und zwar ausdrücklich still ganz. ich
hab sie nämlich umgebracht. frag ich euch jetzt, warum wir dann
ein gläschen tee zusammen trinken. so kam es nämlich: wir lieben
uns. und wir sehen gerne fern. ich will mal so sagen: es war schon
spät. und dann kam der fleck wie gerufen. zuerst war er blind,
dann im vorschulalter. wie junge mäuse. und dann fing das mit
dem schluckauf ja an. und dann hat sie sich immer rumgedreht.
wie eine katze. das ging so eine stunde. bis zum programmschluß.
frag ich euch mal, ob das kein harter winter ist. draußen mond
und sonne draußen. so einfach das ist. einmal in zwei wochen
wird müll abgeführt. geboren bin ich ja im krankenhaus. und da
liegt sie jetzt. frag ich euch, war das denn nötig, so mit handschel-
len und so? der fleck kommt also von der berittenen. von der seil-
schaft. und zwar habe ich mich da oben aufgehängt. wenn Sie näher treten wollen, da sehen Sie's.
  Sie war die meine geliebte. das reicht doch wohl. sie hat, als ich
auf der welt war, den krieg auch nicht erlebt. wenn es nicht schon
dunkel wäre, könnte ich sie tagebuch nennen. der briefkasten war
leer. sehr lehrreich. und da ich pleite war, in hamburg sagt man
«dalles», kuckte ich fern. da saß sie also neben mir. ruft an, und
sagt, «hallo liebling». aber nichtsdestoweniger, da ist der fleck. ich
bin überzeugt, daß dieses blut schon vor ihr da war. jedenfalls hat
sie sich nicht geschämt, freundlich zu sein. war sie denn freundlich?
sie hat ihn nämlich umgebracht. das ist der ganze haufen. dann hab
ich umgeschaltet, und als ich wiederkam, war der teppich rot. ich
verrohe, sagte sie.
  jedenfalls hat sie lecker gekocht, und wir haben alles aufgeges-
sen. wir? ich habe nicht ungestört essen können. es gab da nämlich
einen mitesser. einladungshalber. der ist also erschienen und hat
mitgegessen. bis alles auf war. wachtel lachs und lecker feldsalat.

entenbrust drin und pilze mit soße. eis mit schlag nach tisch und kaffee. dann ist er umgefallen. hat nicht lange gedauert, da war er tot. ja, und was soll ich lange sagen, der liegt jetzt unter der gartenerde. nette nachbarn stört das nicht. aha, ein himmelsgrollen. erdkralle hand, dich werd ich jetzt unschuldigen. oder umschulen? du ahnst es nicht, da klingelt an der wohnungsglocke an dem haustürklopfer klopft der neue gast. woher der flecken blut denn stamme, lieber kommissar stummvoll, entsage ich, das weiß er selber am besten. soeben hat man zu dritt gespiesen, und vorher war er auch schon da. da steht der kommissar und staunt den flecken an. vielleicht moderne kunst, belandläufige ich. ja, moderndes, notiert die feder, macht kehre, sozusagen willkomm und abschied, tür ins schloß mit ernst, türschüß, wird hören wird hören.

sie ist ausnahmslos eine kochkünstlerin. sie kocht für alle, jeder verdaut für sich allein. auch meine frau ist sehr angetan mit ihr. jetzt, da die köchin tot ist, werden wir sie entlassen müssen. und da sie nicht gehen wollte, haben wir der köchin eins über die rübe gehauen. versaut das aas doch den teppich und verabschiedet sich. läßt uns mit trauer und teppich allein. das schönste aber ist, na sag schon, olga oder auch maria haben mich früher schon verlassen als diese lachs- und wachtelkönigin. und bevor ich das grande finale einreiche, möchte ich eine huldigung an meine lieblingswörter aussprechen: JETZT NUN ALS UND SO ZUMBEISPIEL sind meine favoriten. gewiß, ich rauche zuviel. auch möcht ich meine zurückgebliebenen grüßen. peter ist ein guter freund und valeri auch. und alles entspricht den tatsachen. wenn Sie näher treten möchten, da sehen Sie's.
und draußen dröhnt die regenwalze.

Albert Ostermaier

Gedichte

maulkorb

nur wer mein freund seine standpunkte
zu verhüten weiss hat politisch korrekt
erigiert was bleibst du deinen worten
treu du musst sie wechseln wäg sie ab
schweigen ich sags dir ist ein goldenes
mundwerk & ein wortschatz der sich
heben lässt wenn man ihn wörtlich
nimmt also halte dich dran mit
redsamen händen & wenn dus schon
nicht halten kannst halte es zumindest
für bedenklich & nicht der rede wert
nur bringe ich bitt dich es niemals auf
den punkt auf dem du stehst so geht dir
nichts ab & du bleibst sauber im
geschäft aber bitte korrigier mich
wenn ich recht habe

leihstimme

öffne deine lippen ich schliess
dir die schere im kopf zieh dir
die worte aus dem mund &
schneid sie dir ab & schluck
was du sonst schlucken musst
hab keine angst ich halt dir den
mund & red danach wenn ich mein
maul aufreiss & du auf deine zähne
beisst mir kann man nichts
ausschlagen mir glaubt man &
so erst recht nichts dir

vita violenta

wenn ein dichter keine angst
mehr einjagt soll er besser
aus der welt gehen & den
engeln in die hosen fassen bis
sie ihren mann stehn & so
verstehn was dialektik ist
denn alles göttliche ist eine
komödie & ein höllischer
spass wenn du auf deiner
wolke parkst & zusiehst
wie man dir das letzte mal
über den mund fährt & dir
die liebe aus dem kopf
schlägt bis du es nicht mehr
selber musst & zu leben
lernst es machst wie ich
ich liebe niemanden mehr &
nicht ein wort

‹Ich sterbe selbst, und
auch das auf eigene Kosten›
Pier Paolo Pasolini

abgespielt

steh vor mir in einem leeren theater
ein mensch mit fremdem blut allein
mit einer rolle die er rückwärts nicht
mehr kann auf brettern zwischen denen
sich die welt auftut sie solls vor einem
leeren kopf dem sie nichts mehr bedeutet
als ein spiel mit falschem herz ein zungen
schlag aus zweiter hand ein sein immer
nur mit worten ein nichtsein ohne sie

Karl Bruckmaier

Slam No More –
eine Liebeserklärung

Hilde hat gewonnen. Hilde hat zum zweiten Mal den Literatur-Slam gewonnen. Ich stehe auf der Bühne, das Mikrophon in der Hand, suche nach Worten, die weder die Gewinnerin zu sehr verletzen noch meine Verbitterung kaschieren. Ich sage schließlich: «Vielen Dank. Das war der letzte Slam.» Aus. Dies war der zehnte oder zwölfte Slam gewesen, immer im «Substanz», Münchens angenehmstem Music-Club, immer wieder lustig, spannend, lächerlich, lebendig. Die Regeln waren so einfach wie geklaut: Jeder Lesewillige konnte sich an der Abendkasse in eine Liste eintragen. Wurde sein Name gezogen, hatte er oder sie zehn Minuten Zeit, das Publikum und die willkürlich gewählte Dreierjury zu begeistern, zu rühren, zum Lachen zu bringen oder zum Erbrechen. Die einen sangen oder beschütteten sich den nackten Oberkörper mit Bier, andere beschimpften das Publikum, die Menschheit, die Freundin; die meisten lasen brav ihre Texte vom Blatt. Wie beim Eiskunstlauf regierte anschließend punktegebende Willkür, eine A-Note für den literarischen Wert, eine B-Note für die Performance. Dem Sieger wurde ein T-Shirt mit der Aufschrift SLAM! aufgedrängt, dazu eine Flasche Schnaps. Wir sehen uns das nächste Mal!

Geklaut heißt: Der Slam ist ein postliterarisches Verfahren, entwickelt von amerikanischen Poets, um die Grenzen zwischen Straße und akademischem Elfenbeinturm, zwischen Rap und Lyrik einzureißen. Marc Smith, Eigner des Green Mill Clubs in Chicago, gebührt wohl die Ehre, als Erfinder des zeitgenössischen Slams zu gelten. Doch seine ganze medien- und publikumswirksame Potenz hat der Slam erst im Nuyorican Poets Cafe in der Lower Eastside Manhattans entfaltet, als Miguel Algarin Ende der achtziger Jahre auf Drängen des Poetry-Aktivisten Bob Holman seinen Club in der Lower Eastside reaktivierte. Das Nuyoricans hat inzwischen eine Reihe von Poetry Stars hervorgebracht, die, aus der Schule der Slams hervorgegangen, von der Tonight Show bis MTV, vom American Book Award bis zu Hollywood-Drehbüchern der amerikanischen Öffentlichkeit ihre Version von Dichtung verkünden, ohne die street credibility ihres Lower-Eastside-Herkommens zu verlieren. Und der Slam scheint ewig zu währen – jede Woche, per Public Radio hinaus über ganz New York, per Satellitenschaltung live nach Tokio: Algarin und die Seinen rulen die airwaves, ja, haben sich selbst einen deutschen Büchnerpreisträger heimgeholt in diese finstere Ecke Manhattans zwischen Avenue B und C.

Ich habe das Nuyoricans und seine jovial-genialische Triebtätermannschaft über den großen Umweg Hörspiel kennengelernt. 1989 schlossen Herbert Kapfer, Hörspiel-Chefdramaturg des Bayerischen Rundfunks, Carl-Ludwig Reichert, Autor, Musiker, DJ, und ich eine sechsteilige Hörspielreihe ab, die sich der Beat-Generation und ihren Folgen verschrieben hatte. Von einer Fortsetzung war oft und gern die Rede; aber erst als sich eine enge Zusammenarbeit mit Amiri Baraka (aka LeRoi Jones) anbahnte, die eben jetzt einen Abschluß mit der bei dem Jazz-Label enja erschienenen CD «Real Song» gefunden hat, kam eine Verbindung mit Miguel Algarin zustande. Das Nuyorican Poets Cafe veranstaltete zusammen mit Baraka sieben Abende, die dem Bayerischen Rundfunk als «Best of»-Shows zur Verfügung standen. Und ich hatte das Glück, diese Produktionen betreuen zu dürfen. Ein Besuch bei einem Open-Stage-Abend genügte, um die Kraft und die Lebensfreude zu spüren, die einem Slam im Nuyoricans wesenseigen ist. Wer das nicht klauen wollte, müßte ein Narr sein...

So kam es zu den Slams im «Substanz»: Sie sollten idealtypisch sein, eine Mischung aus Lesung, Sportveranstaltung und Party, eine unberechenbare Facette des Nachtlebens, ein Zeit-Raum, in dem sich etablierte wie völlig unbekannte Autoren ohne realen, sondern eher unter fiktivem Druck messen könnten: die einen vielleicht, um aus der Lesungsroutine auszubrechen und neue Formen zu testen, die anderen, weil es keine andere Chance für sie gibt, vor einigen hundert Menschen zu lesen, sich selbst und die Texte auszuprobieren, zu verbessern, um mit neuem Text, neuen Präsentationsvorstellungen das nächste Mal wiederzukommen. Ganz so ist es im «Substanz» nie geworden. Zum einen zierten sich viele Autoren, die es im Literaturbetrieb schon geschafft hatten. Sie wollten den armen Neulingen, hieß es gerne, nicht das T-Shirt streitig machen und den Schnaps, nun, einige sind wenigstens bei einem Einladungsturnier aufgetreten, bei einem Schaulaufen, das aber eher Gruppenlesung war denn Slam. Aber auch das sollte möglich sein. Ein anderer Grund war die faktische Übermacht der Talentlosen, deren Versprecher, schlechte Reime und ungelenke Texte jenseits jeder Verbesserbarkeit standen. Doch sorgten sie wiederum für eine voyeuristische Komponente, für Haligali, Stimmung, Bierumsatz. Und wie durch ein Wunder gewannen die ersten Slams immer die besten Texte, wurden Schnaps und T-Shirt mit freudigem Herzen überreicht. Alles ließ sich bestens an: Der Laden war voll, übervoll, wenigstens im Publikum mischte sich literarische Szene mit Punks und Professoren, Teenager mir graubärtigen Schlachtrössern jeglicher Avantgarden; es bildeten sich Cliquen und Klüngel, neue Projekte und Veranstaltungen wurden beschlossen, vielleicht sogar ausgeführt: Leben. Eine vitalistische Tradition schien sich fortzusetzen, für die in München die Namen «Pop Sunday» und «Sage & Schreibe» standen, funktionierende Foren der Vergangenheit, die einer bestimmten Generation von Schreibern weitergeholfen hatten.

Schließlich kamen die Medien: VIVA und BR schickten Kamerateams. Die Süddeutsche Zeitung berichtete groß und die Abendzeitung. Von denen schrieben wieder die Trendmagazine und Frauenzeitschriften ab, schließlich Provinzpresse. Anhand von übernommenen inhaltlichen oder Schreibfehlern ließ sich die Spur von Artikel zu Artikel recht gut verfolgen.

Irgendwie ließen sich die hör- und vorlesewilligen Konsumenten all dieser Käseblättchen und Bulimie-Magazine nicht vom dezent verkommenen Charme des «Substanz», nicht von derben Texten anderer Leser, nicht von lauter Musik und einem zynischen Moderator abschrecken. Der Drang, endlich einmal lesen zu dürfen, endlich Gehör zu finden, Anerkennung in Form einer Flasche Schnaps oder mißverstandenen Gelächters, das alles verdarb mir die Stimmung beim Slam. Ließ Hilde gewinnen, eine vielleicht fünfundfünfzigjährige Frau mit besinnlichen Reimen, die handwerklich so daneben waren wie inhaltlich: Schlagertexte für Peter Alexander oder Heintje waren Nobelpreisliteratur dagegen. Hilde gewann also ein erstes Mal. Und ich hielt dies noch für eine Mischung aus Publikumszynismus und Mitleid. Als Hilde zum zweiten Mal kam, habe ich ihren Namen absichtlich nicht gezogen – die einzige Manipulation, deren ich mich je schuldig gemacht habe. Als Hilde das dritte Mal kam, habe ich aufgegeben. Sie hat prompt wieder gewonnen. Spätestens da wußte ich, daß Hilde mir wenigstens zum Schluß einen Gefallen getan hat.

Slam geht weiter; in den USA sowieso, in Berlin, in Hamburg und Düsseldorf ist es auch angesagt. Bon. Auch in München wird es Slams geben. Einige der «Substanz»-Autoren haben sich zusammengeschlossen und machen da weiter, wo es mir die Stimmung verhagelt hat; ein Einzelkämpfer versucht sich vor der Stadt und einer in Kempten. So geht es: Es ist einfach, es ist billig, es ist lustig und jeder kann es machen. Und jeder muß wissen, wann er die Schnauze voll hat davon – weil aufzuhören viel schwieriger ist als anzufangen. Was mir der Slam gebracht hat? Mehr als genug Vergnügen und die Texte von einem mittelalterlichen, grauhaarigen technischen Übersetzer, der jedesmal kam, meistens las, merkwürdige, lakonische Fragmente voller Matrosen, Huren und Verlorenen, der nie gewonnen hat und alles veröffentlicht, wie er betonte. Und zwar, wie mir jemand erzählte, im «Altbaierischen Heimatboten». Vielleicht muß man nach Literatur an ganz anderen Orten suchen, als wir dies gewohnt sind. Aber das war ja andererseits die Grundidee des Slams. Stimmt. Wunderbar. Weitermachen.

Zustände ganz
anderen Kailibers

Thomas Meinecke

Enden der Parabel

Keine Ahnung, ich denke, eher der späte. Ilse Banzer hängt am Apparat, ihrem aus Darmstadt mitgebrachten helmblauen, ob das überhaupt eine Telekom-Serienfarbe sei, hatte sie sich von Arno Wallmann, dessen Tasse Tee die Nato nicht eben ist, fragen lassen müssen, spielt hier aber keine Rolle, denn Arno, der ungeduldig am anderen Ende der Leitung sitzt, irgendwo in Afrika, darüber hinaus ganz ungeniert schmatzend, keinen Schimmer, worauf, möchte heute von seiner langjährigen Mitarbeiterin wissen, ob die kürzlich in den postalischen Umlauf gebrachte Strauß-Sonderbriefmarke den Abgebildeten in seiner politischen Früh- oder Spätphase zeigt. In den USA hatte man vor einigen Jahren per Bürgerbefragung ermittelt, daß der Sänger Elvis Presley einer Briefmarke eher als junger Mann zur Zierde gereiche denn als aufgedunsenes Tablettenwrack. Ein relativ knappes Ergebnis, Ilse, weiß Arno, der die USA so gut wie in- und auswendig kennt, den nun aber Thomas Pynchons ausgedachte Nazi-Herreros ganz konkret auf den schwarzen Kontinent verschlagen haben, dennoch wundern sich beide, warum in Deutschland der späte Politiker dem frühen, der immerhin einstmals, Ilse nennt dies hellsichtig, den nicht weniger, sondern, wie man heute weiß, um ein vielfaches gefährlicher chargierenden Pressemann Rudolf Augstein hinter Gitter zu bringen vermocht hatte, vorgezogen werde. Late meint ja im Englischen tot, orakelt Ilse Banzer, Popstars leben fort, Staatskünstler sterben den biologischen Tod. Mitunter den freiwilligen, versteht Arno Wallmann zu ergänzen, wie der Geißler und die Vollmer. Gleichsam hysterisch kreischt Ilse da auf, sie kann sich kaum darüber beruhigen, daß ihr Kollege das pazifistische Todespärchen Bastian-Kelly mit dem, findet sie, kaum weniger unheimlichen, dezidiert bellizistischen Gespann unserer Tage verwechselt hat, deren schwarzgrüne Konterfeis auf Ludger Jäkels Gästetoilette hängen, kopfüber, versteht sich, wenn man Ludger kennt, erst vor-, dann aufgeknöpft wie Mussolini und sein Liebchen, damals, als die Amis kamen. Tatsächlich ist Heiner Geißler ja einst mit seinem Freizeitgleitschirm kopfüber, schwarz vor Augen, in einen grünen Baum gerauscht und hat sich dabei ordentlich weh getan. Kaum steht der Name Geißler im Raum, ist auch schon Ludger Jäkel im Türrahmen erschienen. Arno ist dran, raunt Ilse ihm zu, die Muschel mit ihren knochigen Fingern verdeckend, aber warum sollte Arno Wallmann nicht mitbekommen, daß Hitzkopf Ludger ins Büro zurückgekehrt ist, nachdem er vorübergehend im Weltraumkontrollzentrum Oberpfaffenhofen angeheuert, sagen die einen, rumgeschnüffelt, die anderen, hatte. Außerdem reißt er Ilse nun sowieso den Hörer aus der Hand und brüllt hinein, als ob es um ihrer aller Leben ginge. Arno Wallmann läßt ihn zunächst ins Leere laufen und verwickelt ihn dann flugs in die ideologische Erörterung der brandneuen, ihm noch nicht zu Gesicht gekommenen Leckbriefmarke. Nur eine Mark? Jawohl, mein Lieber, vom Zweimarkstück zur Einermarke. Eine durchaus denkbare Sondermarke fünfzig plus x wäre passender gewesen, fiebert der Zurückgekehrte in die lange Leitung, aber wem wäre das x zugeschlagen worden? Schalck-Golodkowski natürlich, lacht Ilse Banzer mit guttural verstärkter Stimme, damit es auch der lauthals kauende Freund im fernen Afrika hören kann, jeder kennt den Effekt, daß man den Fernseher lauter drehen muß, wenn man auf etwas Widerspenstigem herumbeißt. Laß mal gut sein, schmollt Ludger seine blondierte Kollegin an, denn er läßt nichts auf Schalck-Golodkowski kommen. Gerade hatte der DDR-Politiker den hübschen Tegernsee, genauer, dessen als malerisch besungenen Gestade, verlassen müssen, um sich einem, wie Ludger es ausdrückt, blutrünstigen Berliner Gericht zu stellen, welches die RAF, ergänzt Arno, seit einigen Minuten vom Schluckauf geplagt, früher sofort in die Luft gejagt hätte. Finden alle in der Runde. Nach und nach fliegen die Namen Enzensberger, Kinkel und Wieczorek-Zeul durchs Büro, dann erhält Ilse Banzer das helmblaue Telefon zurück und legt, ihr neuestes Steckenpferd, gegen die sogenannte Umweltorganisation Greenpeace los. Daß Strauß im Vergleich mit Scharping heute womöglich als der linkere zu betrachten wäre, hört Ludger seine Genossen aus dem Nebenraum noch sagen, dann hat er das Büro mit dem Vorsatz verlassen, sich zu Hause sogleich an sein lästiges Traumtagebuch zu machen. Dieses wird nicht nur von grausamen äthiopischen Märchenköniginnen, phallischen mitunter, bevölkert, sondern auch von ganz prosaisch gefallenen Innenministern, und, logisch, von der Vollmer und ihrem Geißler, geteert und gefedert, live, auf der Frankfurter Buchmesse. Mach dich nicht unglücklich, so Arno vor seiner Abreise zu Ludger, denn Arno Wallmann schätzt das Träumen kaum, hält also auch das zwanghafte Traumtagebuchführen für eine apolitische Grille. Aber Arno soll ganz ruhig sein. Fragt Ilse Banzer aus Darmstadt, die eben den Hörer aufgelegt und sich nun in die ärgerliche Betrachtung einer Laufmasche versenkt hat: Wer reist denn nach Afrika, um der nebulösen Genese kalifornisch-postsurrealistischer Romanfiguren hinterherzujagen? Vielleicht sollte man sie einen Song darüber schreiben lassen.

Christoph Willumeit

Das Hotel
«Zur Goldenen Giraffe»

Wenn man in der U-Bahn-Station unten am Hafen ausstieg, zwei Häuserblocks nach Norden ging und dann in eine kleine, klischeehaft schummrige Gasse bog, stand man nach wenigen Schritten vor der Fassade des Hotels «Zur Goldenen Giraffe». Es war kein besonders großes Haus, und das einzige, was einem vielleicht auffiel, war, daß es einem schmal vorkam. Das lag möglicherweise daran, daß das Haus nur etwa 20 Meter breit, dafür aber 5 Stockwerke hoch war. Die Fassade bestand aus verwittertem rotem Klinker und hatte, außer einem leichten Hauch von Ruine, nichts Besonderes an sich. In einem der beiden Fenster links und rechts neben der Eingangstür glühte Tag und Nacht ein künstliches Lagerfeuer aus Plastik, das seinen realistischen Flackereffekt einem Kurzschluß in der vorsintflutlichen Elektrik des Hauses verdankte. Wenn man durch die schwere Tür eintrat (die übrigens nicht quietschte), stand man in dem Raum, der hier großspurig Foyer genannt wurde, aber eher wie eine leicht verkommene Bauerndiele anmutete, in der man einem blinden Inneneinrichter freie Hand gelassen hatte. Die Wände waren in teilweise grellen Farben bemalt, einige Ölschinken, meist sylvane Motive, hingen teilnahmslos herum, und die Messinglampen an Decke und Wänden waren stark oxydiert. Nur der wuchtige Empfangstresen verriet, daß es sich hier um die Eingangshalle eines Hotels im weitesten Sinne handeln konnte.

Die abgelaufenen Holztreppen, die immer noch jeden zweiten Tag hingebungsvoll gebohnert wurden, ächzten und stöhnten unter jedem Schritt, und eine rote Zahl, wie von Kinderhand gemalt, verriet auf jedem Korridor, wie weit man noch vom Gipfel, dem 5. Stockwerk, entfernt war. Im 5. Stockwerk wohnten die Dauergäste des Hotels «Zur Goldenen Giraffe». Hier war ihr Reich, das auch von den wenigen Bediensteten des Hotels nur dann betreten wurde, wenn es unbedingt nötig war.

Wenn man endlich die rote 5 unter der trüben Funzel lesen konnte und sich nach dem Erklimmen der letzten Stufe links hielt, kam man in einen langen, schmalen Korridor, der kaum beleuchtet war. Ein wohl ehemals roter Läufer führte wie der sprichwörtliche rote Teppich auf eine Tür am Ende des Ganges zu, unter der hindurch ein schwacher Lichtschein zu sehen war. Links und rechts des Korridors gingen zwei weitere Türen ab, aber alles schien trichterförmig auf diese eine Tür am Ende des Ganges zuzulaufen.

Wir stoßen jetzt besagte Tür auf (nein, mit einem Stiefeltritt treten wir sie ein!), und uns schlägt ein gleißendhelles Licht entgegen; Rauchschwaden ziehen durch den Raum – ausgerechnet bei einem Gewitter betreten wir den Raum zum ersten Mal, und zu dem Naturspektakel, das uns durch das kleine Fenster des Raumes entgegenschlägt, gesellt sich das Spektakel eines hageren, 190 cm großen Mannes in einem altmodischen braunen Anzug, der uns furchtbar anbrüllt.

Das ist nur zu verständlich, denn wer wird beim Dichten schon gern durch neugierige Leser aus einem anderen Buch gestört? Gerade an diesem Abend hatte sich der treueste Dauergast der «Goldenen Giraffe» hingesetzt, um sein neues Buch zu beginnen, welches er mit einem furiosen Schlußkapitel einzuleiten gedachte. Um für die Arbeit gerüstet zu sein, hatte sich Racine Hahnenbach ein gestärktes Hemd angezogen, seinen einzigen Anzug gebügelt und sich einen Stetson in den Nacken geschoben. Einen Stapel jungfräulichen Papiers (500 Blatt, weiß) hatte er neben seine Schreibmaschine gelegt und seine Uhr aufgezogen. Das Buch sollte von einem Agenten handeln, von Propagandafilmen, von Sex und von einer wunderschönen Theaterbeschimpfung und von etwas, von dem Racine hoffte, daß es als das «Tropen-Gleichnis» in die Literaturgeschichte eingehen würde.

Gerade als er die ersten Zeilen in die Tasten hämmern wollte, fing es fürchterlich an zu blitzen und zu donnern, und nur Sekunden später trat irgend jemand die Tür ein und baute sich in der Mitte des Raumes auf. Racine sprang von seinem Stuhl hoch und ging wütend auf den Eindringling los. Dieser aber löste sich mit einem fiesen Zischen in Rauch auf, und nur ein meckerndes Lachen, das in der Ferne zu verhallen schien, blieb übrig. Irritiert schaute sich Racine im Raum um, kratzte sein Ziegenbärtchen und schloß die Zimmertür wieder. Nur ein etwas gequälter Seufzer entfuhr ihm, als er sich wieder an seinen Schreibtisch setzte. Er war es gewohnt, daß ihm ungewöhnliche Dinge zustießen, und er wußte, daß solche Vorkommnisse nur Vorboten für Zustände ganz anderen Kalibers sein würden. Zustände ...

Racine wachte schweißgebadet auf und grabschte blind nach

dem Zigarettenpäckchen auf dem Nachttisch. Er rauchte konzentriert, bis starke Darmbewegungen ihn dazu veranlaßten – lediglich mit karierten Pyjamahosen bekleidet – auf das Etagenklo zu rennen. Dort studierte er eine uralte, zerfetzte Zeitung, die er schon an die tausendmal gelesen haben mußte, und wischte sich dann mit einem Stück der naturwissenschaftlichen Beilage den Hintern ab. Gerade dieses Stück hatte es nicht verdient, so behandelt zu werden, denn es berichtete von dem vermehrten Auftreten von Sonnenhunden im Jahre 1956. Die klimatischen Auswirkungen von Sonnenprotuberanzen wurden eingehend erläutert, und nach einer (damals noch für abseitig befundenen) Theorie eines schwedischen Wissenschaftlers namens Nevski sollen die Sonnenhunde angeblich auch Auswirkungen auf die Psyche des Menschen haben. Racine Hahnenbach wußte schon lange, daß diese Theorie der Wahrheit entsprach, und zwar aus eigener Erfahrung.

Auf dem Korridor begegnete er Bodo, einem dauerarbeitslosen Schauspieler, dessen letztes Engagement wohl in die Zeit zurückreichte, in der Racines Mutter noch nicht wußte, daß sie eines Tages einem Sohn das Leben schenken würde. Noch bevor Bodo zu einem seiner gefürchteten morgendlichen Monologe ansetzen konnte, war Racine wieder in seinem Zimmer verschwunden und hatte die Tür fest hinter sich verschlossen. Er war sich eigentlich völlig sicher, daß er wieder in sein Zimmer in der «Goldenen Giraffe» eingetreten war, aber das außergewöhnlich starke Gekläff der Sonnenhunde an diesem Morgen hatte seine Wirkung nicht verfehlt.

Racine mußte feststellen, daß er allein auf einer riesigen Theaterbühne stand. Das Rampenlicht blendete ihn so, daß er nicht in den Zuschauerraum blicken konnte, aus dem ein überraschtes Raunen zu vernehmen war. Racine war nicht weiter beunruhigt; er kannte das schon. Genau wie auf leerem Papier hatte sein Geist auch sonst eine Neigung, höchst sprunghaft zu sein. Und heute morgen war es seinem Geist, seiner Psyche, seiner manchmal etwas eigenwilligen Synapsenschar eben angelegen, auf einer riesigen Theaterbühne zu stehen, und zwar in karierten Pyjamahosen und ganz offensichtlich mitten in der Vorstellung.

Racine war neugierig, wie es jetzt weitergehen würde, und bis dahin versuchte er erst mal, eine etwas entspannte Haltung einzunehmen (soweit man überhaupt vor vollem Haus in karierten Pyjamahosen entspannte Haltungen einnehmen kann). Aus der Kulisse kamen ein paar eigenartig kostümierte Männer marschiert, die sich links und rechts von Racine aufbauten, als ob sie ihn festnehmen wollten. Stocksteif standen sie da in ihren Phantasieuniformen und schienen auf etwas zu warten. Racine wurde es allmählich kühl. Nach etwa einer Minute kam ein weiterer Mann aus der Kulisse hervor. Er war klein, dick, in Lumpen gekleidet und hatte eine Nickelbrille auf. Er stellte sich direkt vor Racine und glotzte ihn an. Racine glotzte zurück, aber der Dicke zeigte keine Reaktion, außer daß er sich vernehmlich räusperte.

Racine beugte sich zu dem kleinen Mann hinunter. «Wer sind diese Leute hier?» fragte er konspirativ raunend.

«Lauter», kam ein gepreßtes Flüstern vom Dicken.

«Was?»

«Lauter, sonst können die Zuschauer Sie nicht hören.»

«Aha. Also dann», Racine holte tief Luft, um ein anständiges Theatergebrüll zustande zu bekommen. «Wer sind diese Leute hier?» Der Dicke wandte sich jetzt der Rampe zu. «Das sind Schauspieler.»

«So, so.» Racine betrachtete interessiert seine Fingernägel, und der Dicke scharrte nervös mit den Hufen. Es war offensichtlich, daß er von Racine die Fortführung des Dialoges erwartete, und dieser war Sportsmann genug, darauf einzugehen. Er kannte zwar das Stück nicht, das gegeben wurde, aber da Theateraufführungen im allgemeinen sehr flexibel sind, was die Auslegung der Texte angeht, machte sich Racine keine Sorgen und sagte, was ihm gerade einfiel. «Also, das sind Schauspieler? Und was sind denn Sie?»

Der Dicke tänzelte wieder an die Rampe. «Ich bin die Botschaft.»

«*Sie* sind die Botschaft?» Racine starrte den Mann ungläubig an.

«Genau.»

«Und ... Und wie lautet die Botschaft?»

«Ich.» Der Dicke ließ sich an der Rampe zu Boden fallen, und der Vorhang fiel. Aus dem Zuschauerraum drang donnernder Applaus.

Racine bat den Uniformierten links von sich um eine Zigarette. Als der Mann ihm Feuer gab, hörte Racine ihn irgend etwas murmeln.

«Was haben Sie gesagt?»

Der Uniformierte schaute sich vorsichtig um, aber die anderen waren schon von der Bühne abgetreten. «Ich sagte, das ist die mieseste Schmiere, seit Marceau versucht hat, die Trägerschlacht in der Korallensee pantomimisch darzustellen.»

Racine lächelte sein Gegenüber an. «Ah, ich sehe, Sie sind Theaterkenner ...»

Wenig später (der Theaterkenner in Uniform hatte dem fröstelnden Racine inzwischen einen alten U-Boot-Mantel geliehen) saß man in einer Bar namens «Geringer» beieinander. Racine ließ seinen Blick in Erwartung von irgendwelchen Seltsamkeiten durch den schummrigen Raum schweifen, aber die Damen und Herren Gäste saßen, standen und lagen ganz normal herum. Der Raum war ein langer Schlauch, durch den sich im ganzer Länge eine Bar zog; an der Rückwand hinter dem Tresen waren in mehreren Regalen die Flaschen aufgereiht. Racine und der Theaterkenner saßen an der Bar und tranken Magenbitter. Der Theaterkenner ließ sich gerade über einen offensichtlich wenig geliebten österreichischen Berufskollegen aus. Racine stimmte der Suada seines Gegenübers ab und zu mit einem neutralen Brummlaut zu, hatte ansonsten aber seine Augen fest auf den Ausschnitt einer nicht mehr ganz taufrischen Dame geheftet. Sie hatte schwere, plumpe Brüste, und Racine fand die Fältchen, die sich zwischen den Brüsten ihren Weg unter das Kleid bahnten, ganz entzückend. Selbstverständlich hatte die Dame die lüsternen Blicke des Schriftstellers bemerkt, der sich im Augenblick klar *underdressed* vorkam. Ab und zu warf sie ihm einen scheuen Blick zu, den sie aber sofort wieder durch angestrengtes Durch-ihn-hindurchschauen relativierte.

Racine fand das aufregend, und der Theaterkenner bemerkte langsam, daß es um die Aufmerksamkeit seines Zuhörers nicht zum besten bestellt war. Das empfand er natürlich als einen Affront, da er gerade an dem Punkt angelangt war (wie das bei ihm immer der Fall war, wenn er eine halbe Flasche Magenbitter in sich hineingekübelt hatte), an dem er den großen Hippopotamus augenzwinkernd – und bibelexegetisch eigentlich gar nicht so falsch, siehe Leviathan – als den Stöpsel der Welt darzustellen gedachte.

«Was ist denn? Was glotzen sie die Dimitrova denn so an? Die ist doch schon seit Jahrzehnten weg vom Fenster», sagte der Theaterkenner und warf der Dimitrova einen verächtlichen Blick zu.

«Schade», sagte Racine lächelnd. «Aber selbst wenn sie nicht mehr am Fenster steht, könnte ich ja immer noch eine Leiter an ihr Fenster stellen und schauen, wie es in ihrem Zimmer aussieht.»

«Diese Frau ist mit Vorsicht zu genießen. Es heißt, sie habe ihren Mann, der übrigens ein Agent des Reichspropagandaministers gewesen sein soll, ertränkt. In einer Kinderbadewanne ertränkt ...»

«Ich wüßte zu gern, wie sie das geschafft hat. Vielleicht hat sich der Gute ja auch selbst entleibt?»

«In einer Kinderbadewanne? Wie soll denn das gehen?»

Racine lächelte wiederum sein allerschönstes nachsichtiges Lächeln. «Nun ja, wenn man hört, mit was für eigenartigen Utensilien Menschen teilweise den Zeugungsakt simulieren, ist es doch denkbar, daß einer mal eine ausgefallene Idee hat, was den umgekehrten Weg, den Weg in die Ewigkeit angeht.»

Der Theaterkenner bestellte sich noch einen Magenbitter. Racine erhob sich von seinem Barhocker und ging quer durch den Raum direkt auf die Dimitrova zu. Die hatte ihn natürlich sofort bemerkt und fuchtelte augenblicklich mit einem kleinen Make-up Spiegelchen herum wie eine geistesgestörte Diva in ihrem letzten Film. Sehr charmant, wie Racine fand. Er hoffte inständig, daß die Aktivitäten der Sonnenhunde noch ein wenig anhielten und er sich nicht plötzlich in seinem Zimmer im Hotel «Zur Goldenen Giraffe» wiederfinden würde. Jedenfalls nicht, bevor er es so richtig mit der Dimitrova getrieben hatte. Die Dimitrova hatte inzwischen mit der Fuchtelei aufgehört und hatte sich, die Beine übereinandergeschlagen, ihm zugewandt. Die drei Gestalten, die mit ihr am Tisch saßen, hatten ihre Stühle so zurechtgerückt, daß sie beste Sicht auf das nun sicherlich folgende Spektakel haben würden.

Dimitrova ... Versonnen pronconcierte Racine den Namen und hörte, wie in seinem Inneren der getragene, dunkle Gesang des Chores der russischen Schwarzmeerflotte aufbrandete, welcher jetzt natürlich kein Chor mehr war und schon gar keine Flotte, sondern nur noch eine Bande von Strauchdieben, die Zigaretten schmuggelten und Kleinwagen verschoben. Die 70er waren doch besser gewesen. Es gab den kalten Krieg, Schlaghosen und halbstündige Gitarrensoli.

Racine bemerkte, daß er einigermaßen vom Thema abgekommen war, und außerdem, daß er seit einigen Sekunden vor der Dimitrova gestanden hatte, ohne einen Ton von sich zu geben. Dann machte er einen kapitalen Fehler.

«Für eine ältere Frau sind Sie unglaublich anziehend, Gnädigste.»

«Was meinen Sie mit älterer Frau?» fauchte die Dimitrova.

«Nun ja, eine Frau, die viel mit Stricknadeln und Einweckgläsern hantiert.» Racine glaubte einen Scherz gemacht zu haben, hatte aber in Wahrheit ein blutbeschmiertes Kriegsbeil ausgegraben.

Ein Aschenbecher traf ihn am Jochbein, und nur der Tatsache, daß ihre drei Tischnachbarn sie festhielten, war es zu verdanken, daß die Dimitrova nicht wie ein stark geschminkter Tornado über Racine herfiel und ihn zermalmte.

«Ich glaube, es ist besser, Sie gehen jetzt», sagte einer der Dimitrova-Dompteure. «Ich weiß nicht, wie lange wir sie noch halten können.»

In der Tat schäumte die Frau wie ein tollwütiger Hund und versuchte sich mit aller Macht dem Griff der drei Männer zu entwinden, um auf Racine loszugehen.

Inzwischen war der Theaterkenner an Racines Seite getreten und legte ihm die Hand auf die Schulter. «Kommen Sie.»

Der völlig perplexe Racine ließ sich wieder an die Bar führen. «Hier sind wir sicher.» Der Theaterkenner winkte dem Wirt und ließ noch zwei Magenbitter kommen. «Frauen dürfen nicht an die Bar, nicht mal die Dimitrova.»

Racine schaute den Theaterkenner verwirrt an. «Was sollte das denn eben? Wieso ist die Dame so wütend?»

«Sie ist eine Frau, sie ist Schauspielerin und hat lange kein Engagement mehr gehabt, daher ist sie ein wenig empfindlich dieser Tage.»

«Genau wie Bodo», murmelte Racine.

«Wie bitte? Wie wer?» fragte der Theaterkenner verwirrt.

«Ach nichts», sagte Racine und wandte sich wieder in Richtung des Tisches um, an dem die Dimitrova langsam wieder zu sich kam. «Also gut», sagte der Theaterkenner, «ich wollte Ihnen vorhin etwas über meine Theorie erzählen. Es geht nämlich darum, daß der große Hippopotamus ...»

Racine war wieder aufgestanden und befand sich neuerlich auf direktem Kurs zum Tisch der Dimitrova. Diese schaute den unerschrockenen Mann im dunkelblauen U-Boot-Mantel und mit Badelatschen aus weitaufgerissenen Augen an. So eine Insolenz war ihr noch nicht begegnet, ließ aber für die nächsten Stunden so einiges hoffen. Wenn sie den Kerl in ihr Hotelzimmer kriegen könnte, würde der Abend vielleicht doch noch ganz nett werden.

«Verzeihen Sie, wenn ich Sie verletzt habe, aber ich bin manchmal leider ein wenig unsensibel.» Racine verbeugte sich tief vor der immer noch schwer atmenden Dimitrova. Diese reichte ihm zu seiner Überraschung die Hand zum Kusse dar und machte gleichzeitig mit der anderen Hand eine kurze Bewegung, die genügte, um die Tischnachbarn an die Bar zu scheuchen. (Wobei sich die

Ex-Tischnachbarn in sicherer Entfernung vom Theaterkenner plazierten, weil sie dieses Glimmen in seinen Augen schon bestens kannten – wie sie auch die Geschichte des großen Hippopotamus schon kannten. Und wer wollte schon etwas über den Stöpsel der Welt wissen, wenn nicht gerade ein Nietzsche oder ein Schopenhauer darüber sprachen? Aber die hatten sich kurioserweise nie Gedanken über den Stöpsel der Welt gemacht, oder wo er sitzt und warum.)

Nachdem er sich mit der Dimitrova auf Magenbitter geeinigt hatte, winkte Racine dem Kellner und bestellte. Dann setzte er sich zu ihr an den Tisch.

«Was wollen Sie von mir?» Ihre heisere Stimme klang gelangweilt. Nichts war übriggeblieben von der homizidalen Rage, die eben noch in ihr gewütet zu haben schien.

Racine lächelte mild, wie es seine Art war, stutzte dann aber das Milde in seinem Lächeln ein paar Grade zurück, weil er diesen Zyklon von einer Frau nicht noch einmal provozieren wollte. «Ich weiß es nicht. Oder nein, ich weiß es, aber ich finde keine Worte, es auszudrücken.»

Die Dimitrova nickte langsam. «Ich weiß es auch, und ich würde es sogar ausdrücken können. Aber das interessiert mich im Moment nicht. In einer halben Stunde vielleicht, oder auch in einer Stunde, wenn wir in meinem Hotelzimmer sind, dann interessiert mich sehr wohl, ob Sie Worte dafür finden können. Ich schlafe nämlich nicht mit Männern, die nur ein verwirrtes Bündel Hormone sind.»

«Kann man Hormone bündeln?» Racine zog die Augenbrauen hoch.

«Wenn man sich Mühe gibt.»

«Aber nur auf dem Papier.»

«Das kann sein, aber dann wären sie doch gebündelt», sagte die Dimitrova kühl. «Im übrigen spielt es keine so große Rolle im 7. Stock des Hotels ‹Zur Goldenen Giraffe›, ob man Hormone nun tatsächlich bündeln kann oder nicht.»

«Im 7. Stock?» Racine kratzte sein Ziegenbärtchen. «Im ‹Hotel Zur Goldenen Giraffe› sagen Sie?»

«Da wohne ich zur Zeit.»

«Ich auch», sagte Racine einigermaßen verwirrt. «Aber im 5. Stock.»

«Und obwohl wir nur zwei Stockwerke voneinander entfernt wohnen, sind wir uns noch nie auf der Treppe begegnet.» Die

Dimitrova stieß ein glockenhelles Lachen hervor, und sämtliche Gäste schauten ruckartig in ihre Richtung wie bei einem hektischen Tennismatch. Alles schien in gebannter Erwartung weiterer Salonkataklysmen.

«Ist das nicht seltsam?» fragte Racine rhetorisch.

«Ja, finde ich auch», hauchte die Dimitrova, auch rhetorisch, und lehnte sich über den Tisch, dicht an Racine heran. «Aber Sie sind hier ja auch nicht gerade Stammgast.»

«Das ist richtig. Meistens, wenn die Sonnenhunde von der Kette sind, lande ich irgendwo in den Tropen.» Racine stürzte seinen Magenbitter runter und wischte sich (ein wenig bäurisch, wie er fand) mit dem Handrücken über den Mund.

«Das ist ja sehr interessant. Erzählen Sie mir etwas über die Tropen.» Die Dimitrova hatte sich noch weiter vorgebeugt, und ihr Atem streichelte Racines Wangen, der dererlei zart-poetische Momente durchaus zu schätzen wußte

Racine räusperte sich, zündete sich eine Zigarette an und setzte seinen Gelehrtenblick auf, den er jahrelang (mit durchschnittlichem Erfolg – also 50/50) bei jungen Mädchen ausprobiert hatte. «Ja, die Tropen sind, im Gegensatz zur landläufigen Meinung, gar nicht der Arsch der Welt.»

«Wie heißen Sie?» Die Dimitrova schaute Racine tief in die Augen.

«Hahnenbach. Racine Hahnenbach.»

«Racine Hahnenbach, ich bin kein blöder Backfisch, also wischen Sie diesen Gesichtsausdruck von Ihren Zügen, oder ich werde Sie schlagen.» Ein Lächeln umspielte sanft die Mundwinkel der Dimitrova.

«Gut.» Racine knetete mit beiden Händen in seinem Gesicht herum. «Besser?»

Die Dimitrova nickte.

«Also, der Arsch der Welt. Die Tropen. Ein Arsch ist eben glatt und nicht gerade pelzig – außer bei Affen natürlich, die haben ziemlich pelzige Ärsche, obwohl es auch da Ausnahmen gibt; so ein richtig schöner roter Pavianarsch ... Gut, also Ärsche sind glatt und kaum pelzig, die Tropen aber sind – jedenfalls im übertragenen Sinne – pelzig, aber so richtig. Dschungel, haarige Viecher überall; sogar die Spinnen sind haarig. Wenn man lange genug suchen würde, fände man wahrscheinlich auch haarige Fische.»

Die Dimitrova schenkte Racine einen ziemlich skeptischen

Blick, bevor sie zwei weitere Magenbitter bei einem vorbeihuschenden Kellner orderte.

«Die Tropen sind feucht», sagte Racine mit belegter Stimme und Anzeichen für eine baldige Erektion. «Die Tropen sind heiß. Die Tropen sind gut für jedes Klischee. Sie sind sozusagen universell einsetzbar, wenn man irgendwelche Fickmetaphern braucht.»

Ein Aufflackern in den Augen der Dimitrova.

«Und im Theater sind die Tropen sehr schlecht darzustellen», sagte Racine.

«Ich habe schon Tropen dargestellt, als Sie noch . . .» Die Dimitrova hielt inne, weil sie gemerkt hatte, daß es ihrer Pro-Tropentheater-Tirade im Endeffekt an Substanz fehlen würde. Außerdem würde sie gekränkter Stolz nur von dem eigentlich wichtigen Thema ablenken, an das ihr Gegenüber sich langsam heranzutasten schien. Um Racine beim Tasten ein wenig behilflich zu sein, nahm sie seine Hand und streichelte sie kurz, warf sie dann aber, als wenn sie sich selbst ertappt hätte, wie ein lebloses Stück Fleisch wieder auf die Tischplatte.

«Sie sind eine wunderbare Frau», flüsterte Racine und fand, daß er den verlegenen Unterton ganz gut hinbekommen hatte. Auch fand er, daß er (vielmehr sein Körper, oder was auch immer) eine hervorragende Erektion zustande gebracht hatte. «Liebe Dimitrova, sich nur mit einer Machete bewaffnet durch den eigenen Synapsendschungel zu schlagen, dem Geschrei der Affen zum Trotz schlafen zu können, Schlangen zu essen und sich mit den Blättern des Gummibaumes den Hintern abzuwischen, das ist sehr schwierig. Und wissen Sie, was am allerschwierigsten ist?»

«Nein, mein lieber Racine, das weiß ich nicht.»

«Am allerschwierigsten ist es, im Dschungel einen Platz zu finden, wo sich keiner von beiden verletzt, wenn man es so richtig treiben will.»

«Glauben Sie wirklich, daß das so schwierig ist?»

«Ja. Und ich habe das Gefühl, daß es auch im 7. Stock des Hotels ‹Zur Goldenen Giraffe› schwierig sein wird.»

«Wie kommen Sie darauf?» Die Dimitrova rückte interessiert noch näher an Racine heran, der sich an eine mittelalterliche Belagerung erinnert fühlte, gleichzeitig aber zugeben mußte, daß er auch nicht die Spur Lust hatte, siedendes Pech auf die Belagerer zu schütten. «Ob Sie es glauben oder nicht, im Moment sind Sie, mit Verlaub gesagt, ein Viech, das mir auf meinem Pfad durch den Dschungel entgegengetrampelt kommt. Eigentlich bin ich nämlich gar nicht hier, und nur der Tatsache, daß die Sonnenhunde heute sehr laut bellen, ist es zu verdanken, daß ich mit Ihnen zusammengetroffen bin», sagte Racine.

«Und Sie haben Angst, daß Sie sich den Rücken zerkratzen, wenn wir uns auf dem Dschungelboden wälzen?»

«Nicht direkt. Ich meine nur, irgendwie empfinde ich es als anmaßend, heute hier zu sein. Normalerweise leide ich immer ein bißchen, wenn die Sonnenhunde bellen. Ich kriege dann eine Art Migräne, und es passieren auch schon mal ungewöhnliche Dinge, aber heute habe ich ein richtig schlechtes Gewissen. Sogar Angst habe ich.»

«Angst?»

«Ich habe Angst davor, verrückt zu sein.» Racine kaute an den Fingernägeln herum und fragte sich, wieso zum Teufel er gerade jetzt so ein Geständnis machte. Brrrr ... machte es innerlich in ihm.

Die Dimitrova hatte sich inzwischen überlegt, daß sie diesen Mann nur in den 7. Stock bekommen würde, wenn sie jetzt zartfühlend-therapeutisch vorginge. Mit einem Hüsteln machte sie den gerade ziemlich entrückt erscheinenden Racine auf ihre fortwährende Präsenz aufmerksam. «Ich glaube, Sie müßten mal wieder so richtig durchgevögelt werden.» Diese Worte der Dimitrova wurden von einem kokett-verlegenen Grinsen begleitet. «Oder wäre es besser gewesen, wenn Sie das zu mir gesagt hätten?»

«Was?» Racine war jetzt doch ein wenig überrascht.

«Na ja, meistens sagen doch Männer so etwas, wenn sie eine zickige Frau zwischen die Laken zerren wollen.»

«Ich bin nicht zickig», sagte Racine und bemerkte einen leicht zickigen Unterton in seiner Stimme.

«Dann wäre ja alles geklärt. Sie und ich gehen jetzt in das Hotel ‹Zur Goldenen Giraffe›, und zwar in den 7. Stock, und dort werden wir es treiben, bis wir beide vor Erschöpfung selig einschlafen.»

Die Dimitrova machte bereits Anstalten aufzustehen.

«Vielleicht dauert es gar nicht so lange, bis ich vor Erschöpfung einschlafe», gab Racine zu bedenken. Die Dimitrova reagierte nicht auf diesen larmoyanten Einwand, sondern zerrte Racine von seinem Stuhl hoch. Aus der Küchentür am Ende der Bar drang eine schwarze Qualmwolke hervor. Bevor die Dimitrova ihn hinter sich her aus der Bar namens «Geringer» gezogen hatte, sah Racine noch, wie der Theaterkenner mit einem Feuerlöscher in die Küche stürzte, und ihn beschlich jener nagende Verdacht, der uns gelegentlich alle beschleicht: nämlich, daß wir etwas verpassen könnten.

«Was ist denn da drin los? Brennt es in der Küche?»

Die Dimitrova zuckte nur mit den Achseln. «Da ist dem Koch wahrscheinlich wieder nur das ein oder andere Lammkotelett explodiert. Nichts Besonderes.»

«Nichts Besonderes?» fragte Racine entrüstet. «Ich finde, ein explodierendes Lammkotelett ist etwas Besonderes.»

Die Dimitrova holte Luft. «Die Welt, in der Sie leben, muß wirklich trist sein.»

«Hgnn», sagte Racine und schaute leicht beleidigt in die andere Richtung.

Auf der Straße wandte die Dimitrova sich nach dem hinter ihr hertrottenden Racine um. «Und jetzt legen Sie mal einen Schritt zu. In zwei Stunden wird es hell.»

«Hetzen Sie doch nicht so», nörgelte Racine.

Die Dimitrova blieb stehen und schien jetzt einen Kopf größer als Racine zu sein, der an sich herunterschaute und feststellte, daß er im Rinnstein stand und sie auf dem Bürgersteig. Trotzig stellte er sich neben sie, und das korrekte Größenverhältnis war wiederhergestellt. Natürlich war es neblig, zudem nieselte es ein wenig. Die Gegend schien wie ausgestorben, und Racine konnte trotz aufmerksamen Lauschens kein anderes Geräusch hören als seine Schritte und die der Dimitrova. Eigentlich hätte irgendwo ein Hund bellen oder eine Turmuhr schlagen müssen, aber nichts da. Es war, als wären sämtliche Arbeitskräfte, die für die Geräuscheffekte zuständig waren, gerade im Urlaub.

Die Dimitrova hatte Racine untergehakt und führte ihn mit fester Hand durch eine Anzahl von Sträßchen und Gassen, die ihm gänzlich unbekannt waren. Schwer zu schaffen machten Racine die widersprüchlichen Gefühle und Regungen, die in ihm tobten: einerseits war ihm mulmig, da – Sonnenhunde oder nicht – ihm die Sache ziemlich ungewöhnlich vorkam und ihn in höchstem Maße verstörte. Andererseits hatte er immer noch einen formidablen Ständer, der, bedingt durch die körperliche Nähe zu dieser Walküre, keine Anstalten machte, an Form und Festigkeit zu verlieren.

Für einen sprunghaften Charakter wie Racine war es nicht ungewöhnlich, solche Überlegungen vom einen auf den anderen Moment zu verdrängen, und er bemerkte, daß er unversehens an die

Kesselschlacht im Kursker Bogen dachte. Ob nun Gedanken an Kesselschlachten im allgemeinen eine besonders beruhigende Wirkung haben, sei dahingestellt. Bei Racine jedoch bewirkten sie eine deutliche Entspannung (außer natürlich südlich des Bauchnabels, wo alles genauso gespannt blieb wie vorher).

Schließlich langten sie vor dem Hotel «Zur Goldenen Giraffe» an. Die Dimitrova wollte gerade entschlossenen Schrittes eintreten, als Racine sie zurückhielt und einen Moment lang die Fassade begutachtete. Leider konnte man, nebelbedingt, nicht mal bis zum 3. Stock hochschauen, und so war es ihm unmöglich, seinen gegenwärtigen Zustand (denn es war offensichtlich mehr ein Zustand als eine Situation) anhand von architektonischen Indizien zu überprüfen. Bei klarer Sicht hätte er vielleicht die eigentlich nicht existierenden 6. und 7. Stockwerke des Hotels sehen können. Nichts da.

Racine ließ sich von der nun ungeduldig mit den Hufen scharrenden Dimitrova in die Eingangshalle des Hotels ziehen. Drinnen war alles wie immer. Das Foyer lag in tiefem Frieden vor ihnen. Die Rezeption war, wie meistens, unbesetzt. Der Frühstücksraum, der in seiner ganzen Grandeur verwaist vor ihnen lag, war genauso verstaubt wie sonst auch. Nur ein Detail machte Racine stutzig: Es gab hier plötzlich einen Aufzug, den er bis jetzt noch nie bemerkt hatte. Aber noch bevor er ein innerliches Aha! anbringen konnte, standen er und die Dimitrova in dem altersschwachen Lift und gondelten sehr langsam und unter beeindruckender Geräuschentwicklung nach oben. Racines Blick fiel auf das Schaltbrett des Lifts. Zwischen dem Knopf für den 5. und dem Knopf für den 7. Stock war ein blankpoliertes Messingplättchen eingesetzt. Weit und breit kein 6. Stock. Racine war irgendwie erleichtert.

Schließlich kam der Aufzug mit einem Knirschen zum Halten, und die Dimitrova öffnete die Tür mit einem Fußtritt. Der Flur kam Racine genauso vor wie die übrigen Flure des Hotels «Zur Goldenen Giraffe» – es war nichts Bemerkenswertes festzustellen. Auch als sie den langen Gang hinuntergingen, der zum Zimmer der Dimitrova führte, fühlte sich Racine lediglich an den Gang erinnert, der, zwei Stockwerke tiefer, auf sein Zimmer zulief. Die Dimitrova nestelte einen Moment unter unterdrückten Flüchen an dem Schloß zu ihrer Zimmertür herum. Schließlich gab es ein vernehmliches Klicken und die Tür öffnete sich (nein, nicht wie von Geisterhand, sondern wie von der Hand einer alternden Schauspielerin aufgestoßen; einer Hand, deren leicht aufgedunsene Fingerknöchel regelmäßigen Spritkonsum verrieten; einer Hand, auf der schon Anflüge von Altersflecken zu erkennen waren).

Die Dimitrova zog Racine in das Zimmer, kickte die Tür mit der Hacke hinter sich zu und drückte unseren Weltenwanderer in einen überdimensionalen Sessel. Racine schaute sich in dem Raum um, der genauso aussah wie sein eigener, nur daß bei der Dimitrova ein großes Bett mitten im Raum stand und in dem eigentlich dafür vorgesehenen Alkoven ein winziger Schreibtisch mit einem Tintenfaß darauf, in dem ein Federkiel steckte. Der Raum war von einem schummrigen gelblichen Licht erfüllt, ganz wie die Dioramen im Naturkundemuseum, die irgendwelche nächtlichen Wüstenszenen darstellen.

Als Racines Blick wieder auf die vor ihm stehende Dimitrova fiel, die sich bereits ausgezogen hatte, fühlte er sich an Gemälde von Watteau und Boucher erinnert, an sanft rollende Hügel, an Götterspeise und seltsamerweise an die Gettysburgh Address von Lincoln. Sie (nicht die Gettysburgh Address, sondern die Dimitrova) ging jetzt forschen Schrittes auf Racine zu, der unwillkürlich zurückwich und dabei eine Zierpflanze umstieß. Aus dem Topf der offensichtlich gerade frisch gewässerten Pflanze ergoß sich ein Strom von Schlamm, der Racines Füße in einer eigentümlichen Wärme einschloß und stark nach Babycreme roch. Die Dimitrova bückte sich und begann, sich den Schlamm auf ihren Körper zu schmieren.

«Muß das sein?» fragte Racine enttäuscht. Seine eben noch mittelprächtige Erektion hatte stark nachgelassen.

«Ich dachte, so einem wie Ihnen würde das gefallen», sagte die Dimitrova.

«Das mit dem Topf . . . mit der Pflanze, das war ein Versehen.» Racine war jetzt doch ein wenig beleidigt.

«Aha.» Die Dimitrova schnaufte entnervt, machte auf dem Absatz kehrt und stampfte in Richtung Zimmertür.

«Wo wollen Sie hin?»

«Duschen.»

Die Dimitrova knallte die Zimmertür so hinter sich zu, daß ein geschmackvoll gerahmtes Gruppenbild (stark verwackelt) umfiel und das Glas auf dem Parkettboden zerschellte. Racine bückte sich nach dem Bild in dem kaputten Rahmen und stellte es sorgfältig zurück auf die Kommode. Bei der Herrengruppe auf dem Foto schien es sich um eine Fußballmannschaft zu handeln. Vielleicht war ja ein Verflossener darunter, vielleicht waren sie alle Verflossene der Dimitrova und hatten sich zu einer Art sportlichen Trauergemeinschaft zusammengeschlossen, die mit jedem Kick jener vergangenen schönen Tage an der Seite der damals noch nicht so alten Schauspielerin gedachten.

Nebenan fing das Wasser an zu rauschen. Racine kannte das Geräusch. Es hörte sich genauso an wie die Dusche im 5. Stock des Hotels «Zur Goldenen Giraffe». Schön zu wissen, daß sie auch im 7. Stockwerk funktionierte, dachte er, denn dadurch, daß es eine ganz gewöhnliche Dusche in einem ganz gewöhnlichen Wahn zu sein schien, fühlte er sich sicherer.

Das Wasser hörte nun auf zu rauschen, und nur Sekunden später stand eine noch immer nässelnde Dimitrova wieder im Zimmer, ihre peroxydgefärbten Haare unter einem gigantischen Handtuchturban verborgen. Die Dimitrova fackelte jetzt nicht mehr lange. Mit einem Kampfgriff fernöstlicher Herkunft expedierte sie den völlig überraschten Racine auf ihr riesiges Lotterbett und begann, ihn aus dem Ungetüm von U-Boot-Mantel zu schälen. Als Racine stotternd der Dimitrova seine Hilfe beim Knöpfen anbot, preßte sie ihm nur ihren kleinen, harten Mund auf die Lippen, als ob sie sich anschicken wollte, ihm die Seele aus dem Körper zu saugen. Das war nun auch für Racine das Startsignal, sich aktiv an den Festivitäten zu beteiligen. Er schleuderte den U-Boot-Mantel von sich, die Badelatschen hinterher und riß die Dimitrova mit einem geschickten Klammergriff von sich herunter, so daß sie unter ihm lag. Dann schob er seinen wiedererstarkten Ständer in die triefnasse Dimitrova hinein, die die Augen verdrehte und Textfetzen eines italienischen Schlagers hervorstieß, der – nur oberflächlich lyrisch verbrämt – eine wunderbare Fickszene schilderte. Sie schlug mit den Armen um sich und brachte so ein fragiles Nachttischchen zu Fall, während Racines engagierte Stoßbewegungen das Bett zum Quietschen brachten. Die Dimitrova rückte unter seinen Stößen immer dichter mit dem Kopf an die Wand, bis ein mehrmaliges Anschlagen ihrer Schädeldecke die Notwendigkeit einer Stellungsänderung deutlich machte. Sehr sorgfältig darauf achtend, daß Racine dort blieb, wo er gerade war, rollte die Dimitrova, nunmehr aus vollem Halse juchzend, mit ihrem Liebhaber auf den Fußboden. Der stechende Schmerz, den der Aufprall seines Ellenbogens auf den Parkettboden auslöste, wurde von Racine mannhaft ignoriert, wobei allerdings das großartige Gefühl seines Schwanzes, der in einer Art fleischgewordenen Watteau-Walküre sich rieb, Beistand bei der Überwindung dieses Mißempfindens leistete.

Während die beiden ekstatisch und ruckartig über den Boden glitschten und Racine allmählich aufpassen mußte, daß es zu keiner verfrühten Ejakulation kam, erreichte er nun jenen seltsamen Bewußtseinszustand, der einem gestattet, sich bei einem seltsamen Treiben selbst zu beobachten. Es kam Racine plötzlich so vor, als wenn allerlei abstruses Personal über eine Bühne gescheucht würde, mit einer Hektik, die verriet, daß die Inszenierung zu lang geraten war und man Angst hatte, daß die Leute vor dem Ende gehen oder das gewerkschaftlich organisierte Hinterbühnenpersonal das Licht abschalten würde.

Die Dimitrova bemerkte natürlich nach einigen Momenten, daß ihr Liebhaber ein wenig unkonzentriert war, und schaffte diesem Umstand dadurch Abhilfe, daß sie Racine gegen eine kleine Kommode schleuderte, sich auf seine Pracht setzte und ihre ausladenden Hüften wie eine Bauchtänzerin kreisen ließ, die gerade so eine Art Nachbrenner eingeschaltet hatte.

Racine stöhnte, Racine keuchte, Racine riß die Kommode um und stieß ein phonetisch stark verstümmeltes «Halleluja» hervor, als er endlich seinen Saft in die kreischende Dimitrova schießen ließ. Die beiden heftig atmenden Schwerathleten ließen sich nach einem weiteren verzückten Aufschrei der Dimitrova völlig entspannt auf den Boden gleiten.

«Gar nicht schlecht für den Anfang», keuchte die Dimitrova.

«Wie? Anfang?» röchelte Racine und verdrehte die Augen. Vorsichtig betastete er diverse wunde Stellen.

«Mein lieber Racine, Sie wollen doch jetzt nicht etwa aufhören?» Die Dimitrova blickte ihn entrüstet an.

«Duschen...»

«Was?» stieß die alternde Schauspielerin mit einem giftigen Zischen in der Stimme hervor.

«Duschen. Ich will jetzt ... Ich meine, ich will erst duschen.»

Die Dimitrova ließ sich mit einem dramatischen Seufzer von Racine herunterrollen und starrte an die Decke. «Na, dann duschen Sie schon. Wenn Sie dadurch wieder zu Kräften kommen ...»

Mit verächtlichem Blick examinierte sie Racines nunmehr schlaffes Gemächte und schnippte mit einem Finger dagegen. Darauf erhob er sich mühsam und stakste in Richtung Tür.

Stark fröstelnd auf dem Flur herumspringend, wie ein entfesselter Baryschnikov im zweiten Akt von *Schwanensee*, gelang es Racine im dritten Anlauf, die Tür zum Etagenbad zu finden. Mit dem einzigen Gedanken nichts-wie-weg-hier, fetzte er den mit einem bunten Fischmuster verzierten Duschvorhang von der Stange und wickelte sich darin ein. Natürlich vergaß er nicht, die Dusche anzustellen, um so vielleicht ein wenig Zeit für seine Flucht zu gewinnen. Racine wußte genau, daß dort, wo eigentlich die Treppe sein müßte, die ihn in den 5. Stock und damit in Sicherheit brachte, bestimmt keine Treppe sein würde. Einzige Chance war also, mit dem Aufzug ins Parterre zu fahren und dann die Treppen zum 5. Stock hinaufzulaufen.

Mit einem Duschvorhang bekleidet, den Fängen einer offensichtlich nymphomanen Altschauspielerin zu entfliehen ist wahrscheinlich eine Erfahrung, die man nur einmal in seinem Leben machen wird, aber trotzdem war Racine weit davon entfernt, diese Erfahrung in vollen Zügen zu genießen.

Als der quietschende Fahrstuhl im Parterre hielt und Racine in seinem unorthodoxen Kleidungsstück im Foyer stand, wußte er, daß die Sonnenhunde aufgehört hatten zu bellen. Er wandte sich noch einmal um, aber da war keine Fahrstuhltür mehr, und aus dem Frühstückszimmer kroch ihm jener Duft entgegen, der Wahnsinn und Tod am zuverlässigsten vertreibt: der Geruch von Frühstück.

Sein Mitbewohner aus dem 5. Stock, Bodo, kam gerade die Treppe heruntergewankt und beäugte Racine mißbilligend. «Mein Gott, Ihr verstiegenes Geschreibsel ist uns allen schon Beweis genug, daß Sie nicht ganz dicht sind. Sie müssen nicht auch noch so ein pseudo-exzentrisches Theater aufführen.» Bodo rauschte ab in den Frühstücksraum, ohne Racine eines weiteren Blickes zu würdigen.

Ein beschwingtes Arrangement von *Twist and Shout* pfeifend, machte sich Racine Hahnebach daran, die fünf Stockwerke zurückzulegen, die ihn von seinem Zimmer trennten. Im 4. Stock begegnete er Clavigo von Orthmayer, einem in Kulturangelegenheiten dilettierenden Privatier, der sich gerade – von einer weiteren nächtlichen Orgie heimkommend – die Treppen hochquälte.

«Ich wäre heute nacht beinahe von einem Lastwagen überrollt worden», lallte Clavigo. «Und mein ganzes Leben zog innerhalb von Sekundenbruchteilen an mir vorüber. Es war irgendwie todlangweilig, und das fand ich alarmierend.»

Racine antwortete mit jenem Lächeln, das ihn bei manchen Leuten so unbeliebt gemacht hatte und dachte nur, wie schön die Welt doch sei und wie milde dieser Gott von allen Göttern doch sein mußte, wenn er seine schützende Hand über die Clavigo von Orthmayers dieser Welt hielt.

In seinem Zimmer im 5. Stock des Hotels «Zur Goldenen Giraffe» angekommen, warf Racine den Duschvorhang von sich, griff sich seinen Morgenmantel und begab sich ins Etagenbad. Dort duschte er, bis er Backpflaumenhände hatte, rasierte sich, bis sein Gesicht die Farbe frischen Hummers angenommen hatte, und kämmte sich einen gestochen scharfen Scheitel.

Als er sein Zimmer wieder betrat, sah er sofort das weit geöffnete Fenster, aus dem die Gardinen herauswehten und dessen Rahmen gespenstisch im Wind klapperte. Der Duschvorhang, den er vorhin einfach auf den Boden geworfen hatte, war verschwunden. Zufrieden sank er in sein Bett, nachdem er den Wecker auf 12 Uhr mittags gestellt hatte.

Der Wecker klingelte pünktlich um zwölf. Racine blieb noch etwa eine Viertelstunde im Bett liegen, ohne sich zu rühren, und beobachtete intensiv seine Umgebung auf Anzeichen von Sonnenhundaktivitäten. Als er sich völlig sicher war, daß weder irgendwelche Sonnen- noch Hirnprotuberanzen im Schwange waren, zog er sich an und setzte sich an seinen Schreibtisch.

Er brauchte einige Minuten, bis er das Blatt Papier, auf dem er letzte Nacht das große Tropen-Gleichnis niedergeschrieben hatte, kunstvoll zu einer Papierschwalbe umgestalten konnte, die er dann mit einem heiteren Lächeln (etwa die Art Heiterkeit, die Nietzsche ja so vehement gefordert hatte, bis er es sich angelegen sein ließ, die Wände seines Turiner Zimmers mit Kot zu beschmieren) aus dem Fenster warf. Er blickte der Papierschwalbe nicht hinterher, was er persönlich als ein klein wenig heroisch empfand. Dann begann er zu schreiben. Hektisch und mit einem messianischen Glitzern in den Augen schrieb Racine ein Gedicht, das alles erklären und gleichzeitig einen Hauch von Kultur und geistiger Gesundheit über sein sonst eher abstruses Werk legen sollte.

Racine legte seinen Bleistift weg und dachte versonnen an die Dimitrova und an den Stöpsel der Welt, an den Theaterkenner und an die Bar namens «Geringer». Dann beschloß er, dem Treiben der Sonnenhunde ein für allemal ein Ende zu bereiten und kramte eine

Sonnenbrille aus der Schreibtischschublade hervor. Er setzte sie sorgfältig auf und blinzelte zweimal, um sich an die neuen Lichtverhältnisse zu gewöhnen. Langsam und methodisch begann er damit, die Seiten, die er bis jetzt beschrieben hatte, zu zerreißen.

Zwanzig Jahre später saß Racine Hahnenbach als mehr oder weniger alter Mann auf einer Parkbank und nahm die Sonnenbrille zum ersten Mal seit seinem Besuch im 7. Stock des Hotels «Zur Goldenen Giraffe» ab. In diesem Moment wurde ihm so einiges klar. Aber es war zu spät. Er hatte nämlich keine Lust mehr, Romane zu schreiben.

Kathrin Röggla
Berliner Luft

Berliner Luft ist zum Aufschreiben da, in langweiliger Technik untergehen, das kann man woanders, hier wird klar Schiff gemacht mit den Ereignissen, da hüpft man nicht von einer Ikabeziehung zur nächsten, da ist Action angesagt, was das Liebesleben angeht, und in der Kriminalität herrscht eine graue Eminenz an Gerissenheit und Witz, wie man sie nur noch aus gewissen Comics kennt. Man denke allein an die vielen Gegenwartskünstler in Sachen Autoschieberei vom Stadtrand. In einer Goldgräberstimmung sind alle baden gegangen, jedes ernsthafte Herz wird da in Gang gebracht, natürlich nicht Gelee, das hinkt, wie man es neuerdings so häufig antrifft.

Doch wie in dem Film über die Wüste, wo auf einmal doch alles klappt, blüht diese Stadt mit einem Mal auf, über den Zäunen heben sich schon Pflanzen, die es in sich haben, der Grashalm winkt, der uns allen noch blüht, und daneben wird eine Kakteenblüte vorangetrieben, die nichts im Kopf hat als notwendige Sparmaßnahmen, so daß ungetrost der Mund heruntergeschraubt werden kann, der noch vom Sozialabbau spricht, alles ja schon gleichermaßen überwuchert von dem Zeug, man kann sich nicht einmal kämmen dabei, so schnell geht das. Nur man selbst ist und bleibt unerwünscht in diesem Film, weil man eben niemals 1 junger Mann sein wird mit den Zehenspitzen voll auf der Erde, bei dem das Geld ausbricht wie Heu, und er sich nicht lange darüber wundert. Macht nichts: Klappe halten! Im anhaltenden Sparkurs hat der Senat ja schon so manches Ufo vorbeirauschen sehen, das sie alle mitnehmen wird, die Sozialfälle ins nächste Jahrtausend, oder wurde etwa schon längst von privater Hand ein Planet der Affen hingeknallt, zum drin sich Wiederfinden. So sind sie alle jedenfalls fort, die Gestalten, nur ein begossener Pudel hängt noch schief in dieser Stadt, jetzt zum Beispiel ist er schon wieder aufgetaucht, wie er gleich der bösen schwarzen Ente in den U-bahnschaft rast, die Menschen im Abteil nicht aus den Augen lassend, um sich dann doch nur gleichgültig zu entfernen.

So kommt sie an in der Schönhauser Allee mit nichts mehr zwischen den Fingern, denn das Gramm Herz ist schon endgültig verpufft, das sich noch herausstempeln ließ aus diesem Morgen: *mit mir nicht, meine Lieben, mit mir nicht.* Vor einer Stunde sind ihre Hände wohnungsleer geworden, das ist in Sekundenschnelle gegangen, daß sie von ihr abfielen und entleert zurückkamen. Das bißchen Straße, das sie noch umgeben kann an diesem Morgen, scheint sein Glück gar nicht mehr zu versuchen, da ist nichts zu machen, eben erster Abwaschgang des Gemüts. Es soll ihr nicht weiter der Herbst gemacht werden, sie verbraucht ihre Blicke nicht mehr an dieser Schnur, die durchdreht Richtung Freundlichkeit, sie läßt sich nicht mehr in den Abfluß der Gesichter kippen. Auf der Oberfläche ihrer Pupillen herrscht Windstärke zwo, und wer darauf hängenbleibt, hat Pech gehabt, den erwischt es eben. Und rast gleich der bösen schwarzen Ente durch die Straßen.

Gestern noch ist sie in der Kneipe gestanden, als das Telefon klingelte, und er war dran wie immer, wie immer begann er irgend etwas daherzureden, behauptete aber dann aus heiterem Himmel, er wäre es müde und habe sich zu entscheiden. Ein müder Regenwurm also, der plötzlich nur mehr eine Himmelsrichtung kennt, faßt sie jetzt in der Telefonzelle zusammen, während sie gestern nur einfach auflegte, keine Lust sich das weiter anzuhören. Und sah nur mehr sein verschränktes Gesicht vor sich, das auf- und abspringen wollte auf die Bewegungen, ein schnlles Knacken der Augen, und schon begann das Besteckspiel seine Reise: «Ich-versteh-dich-nicht» war dessen erster Name, «warum-tust-du-das,ich-lieb-dich-doch» der zweite, Nachnamen gab es noch keine, auf den Nachnamen warteten sie noch, hat sie sich gedacht und sich dabei aber sauber geschnitten. Denn plötzlich war alles entschieden, da haben sich mit einem Male Besitzverhältnisse herausgestellt, und ihr blieb nur das Papierkügelchen in der Hand, der kleine Fetzen Nachricht von heute morgen auf den Punkt gebracht und in den Landwehrkanal hineingeschnippt. Möglicherweise unterwegs nach dorthin vor diese rotzfreche Tür, hinter der diese Vernunftsgeliebte hockt, die Frau, die man auseinanderfalten kann und dann findet man sich in aufgeräumtem Zustand wieder. Daneben vorstellbar ein kleinkariertes Kind, das wird mit siebzehn schon derartig alt sein, daß sie es zur Bank in eine Lehre geben müssen und dann außer Haus, sie werden schon noch sehen, setzt sie noch hinzu.

Inzwischen gibt es Regen, und Wind kommt auf, alles spricht plötzlich nur noch vom hereinbrechenden Herbst, obwohl man sich doch ganz einwandfrei im Frühjahr befindet, weiß sie pünktlich um zehn Uhr in der Kneipe Bescheid. Absagen wäre die richtige Einstellung zur Wetterlage, doch automatisch sind ihre Hände beim Aufsperren, nur die Ohren bleiben sau-zu. «Mensch, du hast eine Laune» kann aber noch niemand sagen, denn der ganze Raum ist leer, streckenweise zwar noch die vergangene Nacht in der Luft, die holt sie herunter mit dem Radio, holt sie die übriggebliebenen Kuchenstücke aus dem Kühlschrank und stapelt sie auf ein Tablett. Plötzlich sitzt kein kleiner Teufel mehr zwischen den Schultern und meint Kopf zu heißen wie gestern abend, da juckt alles nur, da hat sie nicht mehr viel zu tun mit dieser Welt außer Theke-abwischen.

Draußen scheint immer noch der Regen zuzunehmen, die Metapher von der alten Haut Stadt geht darin in Sekunden verloren, was hier zu sich spricht, ist reine Wetterlage. Das Ganze ruft nach Zigarettenlösung, und rundherum noch kein Mensch, den man anschnorren kann, wie sie das gerne tut, nein, das ganze Lokal ist nun wirklich zu dem Wohnzimmer verkommen, wie man sich das so vorstellt: Keiner drin, nur du allein in der Mitte, und draußen das Elend. Und dann der typische Kneipenfehler: Vom Espresso schließt sie auf sich: Was, wenn der Tag im Eimer ist?

Schon will sie Ute anrufen und das Lokal schließen, als zwei Frauen auftauchen, beide den Siebzigern entsprungen, treffen sich jetzt in adidas und setzen sich damit auf ihr Gehör, bestellen Milchkaffee, während es rund um eine Ausstellung zu einem Thema geht, das sich wohl vertrollt hat und nun eingefangen werden muß. Doch die eine ist längst schon beim Pressetext, den sie aus ihrer Tasche herausgeholt hat und auf den Tisch gelegt. Man weiß schließlich, wo man ist im Sprechen: Ein bißchen zu schnell gehe es ihr im Text über den Zeigefinger Richtung Daumen, der dann die Ausstellung zu einem Ganzen drücken soll: «Findest du nicht?», ein Konzept, das nicht vorbeigehen und schnellstellen soll, was doch so unterschiedlich sei, «denn wir sind viele, wir sind verschieden», und fällt ins Kopfnicken die andere.

Sie stellen sich einen Augenblick lang nichts als den Kaffetassen, bis langsam die andere beginnt, hinter allem Sprachschatz der einen etwas vorzuwerfen, das steht im Raum wie eine Dachgeschoßwohnung, an der nichts mehr anzuschließen ist. Sie sei letztendlich doch nur in eine Richtung gegangen, die *wir* vor einiger Zeit diskutiert hätten. Es habe sich doch gezeigt, wo sie stünde, da sei doch alles klar wie Kalbfleisch, weiß sie, daß sie jetzt denkt, doch die tut nichts dergleichen. «Ich muß jetzt Rike abholen gehen», sagt sie statt dessen, «laß uns später noch mal reden», und ist schon kräftig davongekommen, zahlt und streicht sich die Luft aus den Haaren hinters Ohr, für alle gut sichtbar: Die Zeit hält dieser Person die Stunden nicht eben hin. Sie selbst sitzt auch nicht lange weiter, sondern zahlt ebenfalls und macht sich auf. Einen kurzen Moment lang guckt sie zu der Frau hinter der Theke und grüßt sie knapp.

Es ist zum Häuserausreißen mit ihnen, entscheidet sie draußen, da soll sie, ganz geblümelte Frau aus dem Fernsehen, nun weitermachen und warten, daß ihr das vorgeworfen wird, was sie alle dachten, das mag sie lieber gleich direkt ins Gesicht hinein hören, doch überall weichen sie ihr aus, ziehen ihre Köpfe ein, wenn sie auftaucht, die Stadt ist menschenleer im Grunde, schon bei dem Herweg ist ihr das aufgefallen, wie die Straßen leer sind und in den Wohnungen nichts drin. Auch im Fahrradladen in der Kastanienallee kann man schwer auf andere Gedanken kommen, also läßt sie den für heute sein und vorbei an ihm nach Hause. Optische Ausgrabung auf alle Fälle auch nicht der Brief, den sie dort auffindet mit der Auskunft, daß momentan alle Auszahlungen zurückgesetzt sind. Ins Geld hinein verkrochen haben sich also alle und sind mit ihm abgedüst, nun gut, sollen sie doch, *doch ohne mich meine Lieben.* Auch die freundliche Finanzstimme des Senatsbeamten läßt nicht locker: Nach den Regierungsverhandlungen vielleicht eine Teilauszahlung möglich usw. – Und taucht plötzlich im schicken Großkostüm auch keine Mäzenin auf, kein Kasten, der Geld nur so auswirft. Im Gegenteil, auftauchen können nur so Umgebungsmenschen wie der Typ im Telefon, der auch immer am Rackern ist, wie jetzt zu vernehmen ist. Da ist sie wohl wieder in ein fremdes Gespräch geraten und dabei geblieben, auch nicht schlecht, einmal eine Weile dem Volk aufs Maul zu schauen, das diesmal Anfang zwanzig ist und es jetzt schon gründlich satt hat mit der Jobberei.

Man weiß sich ja die meiste Zeit des Lebens eigentlich beim Zahnarzt, wieso nicht auch jetzt, das einzige Motto, mit dem man schnell in die Frühstücksecke springen kann, wo er momentan eingedickt als Früchtchen als Brotaufstrich den Verkauf betreibt, Kaffee und Gebäck an die schnell vorbeifahrenden Passanten reicht den ganzen Nachmittag über. Musik kommt, dann von allen Seiten steht die Brühe in den Ohren: Tortenstücke, Brötchen, Kassa, dahinter er, und wie er die Gesichter nur kurz wahrnimmt, deren Ungeduld wegen seiner langsamen Art ignoriert. Daneben die schnelle Schnauze, die über den Mund fährt, diese Blicke der Vorgesetzten, und wie der Körper ständig rufen muß: *Ich bin das Männchen mit dem Hütchen, die quadratische Erfindung dieses Zaubers rund um mich.* Im Regenwetter eingebunden, der Umschlag der Straße wird wieder einmal zugeklebt und abgeschickt Richtung Normalität: Langer Donnerstag, Wilmersdorf: Menschen holen sich da von den Stangen herunter, die sie in ihre Schwierigkeiten halten und gehen gleich zum Einkauf über, Hausfrauen auf Sparflamme glitzern vorbei, Kinder hinter sich nachziehend wie Fallobst, das durchaus was dafürkann. Und dann laufen sie plötzlich alle los, wollen antreiben, was da doch nicht vorankommt, denn so viel muß noch erledigt werden, von Post und Einkauf ganz zu schweigen, schließlich mußte der Kleine aus der Kita, die Große zum Volleyballspielen und alles zusammen zur dicken schwarzen Unterschrift gemacht werden für den guten Text «Alltag», und immer wieder hat man ihn darin entdeckt, macht den Mund auf und stopft die Bestellungen hinein. Der Himmel schon leicht eingeknickt, fliegt davon, darunter sein Gesicht, schaufelt Lächeln hervor, und die Arme das Gebackene, eine *Pizza*, schreit der Mann auf ihn ein, ein alter Vogel mit viel Augen. Sein Kopf saugt *ja, sofort* ein, beginnt sich noch eine Stufe zurückzustellen. Endlich Feierabend. Abrupt läßt die Zeit los, fällt zurück auf sein Gesicht, er muß nutzen, was ihm bleibt. Erst in der U-bahn sitzend, bringt er langsam seinen Blick zusammen in eine Richtung, das Buch geht auf, und er ist verstellt auf Lesezeit. Beckett ist es, könnte der notorische Walkmanhörer ihm gegenüber erkennen, doch der ist zu vertieft, so scheint es zumindest auf den ersten Blick, dabei ist der nur am Schlafen, erkennt er erst nach einer Weile, trotz der Musik döst der vor sich hin, ein seltsamer Anblick auch die beiden Frauen neben ihm, die schweigen in ihre Kleidung hinein, und so ist es einen Moment lang beinahe still im Waggon, man könnte meinen, jetzt ist Frieden, love and peace, könnte man vor sich hinmurmeln immer wieder, bis es den Zeitgeist auffrißt, den ganzen hörst du, und nicht nur ein Stückchen, doch da ist er schon wieder am Aussteigen, der Kerl, hat sein Buch wieder weggepackt, ist aufgestanden und stellt sich vor den Ausgang hin, wird gleich auf der Rolltreppe zwei andere Prototypen seiner Generation sich über Sponsoring sanft unterhalten hören, wird sich dabei denken: Alles Replikanten, die da rumlaufen, nichts Echtes unter dem Hut dieser Stadt. Und wie recht er damit hat, wird auch eine Nanette bestätigen können, die dann neben ihm vor dem Kino steht und nichts anderes zu tun scheint, als ihre Kaufkraft zu beweisen, wie ihrer Rede zu entnehmen sein wird. Ihre Freundin, die ihrerseits längst das Schweigen satt hat und schon insgeheim dem kleinen Finger andere Namen gegeben hat wie «alles Unfug», «nichts als Humbug» oder «so ein Unsinn», wird dann plötzlich etwas über die seltsame Stimmung, die seit Tagen in der Stadt liege, bemerken und ein «Was meinst du konkret damit?» sich einhandeln.

Durch die Zwickmühle rennt der Alkohol bekanntlich geschwind, beobachtet sie inzwischen noch den Typen, der gerade langsam auf eine Bank zusteuert, dazu der Hals ein Geschenk des Himmels, er kann schlucken, er kann schlucken, bis er abfällt ins Bodenlose, das machen die meisten hier, *doch nicht mit mir, ohne mich, meine Lieben,* entschließt sich dieser plötzlich laut, erzählt etwas von einem Vorhaben, murmelt etwas von einer Fahrt nach Schöneberg vor sich her, wo die guten Tulpen wohnen, wo es wirklich nichts zu überlegen gibt, da gibt es eine Tür im ersten Stock. Knochenentschlossen würde er sich davor wiederfinden, mit dem Klingeln verwandt irgendwie. Der mache ich jetzt die Hölle heiß, hieß dann dieses Klingeln, der würde er ein Gesicht schneiden ein für allemal, bis sie über es stolperte und zurück in ihre Welt voller Taschentücher und Blusen. Und läßt sich auf der Bank nieder, schweigt plötzlich und bleibt dabei.

Weiter geht es mit dem Kreuz-und-quer-Jugendlichen, der schon nahe am Verbrechen haust an der Häusermauer. «Ey, Mann!» sagt der auch prompt zum nächsten Vorübermenschen, «kannste mir 'ne Mark leihen.» usw. wie im richtigen Leben, der Kerl, kaum vierzehn Jahre alt und schon voll die Geschlechtssumme auf den Lippen. Und stößt schon wieder auf einen, der daherkommt als Nächstbester. Unglaublich, wie diese Stadt nicht nur voller Menschen ist, sondern sie auch herzeigt. Und da behaupte noch einer, in der Bankomatkarte verschwunden seien sie alle, im Gegenteil, nichts als auftauchen können sie, ständig kreuzt eine nagelneue Gestalt auf in dieser Höhenlage, oder sollte man vielmehr Hanglage sagen, denn ein saftiger Druck ist entstanden nach unten. Federführend dabei wie immer das Kapital, nun mehr wie immer wieder, erkennt auch der Steuerzahler, der, genauso wie sein Kumpel ansonsten am Range 1 Gänseblümchen, jetzt nicht einsieht, ständig angemacht zu werden von so miesen Typen wie diesen da, da passiert es schon mal, daß man zupackt, da geht schon mal die Autotür auf und kommt nicht wieder, so angenagt vom wilden Eber, den im Grunde jeder Mensch in sich trägt in Streichholzschachtelgröße freilich, aber manchmal entfaltet er sich gewaltig, und dann heißt es Kopf einziehen für alles, was herumsteht, so geht auch sie auf Nummer sicher und schnauzt den Kerl nicht an, der sie eben blöde angerempelt hat, gleich der bösen schwarzen Ente geht sie auf nichts ein, was daherkommt als Gegenwart, zieht lieber weiter quer durch ihr Viertel, in das nicht gerade Nachsichtstauben hineingepinkelt wurden, weiß sie zu berichten aus diesen Straßenzügen und Hinterhöfen. Die einzigen Vögel, die hier links und rechts abstürzen können, tun es auch mit Sicherheit, doch für heute ist Schluß, sagt sie sich, jetzt ist Feierabend, sagt sie sich, setzt sich den Walkmann auf, den sie mir eben geklaut hat, denn woher sonst soll sie ihn haben in dieser Enviromentstadt mit dem bißchen Zeug aus underground, genau so viel, wie man braucht, um es abzukapseln und loszuschicken als Köder für Banken, die nun mal langsam antanzen sollten mit all ihrem Gepäck, und es hineinflüstern das Öl ins Getriebe dieser Drehscheibe zwischen Ost und West, damit via Fliehkraft nach drei Runden rausgeworfen würde, was ohnehin schon längst dasteht auf der Straße.

Die Geburt
im Rechner

Marko Lehanka

Lehanka über Lehanka,
mit Zitaten von
Tatjana Imbescheidt

Vorspiel

Begonnen hat der ganz Kram in Lehankas Studienzeit. Ein *Amiga* war da, und alles war klasse. Malen auf dem Computer. Wie verrückt flitzten Lehanka und Konsorten mit der Maus über den Schreibtisch und zeichneten Kästchen auf dem Bildschirm. Winzige *Bitmap*-Grafiken und dann das Ganze auf einem 24-Nadel Drucker runtergerattert. Das war klasse! Das war *Basic*, das Gefühl.

Dann wurde es manchen langweilig oder auch nicht! Lehanka wurde es langweilig. Also Zeitungsaustragen, *Frankfurter Rundschau*, und selber Computer kaufen, *Atari*. Endlich Tag und Nacht spielen, sich nicht in zerschundene Wartelisten eintragen: «Ich nix Zeit morgen!»

Dann ging Lehanka ein Licht auf, noch ein bißchen rumgefummelt und plötzlich war klar, um was es ging. «Was ist das, was du da wie machst?» waren Lehanka-Fragen, und die Antwort? Logisch, du hockst vor der Maschine: Nicht du arbeitest mit dem Teil, sondern das Teil mit dir! Alte Geschichte, Orwell-Orwell-Kacke und so, aber es ist so! Zuallererst ist das Gerät eine Ansammlung vieler Elektrobauteile, die an sich wenig Materialwert und eigentlich auch keinen Bock haben, miteinander zu arbeiten. Das ist einfach zu begreifen und zu beweisen. Nimm der Maschine das

Programm, und nix geht mehr! Übrigens ein Teil des Plastikkrams wird doch aus Erdöl gekocht, und damit wären wir wieder in der Steinzeit, denn das Öl entstand in Jahrmillionen durch ein Gemansche von Dinos, Neandertalfarnen und anderem Gesocks, der Kreis schließt sich. Woher kommt das, was den Computer ausmacht? Aus unseren Körpern und nicht aus schwarzen Kästen! Ein Team (das kleinste Team dürfte das 1-Mann-Team sein, das aber als Zählformel den Begriff Team schon rechtfertigt), um damit den Gedanken des Miteinanders (agieren-reagieren, ficken usw.) ins Spiel zu bringen. Software-Design muß total gegensätzliche Zustände kennen, da eine Programmentwicklung in Mann-Jahren gerechnet wird, d. h. ein Computerprogramm, das 9-Mann-Jahre Entwicklung kostete, kann, wie folgt, produziert worden sein: a) 9 Mann arbeiten 1 Jahr, b) 27 Mann arbeiten ¼ Jahr, c) 1 Mann arbeitet 9 Jahre oder d) ½ Mann 18 Jahre usw. (Soviel zum Thema Teamarbeit, so ist das halt, Stubenhocker, jetzt aber weiter im Text...) Die Mannschaft entwickelt eine Software, die den Informationen, die im Rechner verarbeitet werden, die Wege weist. Witzigerweise heißt der so vorgeschriebene elektrische Transportweg *Bus*. Viele kleine Arbeiter fahren mit Elektrobussen der Stadtwerke, die wiederum 699 Mark und 74 Pfennigs-Elektroeinzugsnachnahmejahresausgleichsrechnungen verschicken, zur Arbeit.

Schwieriger ist die Information *vielleicht*, eine einfache Information ist *ja* oder *nein*; die flitzt im Rechner millionenmal hin und her, von oben nach unten, kreuz und quer. Manche Information ist für dieses Bauteil bestimmt, andere wiederum für jenes, wie im Leben, wie in einer Stadt. Das Ganze organisieren die Herrschaften der Verwaltung.

Dieses Organisationstalent nennt man das Betriebssystem eines Computers. Es ist meistens im Nur-Lesen-Gedächtnis-Baustein des Rechners dauerhaft abgespeichert. Die Herz-Lungen-Maschine muß zuerst in Gang gesetzt werden, erst dann kommen Programme wie Textverarbeitungen, Finanzbuchhaltungen, Layout- und Musikprogramme und Spiele. Diese Programme, deren übergreifendes, immerstraffes Konzept die Steuerung deiner fleischigen Fingerkuppen übernimmt und vielleicht dein Fingernägelkauengehirn beeinflußt, sind willkürlich.

(Ich hole ein bißchen weit aus, was damit zu tun hat, daß ich 1991 bis 92 künstlerischer Mitarbeiter an der Städelschule im Institut für Neue Medien war und so viel total furchtbare Computer-Scheißkunst sah, daß mir schlecht wurde. Ich dachte: «Ich denke, wir müssen hier ganz von vorne anfangen.» Die Leute hatten kein Motiv für ihre Arbeit – das steckt mir immer noch in den Knochen. So etwas braucht Raum und Zeit!)

Manche Befehle einiger Programmiersprachen (wie z.B.: C) kommen sehr nahe an die Bauteile deines Computers heran und können dort großen Nutzen/Schaden anrichten: «O Gott, ich bin abgestürzt!» Sie sind kleine Spione in der Verwaltung, d. h. du hast mit Hilfe dieser Sprachen ganz andere Möglichkeiten, deiner Maschine an die Wäsche zu gehen, du entfernst dich von den vorgeschriebenen Pfaden der Wegweiser, du gestaltest die Maschinenlandschaft. Du mußt nicht mehr diese oder jene Taste drücken, damit richtig abgespeichert wird, du bestimmst wann, wo, wie und warum abgespeichert wird. Du bist Hitler.

Rechner und Programme bilden ein strenggeknüpftes, jedoch auch relativ primitives und durchschaubares Netz. Die Systeme, die es hergestellt haben, d. h. wir, die Zivilisation usw., lassen sich daran wunderbar untersuchen. Allerdings bedeutet das auch, bei Interesse, ein wenig Arbeit für dich. Es ist eine schier unerschöpfliche Quelle, ein riesiges Labor, in dem an verschiedenen Prozessen (ich komme langsam zum Textprogramm!) experimentiert werden kann. Es ist wie ein Lebewesen, es lebt, viele Menschen arbeiten daran, es weiter zu entwickeln, es kommen immer wieder neue Generationen auf den Markt, zur Welt.

Geburtenregelung

Lehanka versucht den Prozeß einer Geburt im Rechner zu beschreiben. Auf Grund solcher Beschreibungen werden passende Objekte gewählt. Jetzt findet ein Vergleich statt, bei dem Objekte vom Prozeß ausgeschlossen werden können, die vorher noch auftauchen konnten. Vielleicht war es krank oder ein Schnittigeres plötzlich da. Vielleicht wird der Prozeß auch ganz aufgegeben. Wie dem auch sei, ein Vorgang hat meistens mehrere Ausgangsbedingungen, Beteiligte, möglicherweise Ruhezustände, eventuell integrierte andere Prozesse, muß vielleicht eine Dehnung oder Stauchung durchmachen, um dann hoffentlich gut zu Ende zu kommen. Einen Schritt weiter: Die beteiligten Objekte erfahren ein Update, ihre Organobjekte werden über Veränderungen informiert. Hier wird die Organ-in-Organ-in-Organ-usw.-Struktur deutlich. Alles wird von neuem ausgerechnet, alles verändert sich ständig, «...alles ist so anders geworden!» Urinproduktionen im Stoffwechsel befindlicher Objekte während eines Vorgangs konstruieren den nächsten Prozeß. Ich muß aufs Klo.

Da bin ich wieder, weiter geht's. Das ist natürlich alles wahnsinnig kompliziert, das weiß auch Lehanka, hier gibt er uns, denke ich, einen Tritt in den Arsch, wenn er behauptet, das sei eine Welt. Ja, ja, *seine Welt*, denn Lehanka ist natürlich gezwungen, irgendwann einmal den Riegel vorzuschieben, da Informationsstränge natürlich ins Unendliche zeigen (Mikro-Makro).

EIN GESCHEITER ENTWURF IST WICHTIG!

Die Klassengesellschaft

Lehanka erzeugt eine ähnliche Klassenhierarchie, wie wir sie aus der Biologie kennen, mit Hilfe der objektorientierten Programmiersprache *Smalltalk-80*, seinem Werkzeug. Vom Speziellen zur Abstraktion und umgekehrt, *das* sind die Entwurfsprinzipien dieser Programmierumgebung, der sich auch Lehanka bedient, in guter Gesellschaft mit Ciba-Geigy, ATW-Atomkraftwerkssteuerungen u. ä. (Lehanka nahm 1990, durch freundliche Unterstützung der Städelschule in Frankfurt am Main ermöglicht, an einem einwöchigen *Smalltalk-80*-Seminar in Dortmund teil).

Im Endeffekt existieren Objekte nur durch ihre Beschreibung, schließlich finden Prozesse natürlich nicht in Wirklichkeit statt, sondern in der Beschreibung.

Es werden Klassen aufgebaut. Eine Klasse ist als eine Art Kiste zu begreifen. Jede Klasse kann beliebig viele eigenbrötlerische Objekte (Ideale), besser deren Stellvertreter, Symbole, aufnehmen. Das Symbol als Verweis auf einen Gegenstand (Alte Geschichte). Wir nennen das jetzt einmal Objekt! Also Kiste mit Objekten, die durch ihre gemeinsame Herkunft alle die gleichen Möglichkeiten haben, wir sagen einmal, sie sprechen die gleiche Sprache, besser: Sie verstehen die gleichen Botschaften! Jetzt hab ich's: Der Maschinenschlosser kann mit der Aufforderung: «Dreh mir einen Bolzen, ¾ Zoll!» etwas anfangen, aber weniger oder gar nix mit dem Befehl: «Schreibe einen Essay über Herrschaftsverhältnisse in Gesellschaften» – es sei denn Maschinenschlosser ist sein Zweitberuf, und er war vorher Reporter, hatte aber die Schnauze voll, immer der Streß, schnell, schnell, schnell in die Redaktion usw. Sie sehen, wie kompliziert das Ganze ist! Es könnte natürlich sein, daß ein Maschinenschlosser sich für Politik interessiert und da insbesondere für den Themenbereich «Machtstrukturen im Wandel der Zeiten», zu dem sich jeden Dienstag, abends um 19:30 Uhr, eine

Diskussionsgruppe im Bürgerhaus von Lollar trifft und letztens erst Zweijähriges feierte. *Das ist Lehankas Textprogramm.*

Warum, Lehanka?

Als Lehanka computergenerierte Pixelbildchen unbefriedigend fand, wandte er sich der Texterzeugung mit Hilfe von Computern zu. Zum einen: Reicht nicht ein Wort und du baust dir dein eigenes Bild im Kopf? Zum zweiten läßt sich Buchstabenmaterial immer noch leichter per Rechner hervorbringen als Bildmaterial, dessen Erscheinungsbild nur relativ aufwendig per Computer herzustellen ist, wobei hier ausdrücklich Objektdarstellungen wie Tassen und Ärsche gemeint sind und z. B. die monochrome Bildnerei unberücksichtigt bleibt.

1987/88 erste Versuche einer Satzgenerierung, deren Klasseneinteilung grob grammatisch war. Mein Baby lernt sprechen. Erst schön Subjekt, Prädikat, Objekt, ganz sinnlos ist das nicht. Lehankas erste Programme dieser Art hießen SPO_9_87.GFA, witzig, oder?

Als das Programm dann erwachsen wurde, ließ es sich taufen. Wie heißt du jetzt, Programm? Was ist dein neuer Name? «Ich heiß ab jetzt wie Marko.»

Weiter geht's: Plötzlich hat: «Nadel bescheiden diskutieren, hierher zänkisch Schieber hören.»[1] ausgedient. Das war ein Stapel von 10000 grob sortierten Vokabeln aus Sprach-Lern-Lexika, die da um die Wette wurschtelten. «Ort des Schreibens (Währungseinheit) schmutzig lieben (IV) As.»[2]

Im Mittelalter oder Alle Toten 1–182

Also die Konsequenz war jetzt weitermarschieren und zwar nach vorne weg. Metzger Lehanka beginnt mit grobschlächtigen Teilungen. Was soll er denn auch machen, er weiß es ja bis dahin auch nicht besser. Ein Anfang ist gemacht. Es wird eine «Klasse-Material»-ordnung initialisiert. Bürgermeister und Katze sind in der gleichen Materialgruppe «Organismus», aber in verschiedenen Klassen, «Mensch» contra «Tier». Durch diese Einteilung wird es möglich, daß beide sterben, aber nur einer eine Erbschaft hinterläßt, die der überlebende Ehepartner seinen Gütern zugerechnet

---

1 aus: Marko Lehanka, «Nur in der Heimat kann ich glücklich sein», Hg.: Parduhn/ Sachs, Düsseldorf/München, 1992, Seite 19
2 ebda.

bekommt. Die Geschichten endeten auf Grund eines einfachen Kriteriums, nämlich dem des Todes. Eine Geschichte war zu Ende, wenn alle Akteure tot waren. «Die Schwester des Bauern ist alt, erschöpft und tot.» [1] Alles mußte aber explizit angegeben sein. Früher gab es noch nichts zu vererben. Da gab es nur die Superklasse «Lebewesen», in der alle starben. Und, superwichtig!, der Mensch ist jetzt endlich als spezielles Glied-Klasse-Objekt von Tier, von Lebewesen, von Material, von Objektewelt beschrieben. Die Aktionen sind im Objekt verwurzelt und müssen nicht durch Kontrolleure ausgelöst werden.

Schöne Aussichten

Pläne Lehankas greifen auf Daten des Statistischen Bundesamtes in Wiesbaden zurück, das jedem Bürger eine Direktverbindung auf dem üblichen Weg der Datenautobahn anbietet. Die Möglichkeit wäre eine sofortige, spontane Nutzung frischer, jungfräulicher Daten in Lehankas Textprogramm MARKO. Der Prozeß-Bauer (der Ingenieur in MARKO) träfe Entscheidungen auf Grund von außen eintreffender Information (Wetterfühligkeit). Im Winter schreibt MARKO lieber heiße Geschichten.

Noch ein Hammer: Lehanka integriert den, der schreibt. Auf gut deutsch: Der Text, den der Rechner ausspuckt, wird von einem Objekt generiert, das selbst Bestandteil der Objektewelt Lehankas ist. Das heißt, für einen 500-Seiten-Roman muß das Rad der Zeit von Markogott schon ein bißchen angefeuert werden, um nicht monatelange Wartezeiten in Kauf nehmen zu müssen. Dem der schreibt, gibt Lehanka Möglichkeiten der Fortbildung, so daß nicht nur die Kurzgeschichte, der Essay, ein Roman niedergeschrieben werden können, sondern eben auch eine wissenschaftliche Beschreibung der Stoffwechselvorgänge im Verdauungstrakt möglich ist, verkauft werden sollte, ausgespien werden könnte.

Eine weitere Anwendungsmöglichkeit wäre die Formulierung einer berechneten Information, die dann im Klartext niedergeschrieben würde, verständlich für jedermann und nicht im Computerlatein ein einsames Dasein fristend. Lehanka ist sich, glaube ich, über alle Chancen im klaren.

---

1 aus: Marko Lehanka, «Alle Toten 47», Seite 54 in «Der Literatur-Bote», 16. Heft, Frankfurt am Main, 1989

Der Höhepunkt
Was will Lehanka eigentlich, was soll da produziert werden? Da zeigt sich doch das wahre Gesicht Lehankas: *Bestseller auf Knopf-druck*, reich werden, faul in der Sonne schmoren, gut essen, gut schlafen und eine neue Videokamera, und dann auch noch ein paar Mark für ein paar Computerersatzteile. Ich denke, wir haben Lehanka entlarvt, greifen ihm an sein niedliches Bäuchlein und fragen: «Ist da nur Bier drin?»

Ich denke: «Der Viehhandel ist schön, überdies ist er nicht interessant genug, um einmalig zu sein!»

Marko Lehanka

Alle Toten 14

Die Frau weint. Diese Frau ist
aufgeregt, neidisch und stolz. Sie ist müde, erstaunt und
verheiratet. Die Frau singt. Die Frau schläft. Die Frau singt. Die
Frau schweigt. Sie ist äußerst tot aber verdorben.
Der Schnee ist herrlich. Der singende Großvater weint. Die
Mutter arbeitet, woraufhin der Bürgermeister flucht. Das
Mädchen schreibt, oder das Kind redet. Das arbeitende Mädchen
redet. Es ist blaß, müde aber tot.
Der Großvater flucht. Der fluchende Bruder friert. Wenige
Brüder vom Großvater beten. Die Mütter weinen, nur die
Bäuerinnen sterben. Der schweigende Bruder vom Musiker
betet. Der Bruder vom Musiker schreibt. Dieser Bruder vom
Musiker ist stolz, erstaunt und krank. Er ist verliebt, müde und
nervös. Der Bruder vom Musiker drischt. Der Bruder vom
Musiker drischt. Er ist betrunken, jung aber tot.
Die Großmütter dreschen, als die Mütter sterben. Der Wald ist
verwildert. Der Onkel friert. Der Bauer sucht Grafen. Die Grafen
sind ledig! Die Mägde dreschen. Der frierende Knecht schwitzt.
Der Knecht schwitzt. Der Knecht schreibt. Der Knecht stirbt.
Die redenden Bäuerinnen wüten. Die Großmutter redet, nur der
Bruder vom Bauer schläft. Die Mägde schreiben. Der Großvater
schweigt. Dieser Großvater ist reich, dürr und krank. Der
Großvater arbeitet. Er ist ganz neugierig und gescheit. Der
Großvater singt. Dieser Großvater ist reich, beleibt und stolz. Der
Großvater weint. Dieser Großvater ist verliebt, ungemein
aufgeregt aber tot.
Der Musiker schreibt. Dieser Musiker ist jung, verlegen und
aufgeregt. Der Musiker redet. Dieser Musiker ist ledig, neidisch
aber tot.
Der Onkel betet, während der Graf singt. Der Bürgermeister
wütet, wenn das Kind arbeitet. Der Regen ist völlig schlecht. Die
Eiche ist verwildert. Die Mägde fluchen, während einige Väter
schwitzen. Der Hagel ist herrlich. Ein Bruder begrüßt
Bäuerinnen. Die Bäuerinnen sind verheiratet! Der Minister

schwitzt. Der Minister friert. Der Minister wütet. Dieser
Minister ist ledig, erstaunt aber tot.

Die Großmutter tanzt. Der Vater schwitzt. Der Vater drischt.
Der Vater singt. Er ist völlig alt, nervös und blaß. Dieser Vater ist
nervös, betrunken und beleibt. Dieser Vater ist verheiratet, dürr
und neugierig. Er ist ganz müde und neugierig. Der Vater flucht.
Dieser Vater ist jung, blaß und neidisch. Er ist müde, gescheit
und nervös. Dieser ist alt und aufgeregt. Der weinende Vater
weint. Der Vater arbeitet. Der Vater tanzt. Der Vater schreibt,
oder schreibt er doch nicht? Der Vater tanzt. Der weinende Vater
schläft. Er ist verliebt, verdorben und betrunken. Der Vater singt.
Der Vater friert. Der schweigende Vater wütet. Dieser ist nervös,
verdorben und gescheit. Der Vater stirbt. Der Korb ist
angekokelt. Der Bürgermeister erzählt über die Dürre. Die Dürre
ist unergründlich, vielmehr ist diese nicht einmalig! Die wütende
Magd redet, woraufhin der Bruder ebenfalls redet. Das Kind
flucht keinesfalls, oder die Bäuerin schwitzt nie. Der Bauer singt.
Die Grafen fluchen. Der Regen ist herrlich. Der Onkel drischt,
oder die Mutter flucht. Der schweigende Bruder redet. Die
Laterne ist groß. Einige Tanten arbeiten, sobald zwei Großmütter
tanzen. Die Axt ist verkauft. Die Wiese ist zerklüftet. Ein Graf
mag Grafen. Die Grafen sind erstaunt und krank! Der Onkel
redet mitnichten, oder der betende Onkel betet. Die Rübe fault.
Das Kind riecht einen Baum. Der Baum ist verwildert und schön!
Die Magd betet. Diese Magd ist völlig arm, unzufrieden und
ledig. Diese Magd ist reich, verdorben und stolz. Die arbeitende
Magd betet. Diese Magd ist betrunken, arm und verlegen. Die
betende Magd weint. Diese Magd ist erstaunt, müde und jung.
Diese Magd ist verlegen, krank und beleibt. Die Magd schweigt.
Sie ist sehr tot aber ledig.

Das Auto ist unbunt. Ein Graf mag eine Großmutter. Die
Großmutter ist stolz und beleibt! Der Graf singt. Ein paar Tanten
frieren. Der schlafende Bauer friert, nur der Bürgermeister
schreibt. Viele Männer frieren, währenddem die Mütter schlafen.
Die Männer schwitzen. Der Mann schläft. Der Mann flucht. Der
weinende Mann stirbt. Der Bauer stirbt.

Die Kiefer ist schön. Die Mutter pflanzt Äste. Die Äste sind
schön und verwildert! Die Mutter weint. Das Kind betrachtet die
Augenwimper. Die Augenwimper ist schön! Das Geld ist
unergründlich. Das sterbende Kind flucht keinesfalls. Das Kind
redet. Das Kind schweigt. Dieses Kind ist erstaunt, unzufrieden

und blaß. Dieses Kind ist dürr, reich und müde. Das Kind arbeitet. Es ist blaß, dürr und erstaunt. Es ist jung, beleibt und verlegen. Das Kind singt. Es ist verlegen, reich und beleibt. Das Kind friert. Das Kind stirbt.

Das Rind ist ungemein gesund. Eine Bäuerin kümmert sich um die Mutter. Die Mutter ist müde! Die Osterglocke ist schön. Der Hof ist angekokelt. Die Großmutter beobachtet Schneeflocken. Die Schneeflocken sind langersehnt! Der Hof ist bunt. Die Bäuerin sieht Leitern. Die Leitern sind unbunt und wacklig! Die Mutter stirbt.

Die Erde ist bemoost. Ein Onkel sieht Äxte. Die Äxte sind kaputt! Die Bäuerin redet. Die Bäuerin schreibt. Diese Bäuerin ist überaus aufgeregt und dürr. Diese Bäuerin ist gescheit, verlegen und erstaunt. Die Bäuerin flucht. Die Bäuerin schreibt. Die dreschende Bäuerin weint keinesfalls. Sie ist stolz, verheiratet aber tot.

Die Leiter ist hessisch. Die Dorfvorsteher schwitzen. Die Dorfvorsteher schreiben. Die Kuh ist schwach. Der Bürgermeister weint, aber der Graf weint ebenfalls. Die Frucht reift. Der Onkel schilt den Onkel. Der Onkel ist betrunken und ganz neidisch! Die Kartoffel fault. Der Onkel drischt. Der fluchende Onkel tanzt. Der Onkel flucht. Dieser Onkel ist arm, nervös und stolz. Der Onkel tanzt. Der Onkel singt nicht. Der Onkel schreibt keinesfalls. Dieser Onkel ist völlig müde und gescheit. Der wütende Onkel redet. Der Onkel schläft. Dieser Onkel ist müde, krank und gescheit. Er ist erstaunt, krank aber tot.

Der Bruder vom Bruder vom Graf tanzt. Der Bürgermeister denkt an die Augenwimper. Die Augenwimper ist schön! Die Großmutter betet. Die dreschende Großmutter flucht. Sie ist neidisch, stolz und verheiratet. Sie ist verheiratet, unzufrieden und betrunken. Die Großmutter schwitzt. Die Großmutter flucht. Diese Großmutter ist betrunken. erstaunt aber tot. Die Dorfvorsteher reden, wenn viele Brüder beten. Der Graf schwitzt, sobald der Bruder vom Bruder betet. Der Baum ist grün. Der Graf wütet nicht, oder der Graf singt. Der Regen ist schlecht. Der Bruder vom Bruder besitzt Körbe. Die Körbe sind unbunt und schön! Der Graf friert. Der Graf schläft. Der Graf wütet. Der Graf schwitzt. Er ist nervös, blaß und gescheit. Der Graf friert. Der schweigende Graf arbeitet. Der Graf arbeitet. Der Graf schreibt. Er ist betrunken, verlegen und aufgeregt. Dieser

Graf ist reich, krank und alt. Dieser Graf ist neugierig, ungemein unzufrieden und ganz alt. Er ist krank, stolz und neidisch. Er ist betrunken, arm und stolz. Dieser ist jung, müde und verheiratet. Er ist gescheit, nervös und ledig. Er ist neugierig, aufgeregt aber tot.

Der Baum ist verwildert. Ein Bürgermeister ißt Kartoffeln. Die Kartoffeln sind roh und gekocht! Der Acker ist bemoost. Der Bürgermeister wütet, wobei der Bruder vom Bürgermeister betet. Der Korb ist kaputt. Der Bruder schläft. Der Bruder stirbt. Mehrere Dorfvorsteher schlafen, wenn die Dorfvorsteher schweigen. Das Kraut reift. Ein Bürgermeister sieht Leitern. Die Leitern sind groß! Alle schlafenden Dorfvorsteher schweigen, sobald die Dorfvorsteher weinen. Das Kalb ist kräftig. Ein Bürgermeister holt eine Tracht. Die Tracht ist kaputt! Die Dorfvorsteher sterben, als mehrere Dorfvorsteher fluchen. Die Lederhose ist wacklig. Der Bürgermeister denkt an die Fabeln. Die Fabeln sind rätselhaft! Der Bürgermeister schläft. Dieser Bürgermeister ist aufgeregt, verliebt und stolz. Der Bürgermeister flucht. Der Bürgermeister schläft. Dieser Bürgermeister ist verdorben, neidisch und überaus reich. Er ist gescheit, erstaunt und verdorben. Der Bürgermeister stirbt.

Information zum Text 27. 7. 1989 Alle Toten 14
Der Text besteht aus 1500 Worten und 255 Sätzen.

Zuerst starb die Frau, dann starb das Mädchen, dann starb der Knecht, dann starb der Großvater, dann starb der Musiker, dann starb der Minister, dann starb der Vater, dann starb die Magd, dann starb der Mann, dann starb der Bauer, dann starb das Kind, dann starb die Mutter, dann starb die Bäuerin, dann starb der Onkel, dann starb die Großmutter, dann starb der Graf, dann starb der Bruder, dann starb der Bürgermeister.

Franzobel

Sonette

Zur Entstehung: Shakespeare-Sonette, von Reinhard Priessnitz ins Deutsche übertragen, wurden, indem der PC an den deutschen Gedichten eine englische Rechtschreibprüfung vornahm, einer Oberflächenübersetzung ins Englische ausgesetzt. Die Prozedur wurde (zurück ins Deutsche) wiederholt. Die derart gefundenen Textkörper waren Motivation und Anlaß für die vorliegenden Sonette, aus denen sich noch gelegentlich Rudimente ihrer Herkunft lesen ließen und lassen.

Gruft

Banale Wissen sehen wir fortgezeugt,
in Seitenspur tourt Anmut Rösselsprung,
reift, was schon gesteigert ist: zeitgebeugt,
löst Brezel aus dem Kreiselschwung.

Solche, denen du vertraut, schlecken Harz,
Singsang, sich selbst verzehrend, Zeitwort?
kommt aus dem Mund als Lehre und Popanz,
vertraut doch krude aufs Papier gebohrt.

Seifen Ornamente an uns allen,
sendet der Frühling holde Schmier,
knospt als Design das Möbel im Gefallen,
knotzt der Ritter als Verstrickung also hier.

Daran erbrechen sich die Büchsen dann,
speiben Halbverdautes Mast als Spielzeug in den Bann.

Die Nutze

Gelegt ins warme Brodeln der Organe,
muß sich die Zunge zugelegen sein,
als Baron der Nischen, im Strudel der Orkane,
herrscht sie im Grottenmoder haftig und rein.

Als Kassier der Miene staubt sie ab,
prasst mit dem Lehen unstet und leicht,
tut Ratschläge ab und darauf: Papperlapapp,
und wird gezeigt: hinterfotzig oder seicht.

Der Empfindung haut es in das Tasten,
stiftet als Segler so vorläufig Geschmack,
was dir dann auferlegt, als etwas im Kasten,
wie Belegtes auf Tagtäglichem oder starker Tabak.

So schleckt sich ihre Rechenschaft durchs Laub,
sinnt nach Meinung und Stimmung mit Reim.

Einlullend

Uriel, du kleines Licht, geh aus,
singe Siege in den Lauf,
aus stolz geschwellter Brust muß es heraus,
treibt dich aus dem Theken-Sauf.

Und es hämmert Kilo dir herunter,
als wollten dich Adrias Wogen verschlingen,
prescht durch sonst stabile Schleusen mitunter,
pilgert dich dein Turner zu den Ringen.

So gehen die Geschäfte durch die Öse,
traben Kamele ins Meer der Muschel,
drückt der Pointenknopf sich ins Getöse,
kommt die Erleichterung erst mit'm Getuschel:

Wenn es brunzt, wiescherlt, bullert und pischt,
seicht, Pipi macht und von Winden getrieben schifft.

Felle

Was als Hirse aus der Musik rieselt,
saß meinem Schalk im Nacken als Gendarm,
nickte Strafen, was Genuß verriegelt,
in krummer Tour vergangen, ohne Charme.

Krampfen Krapfen meinen Küssen,
stehlen sich heran in etwas Dann,
zur senfgarnierten Eitrigen, bereits zerbissen,
mit Gabeln gerüstet zu sofortigem Wann.

Verbraten Vereine ihre Eier-Melodie,
eh klar, rülpst mir Stimmung rhythmisiert,
lassen Hanswurstlümmel Hüllen fallen, Travestie,
daß der Sturmwamst sich nicht schämt, ungeniert.

Und aus dem *Liederalbum* bricht die «Liebe»,
übersteht bloß ein «Drum La» das Hinundhergeschiebe.

Die Anrichte

Wenn ich bei allem Entwachsenem weine,
und Vollendung stets zur Sache sehne,
alles Zugetragene als Groschenszene vermeine,
stur diese Tour wähle, Neues ablehne.

Wenn mein Wille längst verwelkt,
alles bedrückt was Horizont, nur Schmerzen,
versiegte Säfte, die Triebe ausgemelkt,
geronnen das Blut, gebrochen das Herzen.

Wenn mir alles verrichtet erscheint,
Zeitwut mich in ihre Strudel zieht,
Helles verdunkelt, daß es Wehen schneit,
gelitten die Leide bis ins letzte Glied.

Dann treibt mich Verzweiflung zur elektrischen Schaltung,
liegt alles bloß an der Erfüllung einer voyeuristischen
    Leserhaltung.

Die Arbeit an der Literatur darf nicht stillstehen

Radek Knapp

Der Papiertiger

Alles begann, als ein gewisser Savini anrief. Walerian erinnerte sich ganz gut daran. Er hatte im Garten seiner Großmutter Walnüsse gesammelt, die über Nacht zu Boden gefallen waren.

Als das Telefon im Haus läutete, ließ er sich lange Zeit in der Hoffnung, daß es bald wieder aufhören würde. Als dies aber nicht geschah, wischte er sich die Hände an der Hose ab, ging ins Haus und hob ab.

«Kann ich Herrn Gugania sprechen?» fragte eine Stimme, die er noch nie vorher gehört hatte.

«Am Apparat», stellte sich Walerian vor.

«Mein Name ist Savini. Ich hoffe, daß ich Sie nicht bei irgend etwas gestört habe?»

Walerian rätselte herum, mit wem er es zu tun hatte. So wie sich Herr Savini anhörte, könnte er ebensogut von der Polizei wie von «Reader's Digest» sein.

«Ich rufe aus Frankfurt an und bin gebeten worden, Ihnen eine, wie ich glaube, sehr angenehme Nachricht zu überbringen.»

Von der Polizei war er nicht. Herr Savini atmete so tief ein, daß man es bis nach Wien hören konnte.

«Vor etwa drei Monaten ging Ihr Manuskript in unserem Verlag ein. Schon bald darauf bildete sich um Ihren Text eine Art Aura.

Schließlich wurden Sie für einen der Preise vorgeschlagen, die unser Verlag jährlich vergibt. Gestern war es soweit. Die Jury hat Ihnen einstimmig den Hauptpreis zuerkannt.»

Diesmal holte Walerian tief Luft. Er sah sich wie in einem Film vor drei Monaten auf die Post gehen, um sein Manuskript abzuschicken. Es paßte nicht in den Briefkasten, und er mußte es direkt beim Schalter aufgeben. In der Warteschlange versuchte er sich vorzustellen, wie der Lektor sein Manuskript schon nach der ersten Seite weglegte und ihm zurücksandte. Sobald das Manuskript wieder bei Walerian wäre, würde er den Absagebrief herausnehmen, das Manuskript in einen neuen Briefumschlag stecken und es woanders hinschicken. Das Ganze war längst zu einer Art Gewohnheit geworden.

«Herr Gugania? Sind Sie noch dran?»

«Ja.»

«Ich dachte, wir wären unterbrochen. Da war vorhin so ein Knacken in der Leitung.»

«Nein...», sagte Walerian, «...ich habe nur den Hörer in die andere Hand genommen.»

Herr Savini lachte wie jemand, der alles im richtigen Moment macht.

«Ich glaube, Sie können auf diesen Preis recht stolz sein. Es gab viele ernstzunehmende Gegenkandidaten. Viele davon haben, wenn ich das sagen darf, im Gegensatz zu Ihnen bereits einen Namen. Ihr Manuskript ist sozusagen aus dem Nichts aufgetaucht und hat uns dann einfach bezaubert. Wir würden Sie gerne nach Frankfurt einladen, um Ihnen den Preis offiziell zu überreichen. Presse und Fernsehen werden auch dabei sein. Können Sie es bis übermorgen einrichten, mit dem Flugzeug nach Frankfurt zu kommen? Natürlich kommen wir für die Reisekosten und Unterbringung auf.»

«Mhmm.»

«Wunderbar», sagte Herr Savini. «Dann noch einen schönen Tag nach Wien. Ich freue mich, Sie bald persönlich kennenzulernen.»

«Auf Wiedersehen», sagte Walerian und legte auf.

Sein Blick fiel auf die Wand über dem Telefon. Dort hing auf einem Nagel die Wärmflasche seiner Großmutter. Sie war aus kirschrotem Gummi.

«Der Mensch behält sein Leben lang, was er als erstes nach einem besonders emotionsgeladenen Erlebnis sieht», murmelte Walerian und betrachtete genauer die Wärmflasche, «... wenn ich also eines Tages im Sterben liege und mein Film abläuft, werde ich neben den paar Frauen, die mich gemocht haben, ‹Simaceks Würstchenbude›, wo ich drei Jahre Hot Dogs verkauft habe, und der Anfangsszene aus James Bonds ‹Goldfinger› die Wärmflasche meiner Großmutter erblicken.»

Walerian drehte sich um und ging seine Großmutter suchen, um ihr zu berichten, was soeben passiert war.

Die Großmutter machte Walerian als erstes auf seine Hände aufmerksam. Sie waren durch das Nüssesammeln von Tag zu Tag immer brauner geworden, bis sie schließlich eine tiefbraune Färbung angenommen hatten.

«So kannst du doch nicht hinfahren», sagte sie, und Walerian wiederholte hinterher wie ein kleiner Junge: «Sie hat recht. So kann ich wirklich nicht hinfahren.»

Bis in den späten Abend stand er über dem Waschbecken und versuchte, die Hände sauber zu bekommen. Die Großmutter stand daneben und reichte ihm ein Waschmittel nach dem anderen. Sie probierten Ariel, Persil und zapften sogar Benzin aus dem Taxi seines Onkels, und das obwohl Benzin gar nicht in der Werbung lief. Aber gegen Walnußsaft war offenbar nichts zu machen. Im Gegenteil, durch das Waschen wurde es noch schlimmer.

«Vorher waren sie wenigstens dunkelbraun. Jetzt sehe ich aus, als hätte ich zwischen jedem Finger fünf Jahre lang eine rauchende Zigarette gehalten», beschwerte sich Walerian. «Wir hätten sie lassen sollen, wie sie waren.»

Aber die Großmutter war nicht seiner Meinung. Am späten Abend, als er schon im Bett lag, erschien sie in seinem Zimmer, um ihm eine Rede zu halten:

«Habe ich dir von Anfang an nicht gesagt, daß du dir Gummihandschuhe hättest anziehen sollen?»

Walerian hielt seine Hände gegen das Licht. «Das sieht wirklich ziemlich seltsam aus. Aber jetzt kann man nichts mehr machen.»

«Die Deutschen werden dich auslachen.»

«Ach, die werden es schon verstehen.»

«Da wäre ich nicht so sicher. Sie legen großen Wert auf Reinlichkeit. In der Zeitung stand einmal, daß sie nach den Japanern das reinlichste Volk der Erde sind.»

«Also was soll ich deiner Meinung nach tun?»

«Das ist ganz einfach: Du wolltest dir vorher keine Gummihandschuhe anziehen, dann tust du es eben jetzt.»

Walerian brach in übertriebenes Gelächter aus, um zu zeigen, was er von dieser Idee hielt.

Die Großmutter sah ihren Enkel kopfschüttelnd an.

«Das ist kein Witz. Gummihandschuhe sind immer noch leichter zu erklären als braune Hände. Außerdem sind alle Künstler ein bißchen komisch. Neulich haben sie im Fernsehen einen Maler gezeigt, der einen Staubsauger auf dem Rücken trug und ihn überall, sogar auf die Toilette mitnahm.»

«Das war ein Maler. Für die ist das ganz normal.»

«Dann kannst du wenigstens Handschuhe tragen.»

Walerian wurde plötzlich sehr müde. Er gähnte:

«In Ordnung. Ich nehme sie mit. Aber nur, um dich zu beruhigen. Und jetzt schlafe ich. Gute Nacht.»

Er drehte sich um und schloß die Augen.

«Gute Nacht», sagte die Großmutter und küßte ihren Enkel auf die Stirn. Als sie das Licht ausknipste, fiel er fast sofort in Schlaf. Er war sich daher nicht sicher, ob es schon der Anfang eines Traumes war oder seine Großmutter noch im Zimmer stand, als er sie sagen hörte: «Wenn du mal in Frankfurt eine freie Minute hast, erkundige dich bitte, wieviel dort eine Wärmflasche kostet.»

Herr Savini verfügte über einen sechsten Sinn. Er erkannte Walerian bereits, als dieser gerade aus der Paßkontrolle kam. Auf dem Weg zum Taxistand nahm er Walerian sogar das Gepäck ab, und während der Fahrt ins Hotel beantwortete er ausführlich dessen Fragen und erklärte ihm jene Sehenswürdigkeiten Frankfurts, an denen sie vorbeifuhren. Sie sahen nicht sehr aufregend aus. Dafür aber gab es dort unglaublich viele Banken und Hotels. Eigentlich bestand die ganze Stadt daraus. Walerian hielt vergeblich Ausschau nach Wohnhäusern. Offenbar wohnten hier die Menschen in Hotels und arbeiteten in Banken. Walerian verschwieg Herrn Savini diese Entdeckung, weil sie ihn wahrscheinlich gar nicht interessiert hätte. Herr Savini redete nur ständig von Walerians großem Literaturpreis, und wenn man ihm zuhörte, hatte man den Eindruck, daß eigentlich er derjenige war, der den Preis bekommen hatte. Als sie im Hotel ankamen, gab Herr Savini Walerian einen Zettel, auf dem alle Interviewtermine des Tages aufgelistet waren. Der Abend selbst war der Preisverleihung vorbehalten. Dort würden sie sich auch wiedertreffen. In der Zwischenzeit würde Herr Savini alles Nötige vorbereiten. Er stieg ins Taxi zurück und wünschte Walerian einen schönen Tag in Frankfurt.

Walerians Hotelzimmer war größer als alle seine Wohnungen in den letzten fünf Jahren zusammengenommen. Auf der Toilette wurde leise ernste Musik gespielt, und als Walerian an der Rezeption auf die Frage, welche Früchte er möge, zum Scherz «Kartoffeln» sagte, bekam er zum Dessert eine gekochte Kartoffel in Alufolie. Seitdem achtete er genau darauf, was er von sich gab, und versuchte dem Personal, das ständig ein Lächeln auf den Lippen trug, aus dem Weg zu gehen.

Die Interviews wurden in der Hotelbar gemacht. Am liebsten mochte Walerian jene Journalisten, die mit einem langen Mikrophon erschienen. Dadurch wurden die anderen Gäste aufmerksam und blickten immer wieder neugierig zu Walerians Tisch hinüber. Walerian fand neben dem Interview noch Zeit, jeden dieser Blicke mit einem ratlosen Lächeln zu beantworten.

Alles, was er sagte, wurde auf Tonband aufgezeichnet. Sogar als er einen langen Hustenanfall bekam, schaltete der Journalist sein Tonband nicht aus.

Walerian fühlte sich während der Interviews ausgesprochen wohl. Die Journalisten kümmerten sich nur um seine Worte. Er konnte mit seinen Nikotinhänden noch so lange den Tee umrühren oder sie demonstrativ auf die Tischplatte legen, es fiel nicht die leiseste Bemerkung darüber. Er wünschte, seine Großmutter könnte das sehen. Er hatte nichts zu befürchten, die Journalisten waren die diskretesten und einfühlsamsten Menschen, denen er jemals begegnet war.

Zum letzten Interview erschien eine Journalistin, die nicht nur hübsch, sondern auch sehr witzig war. Walerian unterhielt sich zwei Stunden mit ihr und zog sich sogar Großmutters Gummihandschuhe an, weil sie ihm die Geschichte mit den Walnüssen nicht glauben wollte. Die beiden waren so ins Gespräch versunken, daß Walerian nicht merkte, wie spät es war. Als er auf die Uhr blickte, stellte sich heraus, daß ihn nur noch ein Wunder rechtzeitig zu seiner Preisverleihung bringen konnte.

Glücklicherweise war die Journalistin nicht nur hübsch und witzig, sie hatte auch ein Dienstauto, mit dem sie nach einer rasanten Fahrt durch halb Frankfurt noch eben pünktlich eintrafen.

Walerian kam in letzter Minute auf die Bühne, wo man schon auf ihn wartete. Die Kameras wurden eingeschaltet, und es ging los. Herr Savini hielt eine feierliche Rede und bat Walerian nach vorne. Dieser trat vor, um die Urkunde entgegenzunehmen. Als er die Hände ausstreckte, blieb ihm das Herz stehen. Er hatte immer noch die Gummihandschuhe an.

«Großmutter wäre stolz auf mich», dachte er und griff hastig nach der Urkunde. Dann trat er einen Schritt zurück, verschränkte die Arme hinter dem Rücken und hielt eine kurze Dankesrede. Die Leute applaudierten, Herr Savini lächelte ihm zu, und Walerian seufzte erleichtert auf. Offenbar hatte niemand etwas gemerkt, und wenn, dann war es einer, der offenbar so wie seine Großmutter dachte. Gummihandschuhe sind nicht der Rede wert.

Als er ein paar Stunden später erschöpft im riesigen Bett seines Hotelzimmers lag, stieß er alle fünf Minuten einen glücklichen Seufzer aus. Er fühlte sich wie jemand, der nach einer langen Strecke endlich ans Ziel gekommen ist. Ein neues Leben hatte für ihn begonnen. Ein Leben voller überraschender Wendungen und Rendezvous mit witzigen Journalistinnen. Mit diesen erfreulichen Aussichten schlief er ein, ohne zu ahnen, wie schnell sich seine Träume erfüllen würden.

Am nächsten Morgen erwachte Walerian so spät, daß er im Pyjama zum Frühstückssaal herunterlief, um wenigstens noch einen Tee zu trinken. Er schlug die Zeitung in der Hoffnung auf, dort etwas über sich zu finden. Und tatsächlich, gleich auf der ersten Seite im Feuilleton stieß er auf einen langen Artikel, der von ihm handelte:

«Am gestrigen Abend wurde im Frankfurter Literaturhaus dem Schriftsteller Walerian Gugania einer der wichtigsten deutschen Literaturpreise verliehen. Der hierzulande gänzlich unbekannte Autor wohnt seit vielen Jahren in Wien, wo er die Schule besucht und sich anschließend mit Gelegenheitsjobs durchgeschlagen hat. Bei der Preisverleihung, die vor zahlreichem Publikum über die Bühne ging, gab es ein interessantes Detail am Rande...»

Walerian wollte wieder die Teetasse greifen, zog die Hand aber zurück.

«... der Jungautor nahm die Preisurkunde vor laufenden Kameras in Handschuhen entgegen. Das gab Anlaß zu allen erdenklichen Spekulationen.

Wollte Gugania auf diese Art sein distanziertes Verhältnis zur Literaturbranche deutlich machen? Oder handelte es sich bloß um eine Künstlermarotte, deren wahrer Grund nur dem Autor bekannt ist? Wie auch immer. Mit diesem unkonventionellen Einfall eroberte sich der Autor schon bei seinem ersten öffentlichen Auftritt die Sympathien des Publikums. Es bleibt zu hoffen, daß wir noch viel von ihm in der Zukunft hören und vor allem lesen werden.»

Walerian ließ die Zeitung auf den Tisch sinken und stieß dabei versehentlich die Teetasse um. Sie fiel mit riesigem Krach zu Boden. Alle sahen in seine Richtung. Er stand auf und ging auf sein Zimmer. Er mußte dabei den ganzen Frühstückssaal durchqueren. Einige Gäste unterdrückten ein Schmunzeln, als er in seinem Pyjama an ihrem Tisch vorbeiging. Er ging immer schneller und schneller, aber der Saal wollte nicht enden. Er fühlte, daß er langsam rot anlief. Glücklicherweise war im Foyer gerade ein Lift frei. Walerian stieg ein und drückte auf den Knopf seines Stockwerks. Er betrachtete sein Gesicht im Fahrstuhlspiegel. Langsam, ohne daß er etwas dagegen machen konnte, verzogen sich seine Lippen zu einem bösartigen Grinsen.

Von nun an ging es mit Walerians Karriere steil aufwärts. Herr Savini nahm ihn unter seine Fittiche. Er organisierte Lesungen, gab ihm einen großzügigen Vorschuß für das nächste Buch und lud ihn zu Parties in seine Vorstadtvilla ein.

Wenn die Parties ihren Höhepunkt erreichten, bat Herr Savini Walerian in die Salonmitte, damit ihn alle besser sehen konnten. Er stellte Walerian vor, indem er all die Jobs aufführte, die dieser in seinem Leben gemacht hatte, und bat ihn, eine Anekdote dazu zu erzählen. Da Walerian dieses Spielchen schon seit Wochen spielte und mittlerweile auswendig kannte, runzelte er zuerst die Stirn, als würde ihm nichts einfallen wollen, bis er schließlich zu Herrn Savini sagte: «Habe ich schon von Herrn Simacek, meinem letzten Chef erzählt?»

«Von Herrn Simacek? Nein, ich glaube nicht», antwortete Herr

Savini, der die Geschichte von Herrn Simacek schon mindestens zwanzigmal gehört hatte.

«Also Sie müssen wissen», wandte sich Walerian an das Publikum, «daß ich, bevor ich Schriftsteller wurde, Würstchen verkauft habe. Der Laden hieß ‹Simaceks Würstchenbude› und war nach seinem Besitzer benannt. Das besondere an diesem Laden war, daß er gegenüber der Wiener Universität stand. Tagaus tagein strömten dort Hunderte Studenten vorbei. Im Winter, wenn die Studenten an der Straßenbahnhaltestelle warteten, hielt Herr Simacek Ausschau nach Studentinnen, die einen kurzen Rock anhatten. Und in der Tat, trotz der eisigen Kälte, fanden sich immer ein paar, die einen Mini trugen. Sobald Herr Simacek das sah, stürzte er aus der Würstchenbude und lief über die Straße zur Haltestelle. Seine weiße Schürze wehte dabei wie ein Segel hinter ihm her. Noch im Laufen fing Herr Simacek mit ihnen zu schimpfen an:

‹Was ihr macht, das schreit zum Himmel. Jeder normale Mensch würde bei diesem Wetter zu Hause bleiben. Aber ihr steht hier halbnackt da und wartet auf die Straßenbahn. Und wenn eine kommt, steigt ihr gar nicht ein und laßt sie wegfahren. Was soll das eigentlich werden?›

Die Mädchen kicherten und sahen Herrn Simacek schweigend an. Ein paar Augenblicke lang geschah nichts. Schließlich begriff Herr Simacek, daß er drauf und dran war, sich lächerlich zu machen, und stampfte in den Laden zurück.

‹Gib mir einen Schnaps›, sagte er. ‹Eines Tages bekomme ich noch einen Herzanfall.› Doch als er das sagte, sah er so vergnügt aus, als wenn er gerade jemanden überlistet hätte.

Schon am nächsten Tag zogen ein paar weitere Studentinnen einen Minirock an, um Herrn Simacek zu ärgern. Und bis zum Wochenende hatte es sich unter Ihnen herumgesprochen, was Herrn Simacek unter die Erde bringen würde. Von nun an gab es an der Haltestelle nur noch Miniröcke.

Doch statt den angekündigten Herzanfall zu bekommen, saß Herr Simacek am Fenster und rieb sich vor Freude die Hände. An dem Tag, wo alle Mädchen einen Minirock hatten, goß er nicht nur sich, sondern auch mir einen Schnaps ein und sagte:

‹Heute ist Sonntag, mein Junge. Darauf trinken wir einen. Und den zweiten trinken wir auf unseren Schöpfer, der dem Mann einen durchtriebenen Verstand und der Frau einen begnadeten Körper geschenkt hat.›»

Das Publikum lachte und applaudierte. Aber Herr Savini hatte noch nicht genug. Er wollte wissen, was Walerian, auf den genialen Einfall gebracht hatte, sich bei der Preisverleihung rosarote Handschuhe anzuziehen.

«Meine Großmutter», sagte Walerian.

Herr Savini blickte fragend in die Runde.

«Also das müssen Sie uns näher erklären.»

«Ich half ihr im Garten bei den Walnüssen. Davon wurden meine Hände so braun, daß ich sie nicht mehr vorzeigen konnte. Da riet mir meine Großmutter, diese Gummihandschuhe mitzunehmen.»

«Das war alles? Ihre Hände waren einfach nur braun?» Herr Savini drehte sich um zu den Gästen.

«Habt ihr das gehört?! Jetzt wissen wir endlich, warum Walerian Gugania berühmt wurde? Weil seine Hände schmutzig waren!»

Alle brachen in schallendes Gelächter aus, und Herr Savini schlug Walerian jedesmal auf den Rücken (um den Echtheitseffekt zu unterstreichen).

Unterdessen redeten die Gäste durcheinander:

«Habt ihr das gehört? Köstlich! Als ob man die nicht waschen könnte! Der Kerl ist ein geborener Geschichtenerfinder.»

Anfangs, als es noch kein Spiel war, protestierte Walerian und beteuerte, daß alles, was er erzählte, stimmte. Aber das brachte die Leute noch mehr zum Lachen. Und Herr Savini stellte für eine Minute sein Sektglas ab und tätschelte Walerian mit beiden Händen die Wangen.

«Sie Ewigunzufriedener», klärte er ihn auf. «Seien Sie doch froh! Nicht jeder ist imstande, die Wahrheit so zu erzählen, daß man sie für eine Lüge hält.»

«Tue ich das?»

«Aber natürlich. Sie merken es bloß nicht. Und dafür gibt es bei uns einen Namen. Wissen Sie, was Sie sind?»

«Ein Hanswurst?»

«Na, na, seien Sie nicht so selbstkritisch.»

Herr Savini tätschelte Walerian noch einmal die Wangen, was ihm offenbar großes Vergnügen bereitete, und buchstabierte ihm laut ins Gesicht:

«Das nennt man G-e-n-i-e!»

Dann ergriff er sein Sektglas und schwankte zurück zur Bar.

Wenn die Party voll im Gange war, tauchte vor Walerian irgendwann Frau Savini mit ihren Freundinnen auf. Sie alle hielten langstielige Sektgläser in der Hand und waren etwas angetrunken.

«Wie fühlt man sich, wenn man so berühmt ist, Herr Gugania?» fragten sie ihn.

Walerians Blick streifte die solariumgebräunten Dekolletés um ihn herum.

«Ein bißchen komisch.»

«Soso. Und wir haben uns gerade ein bißchen den Kopf zerbrochen.»

«Meinetwegen?»

«Ganz recht. Ihretwegen. Wir fragten uns nämlich, was Sie in der Nacht getan haben, wo Sie berühmt wurden?»

«Ich habe geschlafen. Ich wußte ja noch nichts von meiner Berühmtheit.»

«Und wie schlafen Sie?»

«Wie bitte?»

«Auf dem Bauch oder dem Rücken?»

«Ähhm, Rücken.»

«Soso.»

«Warum?»

«Nichts. Wußten Sie eigentlich, daß Ihr Vorname erotisch klingt?»

«Wirklich?»

«Wie spricht man ihn eigentlich aus. Walerrrrian ... Walerrrrrian?»

Die Damen rollten das «rrr» in die Länge und schauten dabei Walerian direkt in die Augen. Er begann sich etwas unwirklich zu fühlen.

«Was heißt Walerian eigentlich?»

«In dem Städtchen, wo ich aufgewachsen bin, werden in Apotheken Beruhigungstropfen mit dem Namen ‹Waleriana› verkauft. Demnach muß es so etwas wie ‹der Ruhige› heißen.»

Die Damen lachten.

«Habt ihr das gehört? Walerian, der Ruhige, ist unter uns.»

Walerian lachte nicht mit. Statt dessen nippte er an seinem Glas und schwor sich, keine Frage mehr zu beantworten. Er fühlte sich immer merkwürdiger.

«Jetzt ist er beleidigt», sagten die Damen.

«Nein, überhaupt nicht!» beteuerte Walerian.

Irgend etwas geschah mit ihm. Etwas, was nichts mit dem Gespräch zu tun hatte. Um auf andere Gedanken zu kommen, beobachtete er, wie die Damen aus ihren Gläsern tranken. Zuerst hielten sie das Glas ganz unten. Wie man eine Rose hält, um sich nicht an den Dornen zu verletzen. Um zu trinken, führten sie das Glas langsam an den Mund und spitzten dabei die Lippen. So als würden sie es küssen wollen. Im letzten Augenblick aber öffnete sich der Mund und erlaubte großzügig einigen Alkoholtropfen hineinzugelangen. Während sie am Glas nippten, wurden ihre Augen leblos und starrten die Decke an.

«Ich glaube, ich bin im falschen Film», dachte Walerian und lächelte den Damen entgegen.

Aber offenbar waren die Damen anderer Ansicht. Frau Savini brachte es auf den Punkt:

«Seht euch nur dieses gefährliche Glitzern in den Augen unseres Gastes an. Ich wette, das hat er nur, wenn er eine Frau ansieht.»

Eines Tages gab Herr Savini Walerian zu verstehen, daß man die Gunst der Stunde nützen müsse. Er solle sich vorstellen, daß er auf einer besonderen Welle schwimme. Der Welle des Erfolgs, die genauso plötzlich verschwinden könne, wie sie gekommen war.

Da Walerian in der letzten Zeit zu viele Parties mitgemacht hatte, nahm er das Angebot gern an und ging auf Lesereise.

In den nächsten Wochen war er in Städten, die er nur vom Hören kannte: in Berlin, wo alles so groß war, als hätten dort noch vor kurzem Riesen gewohnt, und in Amsterdam, wo die Häuser ungewöhnlich klein, die Fenster aber dafür ungewöhnlich groß waren.

Am interessantesten waren die Lesungen in Studentenstädten.

Manchmal sah Walerian im Publikum eine jener Studentinnen, die er noch von «Simaceks Würstchenbude» kannte.

Für sie las er immer die Geschichte über die junge Lehrerin, die vom Teufel zum Selbstmord verführt wurde. Er trug diesen Abschnitt mit soviel Einfühlungsvermögen vor, daß eines Abends, als er gerade ein Buch signierte, sich eine Frau über ihn beugte und ihm ins Ohr flüsterte:

«Wissen Sie, daß ich manchmal auch das Gefühl habe, vom Satan besessen zu sein.»

Walerian sah auf und erblickte ein Mädchen, das der Schauspielerin Diana Rigg zum Verwechseln ähnlich war. Das Haar war auf die gleiche Art nach hinten gekämmt. Die Augen leicht schräg. Sie hatte sogar das gleiche schelmische Lächeln.

«Und das soll ich Ihnen glauben?»

«Unbedingt», lächelte Diana Rigg. Walerian hörte einen komplizenhaften Ton heraus und fühlte, daß es ihm heiß den Rücken herunterlief.

«Und wenn es nur eine literarische Erfindung wäre?» sagte er.

«Oh, dann wäre ich schrecklich enttäuscht.»

«Ich auch.»

Sie lächelten beide.

«Was sollen wir tun?» fragte Diana Rigg plötzlich.

«Tja, was sollen wir jetzt tun?»

Sie verstummten, und jeder überlegte für sich. Dann fingen sie gleichzeitig zu reden an und verstummten wieder ebenso gleichzeitig, um den anderen ausreden zu lassen.

«Bitte, ich höre», sagte Walerian.

«Nein, Sie wollten auch etwas sagen.»

«Sie zuerst.»

Diana Rigg atmete durch.

«Wie wäre es, wenn wir in ein Caféhaus gehen würden? Das nächste ist zehn Autominuten von hier entfernt.»

«Ich habe kein Auto.»

«Aber ich.»

Es war mehr als ein Auto. Es war eine riesige Mercedeslimousine. Sie hatte es ihrem Vater für ein paar Stunden geklaut.

Ein halbes Jahr nach dem Beginn seiner Karriere fing Walerian an, eine merkwürdige Zerstreutheit an den Tag zu legen. Es waren zumeist harmlose Kleinigkeiten, bis er eines Tages eine Buchhandlung, wo er lesen sollte, mit einer Bibliothek verwechselte, die schon seit einem Jahr geschlossen war. Das Publikum wartete über eine Stunde vergeblich auf ihn, und schließlich mußte die Lesung entfallen.

Um nie wieder zu spät zu kommen, kaufte er sich eine Tissot-Uhr. Sie kostete ihn ein ganzes Lesehonorar, aber wenn es um die Karriere ging, wollte er sich nicht lumpen lassen. Doch bald fing die Uhr an, ungenau zu gehen. Einmal ging sie um eine Minute nach, ein andermal sogar um fünf Minuten. Als er sich schließlich zu einem wichtigen Treffen um eine ganze Stunde verspätete, brachte er sie zur Reparatur. Die Uhr war in Ordnung. Jemand mußte sie verstellt haben, um ihm zu schaden. Doch der einzige, der es getan haben könnte, war Walerian selbst. Er wollte es nicht glauben. Als er aber die Uhr einem Freund schenkte, begann sie wieder pünktlich zu gehen.

Eines Tages hatte Walerian eine Lesung in einer kleinen Stadt an der deutsch-französischen Grenze. Schon auf dem Bahnhof merkte er, wie vergeßlich er inzwischen geworden war. Er konnte sich nicht einmal den Namen des Städtchens merken. Er blieb übertrieben lange vor dem Ortsschild stehen, um sich den Namen einzuprägen. Doch sobald er die Augen schloß, vergaß er ihn auf der Stelle. Es war so, als weigere sich sein Kopf, auch nur das Geringste aufzunehmen.

Während der Lesung im Rathaussaal, zu der sogar der Bürgermeister erschienen war, machte Walerian mehrmals mitten im Satz eine Pause und starrte ins Publikum. Dabei blickte er immer auf einen bestimmten Zuhörer in der zweiten Reihe. Das Publikum lachte, denn Walerian war bekannt für seine Scherzeinlagen.

Aber ihm war gar nicht zum Lachen. Sooft er in die zweite Reihe blickte, sah er den Apothekergehilfen Mirek aus seinem Heimatstädtchen, der vor zehn Jahren von einem tollwütigen Hund gebissen worden und daran gestorben war.

Nach der Lesung beschloß er, ganz gegen seine Gewohnheit, in sein Hotel zurückzugehen. Er schlug eine Einladung des Bürgermeisters zum Abendessen aus und machte sich zu Fuß auf den Heimweg.

Das Hotel war nur fünf Minuten entfernt, aber als er dort ankam, fühlte er sich so erschöpft wie nach einem dreistündigen Fußmarsch. Seine Knie waren weich, und als er sich mit der Hand über die Stirn fuhr, stellte er fest, daß sie schweißnaß war.

Als er auf den Lift wartete, sagte er sich:

«Ein bißchen Schlaf wird mir guttun. Und morgen ist wieder alles vorbei.»

Einige Leute im Foyer sahen in seine Richtung. Walerian wußte, daß Menschen, die laute Selbstgespräche führen, langsam verrückt werden. Aber dagegen konnte er nichts mehr unternehmen.

Im Zimmer ging er zum Fenster und öffnete es. Es war ein schöner Sommerabend. Er legte sich in der Kleidung auf das Bett. Seine Schuhe beschmutzten das Laken, aber er kümmerte sich nicht darum. Das Kissen erschien ihm hart wie Stein, sein Körper fühlte sich an, als würde er eine Tonne wiegen.

«Was geschieht bloß mit mir?» dachte er. Alles war so unwirklich. Sogar das Fenster schien kilometerweit von ihm entfernt. Er dachte an die glücklichen Stunden seines Lebens, in der Hoffnung, daß es ihm jetzt helfen würde. Er erinnerte sich daran, wie er mit siebzehn an einem Frühlingsabend durch die Straßen seines Heimatstädtchens gegangen war. In den Gärten blühten die Bäume. Man sah sie nicht, aber man konnte die Blüten riechen. Walerian ging langsam, um nichts zu versäumen. Er fühlte eine feierliche Stimmung in sich aufsteigen und schwor sich, sein Leben lang nach dem Höchstem zu suchen, was immer das auch sein mochte. Daher wollte er unbedingt Schriftsteller werden. Denn nur Schriftsteller kennen das Geheimnis des Glücks. Seit diesem Abend waren nochmals siebzehn Jahre vergangen. Er hatte sich inzwischen seinen Traum erfüllt. Aber nur scheinbar war er weitergekommen. In Wirklichkeit hatte er das Höchste längst aus den Augen verloren. Die alten Fragen tauchten wieder auf, auf die er schon damals keine Antwort hatte: Wie erkennt ein Mensch die Wahrheit? Wann begeht man Selbstmord? Wer wäre ich vor tausend Jahren gewesen? Ist alles Zufall, oder gibt es eine Bestimmung?

Walerian stieg vom Bett herunter und öffnete die Minibar. Er nahm ein Cognacfläschchen heraus und legte sich wieder ins Bett. Vor dem Einschlafen trank er immer öfter Alkohol. Er leerte das Fläschchen in einem Zug aus und starrte an die Decke. Langsam dämmerte er hinüber. Das Läuten des Telefons weckte ihn. Walerian wußte, daß es Herr Savini war, der nach Lesungen manchmal anrief, um zu plaudern. Er hatte keine Lust auf ein Gespräch, aber zu seiner eigenen Verwunderung hob er ab.

«Guten Abend. Ich hoffe, ich störe Sie nicht. Ich wollte Sie nur fragen, wie es heute gelaufen ist?» sagte Herr Savini.

«Danke, gut.»

«Ist alles in Ordnung? Sie klingen etwas . . . durcheinander.»

«Ich habe bloß ein bißchen über einiges nachgedacht. Zum Beispiel darüber, wo mein Buch erschienen wäre, wenn ich vor zehntausend Jahren auf die Welt gekommen wäre. Ich wäre doch kein Schriftsteller geworden, sondern würde einem Mammut nachjagen. Oder das Mammut mir, wie auch immer.»

«Wissen Sie, Walerian . . . Darf ich Walerian zu Ihnen sagen?»

«Heute können Sie mich sogar Mickey Mouse nennen.»

In Walerians Stimme lag etwas Aggressives. Herr Savini überhörte es.

«Also, ich fürchte, es wäre dann nirgends erschienen. Danken Sie daher dem lieben Gott, daß Sie im zwanzigsten Jahrhundert leben und mich als Verleger haben.»

«Aber mein Problem ist damit trotzdem nicht erledigt.»

«Was denn für ein Problem?»

«Ob ich ein Schriftsteller bin, oder bloß einer, der beschlossen hat, ein Schriftsteller zu werden?»

«Sie sind der geborene Schriftsteller.»

«Herr Simacek, mein Chef, hat zu mir auch immer gesagt, daß ich der geborene Würstchenverkäufer bin.»

«Sie sind nun mal vielseitig begabt.»

«Und ich denke, daß es so etwas wie einen geborenen Schriftsteller gar nicht gibt. Es gibt geborene Musiker oder Maler, die schon mit zehn komponieren oder irgendwelche genialen Bilder malen, aber stellen Sie sich vor, was Shakespeare mit zehn geschrieben hat? Man muß ganz schön alt werden, um Talent vortäuschen zu können. Nicht daß ich was gegen Betrüger hätte. Sie stehen in meiner Hierarchie ganz oben, aber nur wenn sie nicht anfangen, sich selbst an der Nase herumzuführen. Und das tun nun mal viele Schriftsteller. Sie leben im Cyberspace und kriegen noch einen Haufen Geld dafür. Ich bin natürlich der erste, der gerne Millionär wäre, aber was soll ich mit dem schönen Geld anfangen, wenn ich nichts anderes gelernt habe, als den Papiertiger zu spielen. Seit ich das entdeckt habe, bin ich ganz schön zerstreut.»

«Man hat mir davon flüchtig berichtet. Aber ihrer Theorie kann ich nicht zustimmen ...»

«Na bitte, da ist es schon wieder ...», unterbrach Walerian und ging mit dem Telefon ans Fenster. Oben auf dem Nachthimmel zwischen Tausenden Sternen hing anstelle des Mondes ein Frankfurter Würstchen.

«Alles in Ordnung, Walerian?»

«Kommt drauf an, was man darunter versteht. Früher hätte ich gerne darüber mit einem Psychiater gesprochen, aber jetzt nehme ich es einfach zur Kenntnis und genieße es.»

«Was ist los? Erzählen Sie.»

«Ich habe wieder eine kleine Halluzination. Der Mond sieht nicht mehr so aus wie früher. Aber das ist noch nichts. Vor einer Woche sah ich einen Kaminkehrer auf einem Fahrrad die Dächer auf und ab fahren.»

«Das ist ganz normal bei Künstlern, Walerian.»

«Aber vorher hatte ich das nicht.»

«Wann vorher?»

«Als ich noch kein Künstler war.»

«Das glaube ich nicht.»

«Doch. Und neulich dachte ich auch an Selbstmord. Kurz bevor Sie mich angerufen haben, hatte ich wieder den Gedanken daran.»

Herr Savini lachte. Es klang nicht sehr überzeugend.

«Das wäre aber dumm. In Ihrem Alter.»

Walerian ging wieder zum Bett zurück. Das Fenster behielt er im Auge. Er hatte plötzlich eine unerklärliche Lust, Herrn Savini zu ärgern.

«Denken Sie mal an den Buchverkauf nach meinem Tod. Die Auflage würde sich glatt verdoppeln.»

Herr Savini lachte wieder. Diesmal irgendwie überzeugender.

«Da sieht man, wie wenig Sie vom Verlagsgeschäft verstehen, mein Lieber. Erstens müßten Sie sich in einer größeren Stadt erschießen ...»

«Ich dachte eher an einen Fenstersprung.»

«Meinetwegen. Aber auch einen Fenstersprung würde in diesem Nest, wo Sie jetzt sind, bei den paar mickerigen Dorfblättern niemand mitbekommen. Frankfurt oder Hamburg wäre was anderes. Aber auch nur dann, wenn die Presse mitmacht. Und die ist zur Zeit überlastet. Am besten wäre es natürlich vor Weihnachten zu machen ...»

Herr Savini war eindeutig in seinem Element.

«Wir verkaufen da nämlich dreißig Prozent der Hardcoverproduktion. Da würden alle gerne dann Ihr Buch lesen, Walerian. Aber jetzt springen Sie lieber in die Badewanne ...»

«... und schneiden die Pulsadern auf!»

Herr Savini stutzte:

«Walerian? Kann das sein, daß Sie mir auf diese Weise zu verstehen geben, daß Sie elf Prozent wollen.»

Walerian brach in Gelächter aus. Es war das Gelächter eines Irrsinnigen. Sogar er selber merkte das.

«Nehmen Sie lieber einen Stift zur Hand und notieren Sie, Herr Savini. Es sind die letzten Worte eines Erfolgsautors, der sogar auf dem Totenbett nicht vergessen hat, was er der Menschheit schuldig ist. Haben Sie schon was zu schreiben?»

Herr Savini schwieg. Er überlegte offenbar langsam, was mit seinem Autor los war.

«Beeilen Sie sich. Ich bin schon in diesem schwarzen Tunnel, von dem sie immer in der Zeitung schreiben. Am Ende wartet das weiße Licht. Rechts und links stehen Engel ...»

«Zwölf Prozent. Aber mehr ist nicht drin.»

«In der Mitte sehe ich einen Herrn, der eine gewisse Ähnlichkeit mit Hermann Hesse hat. Die gleiche Nase, die gleiche Nickelbrille. Ist das vielleicht Gott?»

«Walerian, haben Sie wieder was getrunken?»

«Möchten Sie vielleicht Ihren Vater im Jenseits sprechen. Ich kann es möglich machen.»

«Danke. Mein Vater wohnt um die Ecke. Ich kann ihn jederzeit anrufen.»

«Und die Mutter.»

«Die wohnt auch da. Sind Sie sicher, daß Sie sich noch weiter so unterhalten möchten? Vielleicht sollten Sie ihren Rausch ausschlafen.»

Herr Savini war drauf und dran, beleidigt zu sein. «Wenn Sie nichts dagegen haben, werde ich auflegen. Wir sprechen uns wieder, wenn Sie zurück sind.»

Walerian wollte irgendwie den Schaden wieder reparieren, den er angerichtet hatte, aber dann entschlüpfte ihm doch etwas anderes:

«Grüßen Sie Frau Savini aus dem Jenseits.»

«Werde ich machen.»

«Sagen Sie ihr: Walerrrian dachte in seiner letzten Minute an sie.»

«Walerian dachte in seiner letzten Minute an sie. Ich habe es aufgeschrieben. Ich lege es ihr auf den Nachttisch. Gute Nacht.»

«Träumen Sie was Schönes, Herr Savini!»

«Gute Nacht.»

Die Verbindung wurde unterbrochen. Walerian legte sich wieder aufs Bett. Er hatte es etwas zu weit getrieben. Aber alles war leicht wiedergutzumachen. Ein Anruf morgen würde genügen.

Er fragte sich, ob er sich diese merkwürdige Stimmung zunutze machen könnte. Er war Schriftsteller. Das war nicht mehr rückgängig zu machen. Aber er könnte wenigstens etwas unternehmen, um kein Papiertiger zu sein. Er mußte sich irgendwie des Papierkörpers und des Papierblutes entledigen.

Walerian schlug sein Notizbuch auf und suchte eine Telefonnummer heraus. Als er sie eintippte, zitterten seine Hände so, daß er sich zweimal verwählte. Schließlich klappte es.

Nach zwei Minuten meldete sich eine verschlafene Stimme.

«Hallo?»

«Herr Simacek, sind Sie es?»

«Wer ist da?»

«Walerian.»

«Walerian? Was ist los? Ich habe geschlafen.»

«Herr Simacek, entschuldigen Sie die Störung. Wenn es nicht wichtig wäre, hätte ich nicht angerufen.»

«Schon gut. Ich habe dich neulich im Fernsehen gesehen. Als du bei mir warst, warst du nicht so gesprächig. Also, was ist los?»

«Ich wollte fragen, was der Neue eigentlich so macht?»

«Der kann nicht einmal Senf von Mayonnaise unterscheiden. Wieso?»

«Ich würde gerne wieder bei Ihnen arbeiten. Nur einen Monat lang.»

«Alles der Reihe nach. Du weckst mich wirklich mitten in der Nacht auf, um mir das zu sagen?»

«Es tut mir schrecklich leid wegen des Aufweckens und so. Aber im großen und ganzen ist es so.»

«Mal ehrlich, Walerian, hast du einen Dachschaden?»

«Ich bin gerade dabei, es herauszufinden.»

«Und dazu brauchst du meine Würstchenbude?»

Walerian sah zum Fenster. Das Frankfurter Würstchen hing noch immer da.

«Wo ich nur schaue, ständig erinnert mich etwas an sie.»

«Hast du etwas getrunken?»

«Nur ein Fläschchen aus der Hotelbar. Ich habe einfach zuviel Freizeit. Ich brauche ein bißchen Streß.»

«Aha, du brauchst ein bißchen Streß?»

«Klingt ziemlich dumm, nicht wahr? Aber wenn das ein Witz wäre, würde ich Sie dann um diese Zeit anrufen?»

Herr Simacek überlegte. Walerian merkte, daß seine Hände zitterten. Von Simaceks Antwort schien auf einmal sehr viel abzuhängen.

«Wie lange hast du gesagt, willst du arbeiten?»

«Einen Monat oder, wenn es geht, vielleicht zwei.»

«Aber nicht länger. Ab Oktober bekomme ich einen Fixen.»

«Das heißt, Sie sagen ja?»

«Willst du es schriftlich haben?»

«Es hört sich vielleicht komisch an, Herr Simacek. Aber Sie haben mir in gewissem Sinne das Leben gerettet.»

«Du hast einen Dachschaden. Das ist alles.»

«Ich rufe Sie gleich an, wenn ich zurück bin. Noch vom Flughafen.»

«Soso, du kannst dir also ein Flugzeug leisten?»

«Die sind nicht so teuer, wie die Leute sagen.»

«Ach, herrje ...»

«Habe ich was Falsches gesagt?»

«Gute Nacht, Walerian.»

Herr Simacek hatte aufgelegt. Walerian stellte das Telefon auf den Nachttisch und ging zum Fenster. Er ignorierte den Mond und starrte vor sich hin. Sein Blick ging durch die Mauern der Stadt, weiter durch ganz Deutschland, bis er sich schließlich wieder in «Simaceks Würstchenbude» sah.

Es war Winter. Der Schnee fiel, und die Leute gingen gebeugt die Straße hinauf. Die Fenster waren beschlagen, man konnte nicht einmal die Studentinnen auf der Straßenbahnhaltestelle sehen. Walerian saß mit dem Rücken zum Grillofen und hielt ein Blatt in der Hand. Es war die erste Seite, die er geschrieben hatte, seit er kein Papiertiger mehr war. Das ganze sollte eine kurze Geschichte werden, von der er sich einiges versprach. Der erste Satz ging so:

«Alles begann, als ein gewisser Savini anrief.»

Der Autor dankt dem LCB

Claudius Seidl

Kommando
Tony Manero

Als sie endlich klingelten, war ich
längst geduscht und rasiert, saß im Bademantel am Frühstückstisch
und hatte die erste Zigarette zu Ende geraucht.

«Es ist halb neun. Drei Stunden zu spät. Ich dachte, Sie kommen
immer im Morgengrauen.»

«Freilich», sagte der Ältere, «und das mit dem Klingeln war nur
ein Trick. Normalerweise treten wir die Wohnungstüren ein.»

«Normalerweise», sagte der Jüngere, «sind wir fünfzig, wenn
wir kommen. Und neunundvierzig haben ihre Maschinenpistolen
dabei.»

«Nummer fünfzig bin ich», sagte der Ältere. «Nummer fünfzig
diskutiert, bevor er schießt. Good cop, bad cop. Du kennst das
sicher aus den schlechten Büchern, die du liest.»

«Sein Geschmack ist mieser, als ich dachte», sagt der Jüngere,
der jetzt vor dem Bücherregal stand: «Ausländer. Angelsachsen.
Kriminalromane. Zeig uns, wo dein Grass steht, du Banause!»

«Ich habe keinen Grass!»

«Vielleicht ein kleiner Peter Schneider?» Der Ältere lächelte:
«Martin Walser? Walter Jens?»

«Ich glaube, ich zieh mich erst einmal an.»

Der Jüngere hatte damit begonnen, meine Bücher aus dem Regal
zu nehmen, eins nach dem anderen, ein kurzer Blick auf den Umschlag; dann schmiß er es auf den Boden. Er fing mit den schönen
schwarzgelben Bänden an. Eric Ambler, Ross MacDonald, Da-
shiell Hammett: «Alles Mist!»

«Erzähl uns alles», sagte leise der Ältere. «Fang mit dem Anfang
an, und versuch nicht, dich in Widersprüche zu flüchten!»

«Was ich weiß, weiß ich aus dem Fernsehen. Der Zeitung. Dem
Internet.»

«Fang einfach an», brüllte der Jüngere, der jetzt bei den blauen
Heyne-Bänden war. Elmore Leonard, Joseph Koenig, Cornell
Woolrich: «Nichts als Dreck!»

Es war ein heißer, fauler Junitag gewesen, als in dem kleinen Städtchen Klagenfurt die Kritikerin Verena Auffermann verschwand. Am Morgen war sie noch, von der Hitze scheinbar unberührt, am Jury-Tisch gesessen, hatte sich die Prosaproben deutschsprachiger Schriftsteller angehört und ihre knappen Urteile gesprochen. Nach der Mittagspause fehlte sie. Sie sei abgereist, aus Empörung über das miese Niveau der Jury wie der Prosa, vermutete ein Juror. Sie sei im Wörthersee schwimmen gegangen, glaubte ein Kandidat beobachtet zu haben.

Als sie am nächsten Morgen auch nicht erschien, wurde zwar die Gendarmerie verständigt, doch der Wettbewerb um den Ingeborg-Bachmann-Preis ging weiter, weil die Arbeit an der Literatur nicht einfach stillstehen durfte, bloß weil eine Kritikerin verschwunden war.

Am Sonntag morgen, als die Jury dann darüber abstimmen mußte, wer die diversen Preise kriegen sollte, saß die Kritikerin wieder auf ihrem Stuhl, gepflegt wie immer, aber nicht mehr ganz so kühl im Kopf. «Alles Lüge. Nichts als Floskeln. Dummes Zeug», brüllte sie bei jedem Namen, der zur Abstimmung aufgerufen wurde. Und als ein Kollege sie höflich bat, sie möge sich beherrschen, brach sie in Tränen aus: «Rezensenten, lahme Enten», schnaufte sie; dann rannte sie nach draußen.

Die Ärzte diagnostizierten eine heftige Zerrüttung der Nerven, verschrieben Bettruhe und starke Tabletten, und ganz langsam, weil die Patientin Schonung brauchte, kam die ganze schreckliche Wahrheit heraus: Maskierte Männer hatten sie in einen Kleinbus gezerrt und auf eine Almhütte verschleppt, wo sie zwar mit frischer Milch und Bauernbrot gut versorgt worden war, abends habe es sogar Obstler gegeben, aber wenn sie nicht gerade gegessen oder geschlafen habe, die längste Zeit ihrer Gefangenschaft also, hätte man sie mit sogenannter Slam-Poetry gefoltert, ganz üblem, schmutzigem, trivialem Zeug, das teils vom Tonband, teils aus den Mündern ihrer maskierten Peiniger gekommen sei.

In derselben Woche ging in der Nachrichtenaufnahme der *Süddeutschen Zeitung* ein Fax ein, ohne Absenderkennung, adressiert an den Sachbuchredakteur: «Das Kommando Tony Manero sagt: Schluß mit den Freundlichkeiten! Klagenfurt war erst der Anfang.»

Eine Wocher später, es war ein Donnerstag, veröffentlichte die *Frankfurter Allgemeine Zeitung* einen Aufruf, der «Unsere Geduld ist am Ende» unterschrieben war. Unterzeichnet hatten ihn außer

Peter Schneider, Walter Jens und Martin Walser auch Susan Sontag und André Glucksmann, die so ihre Solidarität mit dem deutschen Kulturbetrieb bekunden wollten. Der Text lief auf die Forderung hinaus, daß Literaten und Kritiker nunmehr wachsam sein sollten. Am Abend tagte das Literarische Quartett unter verschärften Sicherheitsmaßnahmen, in Berlin, wohin sie als Gast mal wieder Ulrich Greiner geladen hatten. Der holte eben Luft für seinen ersten Satz, als im Publikum eine junge Frau aufstand, auf ihren Stuhl stieg, ihre Bluse aufknöpfte und in Richtung der Bühne warf. «Nieder mit dem guten Buch», rief sie, während sie am Verschluß ihres Büstenhalters nestelte; dann ging das Licht aus, und aus den Lautsprechern, die eben noch Greiners Räuspern übertragen hatten, sangen die Bee Gees «Staying Alive». Als nach lauten vier Minuten das Licht wieder anging, saß nur noch Ulrich Greiner da, steif vor Schreck und sprachlos. Die Stammbesetzung war verschwunden. Und vom Rand der Bühne kam ein Aufnahmeleiter, ein ferngesteuerter Mann mit Knopf im Ohr, und drückte Greiner einen Zettel in die Hand.

«Äh, ich weiß nicht. Soll ich das jetzt vorlesen?»

Der Aufnahmeleiter nickte entschlossen.

«Ich zitiere: ‹Das Kommando Tony Manero sagt: Brecht die Macht der Machthaber. Das Literarische Quartett wurde von uns in den Cyberspace verbannt. Aber man kann es dort besuchen. Die Internet-Adresse, die jetzt vom ZDF auch eingeblendet werden sollte, lautet: http:/www.litquat.de.› Ende des Zitats.»

«Du warst da drin! Du hast mit dem Quartett gespielt.» Der Jüngere hatte den Computer eingeschaltet und untersuchte die Internet-Dateien.

«Du hast Sigrid Löffler auf deine Festplatte kopiert und spielst Tetris mit ihr. Läßt Bauklötze auf sie fallen.»

«Das machen alle, die Anleitung, wie's geht, steht auch im Internet. Ich kenne Leute, die tun ganz andere Dinge mit dem Literarischen Quartett. Kennen Sie SimAnt? Das ist ein Spiel mit riesengroßen Ameisen. Ziemlich grausam.»

Der Ältere grinste. «Wir waren bei einem, der hatte sein Quartett ins Tabellenkalkulations-Programm eingesperrt. Den ganzen Tag lang mußten sie rechnen.»

«Guck dir das an!» Der Jüngere hatte den Ordner ‹Die sogenannte Debatte› geöffnet, wo faksimiliert die wichtigsten Zeitungsartikel zur Cyberspace-Affäre abgespeichert waren.

Peter Schneider war der schnellste gewesen. Er hatte zwei Tage nach dem Verschwinden des Literarischen Quartetts schon seinen Artikel fertig, in welchem er noch einmal die Verdienste der Sendung würdigte, dann das Kommando Tony Manero mit den Serben Karadžić und Mladić verglich, um schließlich das ganze Gewicht seiner Sätze auf Ulrich Greiner krachen zu lassen: «Wo war Greiner, als das Literarische Quartett verlorenging? Warum hat er weggesehen? Und warum ist dieses Wegsehen so typisch für das deutsche Feuilleton?» So, oder so ähnlich, waren die zentralen Argumente seiner Anklageschrift formuliert, die *Die Zeit* dann druckte.

In der *Frankfurter Rundschau* antwortete Cora Stephan. Sie begann ihren Artikel mit der Auskunft, sich im nächsten Jahr nach Klagenfurt zu wagen, falls man sie denn in die Jury berufen wolle. Sie habe schließlich mehrere Selbstverteidigungskurse absolviert, und nicht umsonst schimpfe man sie seit dem Golfkrieg eine Bellizistin – worauf sie immer stolz gewesen sei. Jetzt aber bekomme das Wort eine neue Bedeutung, weil es jetzt gegen einen richtigen Feind gehe und nicht bloß gegen einen fernen Saddam Hussein. Tony Manero müsse bekämpft werden, und danach jene, die sich über Maneros Verbrechen klammheimlich freuten. «Wie kann Helmut Krausser ruhig weiterschreiben, während Reich-Ranicki durch elektronische Wüsten irrt? Wie kann Rainald Goetz sein Bier trinken in Schumanns Bar, während Sigrid Löffler im Cyberspace verdurstet?» Der Sympathisantensumpf, so schloß sie metaphorisch, müsse trockengelegt werden.

Am nächsten Tag war eine E-mail da, von Tony Manero, compuserve.com.@ 100436,2625. «Girl, you are a woman now», hieß es ganz kurz, aber seither fraß sich durch ihre Festplatte ein Virus, der alle Textdateien in Nietzsche-Gedichte verwandelte, sobald Cora Stephan den Wortstamm «Belli ...» eingab. Und als sie eine elektronische Post an Tony Manero schicken wollte, kam die Auskunft, diese Adresse existiere nicht.

Am Tag, als Cora Stephans Computer endgültig den Gehorsam verweigerte, wurde in einem Frankfurter Café der Journalist und Schriftsteller Maxim Biller verhaftet. Er hatte einen Tip bekommen und schon einen Flug nach London gebucht, wo er sich im Haus seiner Schwester verstecken wollte. Die Soko «Literatur» war beim Aktenstudium auf eine seiner Kolumnen gestoßen, in welcher Biller den Machtwechsel im Literaturbetrieb gefordert und zur Gründung eines «Kommandos Thomas Strittmatter» aufgerufen hatte. Eine Hausdurchsuchung brachte umfangreiches Beweismaterial zutage, unter anderem eine komplett ausgearbeitete Tagesordnung fürs erste Treffen des Kommandos Thomas Strittmatter, welches nach dem Muster der Gruppe 47 organisiert werden sollte.

Biller saß also in Untersuchungshaft, was Ulrich Greiner aber auch nichts nützte, als er an seiner Antwort auf Peter Schneiders Solidaritätsbezeugung mit dem Literarischen Quartett feilte. Plötzlich war der Text vom Computerbildschirm verschwunden; statt dessen grinste ihn das Gesicht von Marcel Reich-Ranicki an: «Es geht mir gut, ich werde mit Respekt behandelt. Übrigens, Lieber, haben Sie schon mal Christian Kracht gelesen. Oder eine dieser kurzen Geschichten von Moritz von Uslar? Unter uns: Diese jungen Menschen können recht gut schreiben. Die haben durchaus Witz. Ich könnte mich schon anfreunden mit dieser Art von Literatur.» Dann war Reich-Ranicki wieder verschwunden. Der Text kam auch nicht wieder.

Am Abend trat Wolf Biermann im Fernsehen auf, in «aspekten», der Schwestersendung des «Literarischen Quartetts». Er hatte seine Gitarre mitgebracht und sang, wie er es nannte, eine kleine Melodie: «Ach, Maxim Biller, dummes Kind, bist blind, wie's viele Kinder sind. Ach, Maxim Biller, böser, schwacher Mann, was hat dir Sigrid Löffler schon getan.»

Im Gespräch mit der Moderatorin, die Biermann mit «mein armes dünnes Kind» anredete, wagte der Dichter und Sänger den Vergleich zwischen dem Kommando Tony Manero und der Staatssicherheit der DDR, nannte den welken Hintern des Sozialismus noch einmal den welken Hintern des Sozialismus und betonte, daß er seine Faust nicht in der tiefen Manteltasche balle, sondern dazu gebrauchen werde, den dummen Jungs vom Kommando Tony Manero, die ja sicher bald bei ihm aufkreuzen würden, eine auf die dummen Rotznasen zu hauen.

Tony Manero aber ignorierte Wolf Biermann, der, weil seine Wohnung von der Polizei beschützt wurde, seine Maxim-Biller-Moritat in der Hamburger Mönckebergstraße zur Gitarre sang, wo ihm fast alle Passanten zuhörten. Außer Tony Manero, was Biermann jeden Tag aufs neue in die Stadtmitte trieb.

Sie schnappten Christian Kracht in einem Hamburger Restaurant. Beim Verhör gab er zu Protokoll, er habe vom Literarischen Quartett noch nie gehört und wisse auch nicht, wer Peter Schneider sei; für diesen Burschen auf dem Foto jedenfalls, mit seiner lächerlichen Frisur und seinem Idiotenjackett, könne er sich beim besten Willen nicht interessieren. Er kam auch gegen eine hohe Kaution nicht frei.

Rainald Goetz bekam zur Auflage, daß er München nicht verlassen dürfe, Helmut Krausser kriegte Hausarrest, und sein Modem wurde konfisziert. Jakob Arjouni klebte sich einen Schnurrbart ins Gesicht und kaufte sich ein Flugticket nach Ankara. Auf dem Weg zum Flughafen schnappten sie ihn doch.

Die Leute vom Kommando Tony Manero begannen Fehler zu machen. Eines Samstag morgens ging beim Bummeln in Eppendorf der Autor und Fernsehschaffende Roger Willemsen verloren, und als er, nach vierundzwanzig Stunden, wieder freikam, war er bestens gelaunt. «Sie haben mich mit Johannes Willms verwechselt», sagte Willemsen der Polizei. Und auf die Frage, ob er gefoltert worden sei, gab er an, daß es nicht wirklich schlimm gewesen sei: «Bis der Irrtum aufgeklärt war, mußte ich laut aus dem Feuilleton der *Süddeutschen Zeitung* vorlesen. Danach ließen sie mich in Ruhe fernsehen.»

«Alles Mist, was du da geschrieben hast», sagte der Ältere.

«Miesestes Feuilleton. Übelste Spießerphantasie», knurrte der Jüngere.

«Tony Manero. Was weiß ein Würstchen wie du schon von Tony Manero? Zieh dich an, wir nehmen dich mit!»

«Haben Sie einen Haftbefehl? Was werfen Sie mir vor?»

«Tony Manero braucht keinen Haftbefehl!»

«Tony Manero klaut Leute, ohne sie um Erlaubnis zu fragen.»

«Wohin bringen Sie mich?»

«Das wirst du schon noch sehen! Zieh dir ein Hemd und eine Hose an, mehr brauchst du dort nicht, wohin wir gehen.»

«Ich geh schon mal voraus», sagte der Jüngere, holte ein kleines, dunkles Kästchen, das wie die Fernabfrage eines Anrufbeantworters aussah, aus seiner Hosentasche und drückte einen Knopf. Dideldideldidel. Dann begann er durchsichtig zu werden, stand ein paar Sekunden wie ein Hologramm im Raum. Dann waren seine Kleider weg, seine Schuhe, schließlich auch die Perücke und der falsche Schnurrbart, und dann war er weg.

«Das war Peter Schneider!»

Der Ältere lächelte müde. «Ach, red keinen Unsinn, dummer Junge. Pack deinen Hintern in eine Hose, und dann laß uns von hier verschwinden.»

Kein Roman

Helmut Krausser

Die traurige Mär
von Hans-Guntram
& Yvonne

Hans-Guntram hatte seiner Frau oft genug eingebläut, wie ihm, morgens um zehn, der Kaffee ans Bett zu bringen sei, stark und heiß, *stark* muß Kaffee sein, und *heiß*, sagt schließlich auch Jason Robards in *Spiel mir das Lied vom Tod*, – stark, aber nicht rüpelhaft, und heiß, aber trinkbar, meint: nippfähig, daß eben die Schlücke in der Kehle nicht wehtun, die Zunge dagegen von einem wohligen Prickeln umschmeichelt wird.

Sagen Sie selbst, wandte er sich oft an ein imaginäres Publikum, ist das zuviel verlangt? Ließe es sich nicht, brutalste Dummheit konzediert, irgendwie erlernen? Andressieren von mir aus, falls es zum bewußten Lernprozeß nicht reicht?

Yvonne, seine Frau seit zwanzig Jahren – zu lang, wie er meinte – versagte an diesem Morgen zum drittenmal innerhalb nur eines Jahres, und weil sie schrie, als hätte ihr Mann sie verbrüht, (tolldreiste Behauptung, das ‹lauwarme Spülwasser›, wie Hans-Guntram es nannte, konnte niemandem wehtun, da war er ganz sicher, tupfte zum Beweis einen Tropfen vom Boden auf – kalt, fast kalt, während seine Gattin, beide Hände im erröteten Gesicht, noch immer schrie und nie mehr aufzuhören schien, widerlich, ganz widerlich), schlug Hans-Guntram ihr mit dem hölzernen Gesundheitsschuh auf den Kopf, zwei-, höchstens dreimal, und plötzlich hielt sie mit dem Schreien inne, sank zu Boden, blieb liegen und konnte sich während der gesamten nun folgenden Zeit nicht aufraffen, zum Weltgeschehen noch in irgendeiner Weise beizutragen. Hans-Guntram sah, daß Yvonne kaputt war und nicht mehr reparabel. Er wurde minutenlang wehmütig, denn trotz ihrer vielen Fehler hatte er – ein bißchen – an ihr gehangen.

Der von ihm selbst alarmierten Polizei machte er weis, die Tote trüge an ihrem miserablen Zustand selber Schuld, indem sie ausgeglitten und mit der Stirn gegen die Brust der Schnitzmadonna geprallt war, dem einzigen Gegenstand, der von Oberfläche und Konsistenz her dem Gesundheitsschuh in etwa entsprach. Und weil Hans-Guntram ein wenig Blut der Toten jener Muttergottesstatuette angeschmiert hatte, war die Behörde zufrieden und erklärte den Fall für nahezu aufgeklärt.

Den Morgenkaffee mußte der Witwer fortan selbst zubereiten, da eine neue Yvonne ihm weder im Aufzug noch im Supermarkt begegnete oder sich als solche nicht zu erkennen gab. Er mußte sich eingestehen, zu streng mit der Gattin gewesen zu sein, ja, begann sogar, sie zu vermissen, begann, sich posthum in sie zu verlieben, wie es im Leben weder auf den ersten noch den zehnten Blick geschehen war.

Immer hatte Hans-Guntram den Kaffee ungesüßt und schwarz getrunken, hatte am Morgen über der Tasse meditiert, hatte in den schwarzen Spiegel gesehn und versucht, die gleißenden Lichtschlieren, die auf der Kaffeeoberfläche trieben, aufzuschlürfen, hatte sich manchmal sogar vorgestellt, es seien – wie alle Lichter – Seelen, Geister oder Partikel von solchen.

Vielen Tassen war er so auf den Grund gegangen, morgendliches Ritual einiger Jahrzehnte. Und er fragte sich beim Pissen oft, wo all das Schwarz geblieben, ob es in ihm war. Und er fragte sich, ob man, tränke man niemals Kaffee, innen weiß bliebe und zu leuchten begänne, aus dem Innersten leuchten würde, wie man es von gesunden Geistern in gesunden Körpern erzählt.

Helmut Krausser

Sieben Anfänge
eines aufgegebenen
Romans

Versuch 1

Eigentlich hätte sich eine eifersüchtige Göttin Lea längst in ein Tier verwandeln müssen. Jetzt, da sie seit sieben Tagen unauffindbar ist, ertappt sich mein Blick dabei, Sekunden länger – prüfender – auf den entlaufenen Katzen zu ruhen, drüben im Park, die sich in der Sonne suhlen, als wäre nichts geschehn.

Die Möglichkeit, Lea könne mich verlassen haben, den Gedanken weise ich von mir, pro Minute dreimal.

Eigentlich ist in den vorangegangenen beiden Sätzen alles gesagt; meine Lust, die Dinge aufzuschreiben, befriedigt. (Vielleicht – weil ich weiß, daß man nur über etwas Abgeschlossenes schreiben soll, ich die Sache aber nicht als abgeschlossen dulden will?)

Versuch 2

«Sehen Sie», sagte Gott etwas weitschweifig auf einem Spaziergang zu mir, «es ist keineswegs so, daß ich mich vor Ihnen zu rechtfertigen hätte, oder daß überhaupt nur der Hauch eines Erklärungsbedarfs bestünde, weder, warum es das Böse auf der Welt gibt, noch warum vieles andere, das Sie *vorhanden* wünschen, im speziellen *Lea*, nicht greifbar ist ...»

Mein Gott, dachte ich, halt endlich die Fresse! Wir kamen am Park an blühenden Rosenbüschen vorüber, herrlich und ganz scheißegal.

Versuch 3

Es gibt die bittere Enttäuschung, die schwer und gallespuckend im Bauch strampelt, von der man aber weiß, in Tagen, Wochen, höchstens einem Monat – wird sie gewichen und verflogen sein, verdaut und ausgeschwitzt.

Die andere, viel bitterere Enttäuschung wütet nicht im Bauch, nicht im Hals, sie glüht unter der Haut und ihre Glut will nicht ausgehn, brennt den Körper leer, nichts scheint dagegen unternommen werden zu können, kein Bad im kalten Wasser hilft und kein Besäufnis, Ablenkungsspiele versagen. Die Glut verwandelt sich in Haß und Mordlust, projiziert sich auf Sündenböcke, die Tapetenblümchen des Hotels z. B., die man, im Angesicht des Pantheons, mit den Fingernägeln von der Wand fetzen, Tischbeine z. B., die man in Abwesenheit der eigentlich Gemeinten zersägen und in Zahnstocher zerraspeln möchte. All das ist so lächerlich und tut so gut – es wiegt einander in etwa auf.

Versuch 4
Rom, im Frühherbst meine Lieblingsstadt, gepflastert von Mythen und Märchen, schmilzt hin, wie alle Städte, unter dem Schritt einer Frau. Dann flimmert die Luft nicht, sie zwinkert. Schiffe auf dem Tevere schwanken leicht besoffen, finden die Flußmitte nicht mehr. Man taumelt, und das Gehen scheint halbherzig, solange nicht wenigstens eine meiner plötzlich viel zu vielen Hände die Hand der Geliebten findet und festhält.

Versuch 5
Die Welt wird wissen wollen, wer Lea war, wer sie ist, ich sag der Welt: Pfeif auf dich! Kindisch fand ich von jeher, Personen ein Porträt, ein Denkmal, ein Requiem zu widmen. Nichts vom Zauber wirkt herüber, im besten Fall feiern wir eine so mißglückte Fälschung, daß das Ergebnis bald wieder als originäres Kunstwerk durchgehen kann. Es soll von Lea nicht viel erzählt sein, außer daß sie schön war und jetzt sehr häßlich sein muß. Ihre – mit Vorliebe weißen – Kleider täuschten Mädchenhaftes glaubwürdig vor. Die Hälfte aller weißen Haie sind Mädchen. Ihre Augen müßten umzäunt sein. An jeder Wimper klebt ein schnelles Testament. Nie vorher waren Höllen so blau. Nie vorher, und wohl auch nie mehr wieder, traf ich eine Frau, die ihre unter dem dünnen Stoff hervorschimmernden Beine so *huldvoll abweisend* übereinanderlegen konnte. Deren Blick oft dem Himmel galt und doch nichts darunter aus dem Auge verlor. Am Kopfkissen ein Hauch ihres Parfüms, abgezehrte letzte Atome eines Duftstoffs. Zu wenig, um Hunde auf ihre Fährte zu setzen. Und wenn ich sie geschlagen habe, geschah's aus Liebe, ich würd's wieder tun und immer wieder, bin ich ansonsten auch sanft und schüchtern.

Versuch 6

Man hat uns viele Fingerzeige in die Ohren gesteckt, Zaunpfähle vor die Füße geworfen, was moderat sei in Sachen Sehnsucht, was gerade noch an Peinlichkeit in der Ekstase geduldet werden könne. Auf all das kacke ich mit dem Todesmut präpotenter Bilderstürmer. Ihr sollt verrecken, alle, die ganze Menschheit soll an Fleckfieber und Verstopfung sterben! Wäre Lea nur wieder bei mir und wäre nicht alles schiefgelaufen, – ich hasse euch, ihr Leser dieser Zeilen, vermaledeite Gemeinde, Spitzbuben, Voyeure! Und denke ich daran, daß eventuell Roberto dies liest und Tränen lacht, weil Lea sich ihm gerade, in abscheulich eindeutiger Weise, zuwendet, ihren riesigen Mund – ach . . .

Ich entblöße mich, und warum nicht? Die allmächtige Gegenwart unsrer Lügen will von irgendwas durchbrochen sein, und wie tief ich schon wandle im Selbstmitleid, ein Scheusal bin ich ja auch.

Versuch 7

Es beginnt damit, daß man, ohne zu stocken, eine Linie zieht, von den Werften alternder Tankschiffe hinüber zum Friedhofsproszenium der Vorstadthügel – dazwischen reckt sich die Stadt zur Linie empor, beult sich, schwellt an, gibt schreienden Möwen Botschaften auf den Weg, Hilferufe aus Häuserschluchten. Man hört einfach zu und schreibt so viele Kreuze vors Stimmengewirr, bis der Eindruck gewollter Harmonik entsteht. Dann kommen Geigen und Bratschen, in aleatorischem Kalkül, wechselnde Soli, eine Herde von Schauplätzen, die der Schauplatzwart mit Wäscheklammern an der Linie befestigt, bis sie getrocknet und mumifiziert sind. Der Rest ist die Erinnerung einer Liebe.

II

Porträt

Georg Brunold

Andere Begleitung

Er hat drei oder vier Kilogramm Handgepäck, und damit erscheint er am Ausgang des Flughafens in vorderster Front. Das ist kaum der einzige Grund, weshalb er schon morgens um sieben so aufgeräumt lächelt. In Kileleshwa, an der Olekejuado Road, ist er der erste Gast, der das «Sir» des Butlers erwidert, und das ist angemessen. Mzee Wahome, der House Keeper, der lange ein Butler war, ist heute eigentlich keiner mehr. Die Frage kommt mir erst später, mit welchem Wundermittel er sich gegen alles Umständliche imprägniert hat. Unter seinen Talenten liegt darin vielleicht eines von denen, die am seltensten anzutreffen sind, und mit einer geringeren Portion davon hätte er aus mancher anderen Gabe vielleicht nicht gleich viel gemacht. Im Augenblick will er zuerst viel wissen, was einen in Afrika an allgemeineren Gedanken beschäftigt, über den Kontinent und die Weltordnung, den ganzen Vormittag, bis ich mich erschöpft fühle. Er flog die Nacht durch, und darum schlafen wir am Nachmittag etwas. Nur den Hauptbahnhof will er noch heute sehen und die Post, die ja gleich daneben steht. Am Abend ereignet sich ein Wolkenbruch, ein afrikanischer, wie er ihn zuvor nicht erlebt hat. «Also bis jetzt haben wir doch schon allerhand beisammen», sagt er in der Veranda des alten Norfolk Hotel zufrieden.

Wir reisen am nächsten Tag weiter. Zum Abschied springt der Hund an ihm hoch, der mit ihm ansonsten gar nichts zu schaffen hat, und deckt ihn ein mit dem Schlamm der Regennacht. Knapp hat er davon Notiz genommen, ehe er es sogleich vergißt, und mit einem kurzen Blick an sich hinab weist er darauf hin, so beiläufig ungefähr, wie er unterwegs zum Kenyatta Airport erkennen läßt, daß ihm auch jenes Vermächtnis Westminsters nicht entgeht. «The General Railway Direction», spricht er die Worte des Taxifahrers nach, «very stately», brummt er gemütlich. Eine Frau vermutlich hätte ihn morgen daran erinnert, daß es für Hose und Hemd im Sun-Set Hotel in Jinja eine Wäscherin gibt. Doch er hat recht, es erübrigt sich, die Schlaglöcher unter den Rädern haben es ausgeklopft.

Seinetwegen, glaube ich, bräuchten sie nicht deutsches Fabrikat zu sein, die 86jährigen Maschinen der ugandischen Papierfabrik. Aber dem technischen Leiter der Fabrik gefällt das. Sicher, er hat persönlich die Reise nach Deutschland gemacht und sich umgeschaut nach Ersatzteilen. Er kann seine Geschichten erzählen, und er fragt weiter um Rat, denn schließlich sind wir mit einem Brief eines Firmaberaters in Nairobi gekommen. Er ist ein ungemeiner Mann, der schwarze weißbärtige Ingenieur, wie er das Lachen Jupiters lacht und sich vorstellt, nebenbei hätte er zu Hause im Hof einen Daimler stehen. Die beiden verstehen sich prächtig, und ein wenig tut es fast weh, wie sie auf Wiedersehen sagen. Daheim im Norden heißt es von ihm, er mag keine Gäste, die nicht mehr gehen. Hier sind wir ein Weilchen geblieben und müssen doch zu bald weiter.

Auf der Nordbank des Victoria Nile, im Murchison Game Park, finden wir im Gewirr der sich dutzendfach kreuzenden Buschsträßchen nicht sogleich den kürzesten Weg zur Hauptstraße. Alle Jahre dreimal werden hier einige verspätete Rebellen gesichtet. Die Angst des ugandischen Fahrers, der davon genug bekam, steckt ihn nicht an. An der Gegend ist weiter wenig Besonderes. «Auch hier, erstaunlich wenig Giraffen», murmelt er gedankenversunken. Er sagte es schon, er hält wenig von Nervenkitzel, was nicht heißt, daß ihm alles Waghalsige abgeht. Zum Beispiel hat er keine Zeile Lektüre in seinem Gepäck. Hat sonst jemand etwas zu lesen, liest er dem alles weg, und in der Bar des Speke Hotel liest er die ugandische Tageszeitung «New Vision», wie es sonst keiner tut. Er liest alles, von der ersten bis zur letzten Zeile. Am liebsten spräche er wahrscheinlich beliebig lange mit allen, und es scheint fast, es gäbe eigentlich nichts, worüber er nicht gerne spräche. Vom Begleiter will er nach einigen Tagen auch wissen, ob er in Afrika leben kann, ohne es mit einer afrikanischen Frau versucht zu haben. Er ist Poet, und einmal bemerkt er, daß ihn «Wollust» ein gutes Wort dünkt. «Denn wir wissen dir Alles», verhieß der Gesang der Sirenen dem Odysseus, «alles, was irgend geschah auf der vielernährenden Erde», und überhaupt ist seine Neugierde noch viel stärker als er.

Es ist menschenunmöglich ihm zu folgen, bei der Geschwindigkeit, mit der er an der Hotelrezeption das Meldeformular ausfüllt. Daß er sich einmal langweilt, sogar das ist denkbar, da wir bereits dabei angelangt sind. Man muß ihn sich nur dabei vorstellen, wie er merkt, daß er auf der Stelle nochmals zwei Dutzend solcher Formulare ausfüllen müßte oder daß eine andere Pflicht sich nicht unter einer gewissen Zeitspanne vom Hals schaffen läßt. Ist es nicht in seinem Geschriebenen ebenso, daß von der Ankunft mehr bleibt als von den Erinnerungen an die Strecke dahin, von den Erinnerungen an die hinhaltenden Tankstellen und an all die Roadblocks mit ihren Ausweiskontrollen, an die verwaschenen, unleserlichen Wegweiser oder auch von den Erinnerungen an die Lappalien der Seekrankheiten? Womöglich geschieht es bei ihm doch auch der Luft und nicht in jedem Falle dem Geist zuliebe, wenn manche Materie im festeren Aggregatszustand transpiriert. Ähnlich wie mit dem Schlamm von den Pfoten des Hundes verhält es sich bei ihm mit den vielen Gedanken, die er rund um sich vorfindet. Nicht alles bleibt an ihm die ganze Zeit kleben, und dank einer Fügung von Umständen hat ihm, bei seiner Unrast und Aufmerksamkeit, das Problem der Verteilung nicht den Atem der Produktion geraubt.

Jetzt fahren wir über Land, und im Auto ist etliche Stunden Zeit, bis wir eintreffen. O nein, man muß sich nicht fürchten, daß einem der Stoff ausgehen könnte. Er läßt andere ausreden, und wenn sie schweigen, dann redet er selber. In den Gesprächen mit der Distriktregierung von Arua ist das sehr angenehm, und es wird alles ruhiger, wenn man die Interviews für einmal nicht alleine zu führen hat. Ihm wird schon etwas einfallen. Hie und da spricht er weiter, wenn Einwände ausbleiben. Dann kommt er gerne auf Eindrücke und Fragen zurück, oder ein aufgegebenes, längst vergessen geglaubtes Gespräch von vorgestern kehrt wieder. Vor zwei Tagen haben wir im östlichen Zaire Herrn Popol besucht. «Popol – Popol – bitte kommen!» Der Name hat einen unauslotbaren Klang, und wie der Lenker des Wagens Funkverbindung zu Popol sucht, kommt ein bestimmtes Gefühl dafür auf, daß man im Kongo ist. Die Stimme meldet sich: «Bonjour, ici Popol, wer ruft?» Läßt er sich auf eine solche Art von Magie noch ein? So ausgeschlossen ist nicht einmal das. Und der Mann, der so heißt? Der gebürtige Kongobelgier und, wie alle ihn nennen, der «wahre Bürgermeister von Goma»? Kein einfacher Posten dort, in der Verwaltungshauptstadt der Communauté économique des pays des Grands Lacs, gewiß kein einfacher Posten. Er ist kein Journalist, und bis zu seinem Abflug nach München wird er mit Popol nicht ganz zum Ende gefunden haben.

Nicht alle Fragen schneiden wir an, obwohl die Abende lang sind in Afrika und allein die Bürgerkriege sie nicht zu füllen vermögen. Trennen Umberto Eco und Nelson Goodman mehr als Nuancen in der Frage, was ein Musikstück ist? In der Frage, ob es die Menge aller wirklichen, vorgefallenen Interpretationen ist oder die Menge aller möglichen Interpretationen? In der Frage, worin diese beiden Mengen sich unterscheiden, und dies mehr oder weniger grundsätzlich? Zweifellos hätte er gerne und mit ganzem Elan sich das alles noch einmal von vorn überlegt. Aber es muß nicht unbedingt diese Probe aus dem zeitgenössischen Universalienstreit sein. Bob Dylan und die uralte Frage, ob der Text eines Liedes ohne den Vortrag dasselbe Gedicht ist, rumoren in ihm, daß man es in den paar Tagen mehrmals hört.

«In Ihren Schuhen möchte ich stecken», sagt am selben Abend ein Schriftsteller in Kampala, und Crispus, unser Begleiter, verweist ihn nach Arua, wo das andere Paar im Dunkeln zurückblieb. Seitdem wir uns zum erstenmal vor Tagesanbruch aufgemacht haben, hat er nur mehr eines seiner beiden Paar Schuhe. Am Flughafen von Bujumbura überreicht er dem Grenzpolizisten den Paß und geht weiter. Für die eigene Person kann er gewisse Gefahren bergen, desgleichen wenn er – in seiner weitsichtigen Art – durch geschlossene Glastüren gehen will. Da sollten schwarze Vögel oder etwas anderes aufgeklebt werden. Doch diesmal ruft ihn jemand zurück, und so ist er amtlich einstweilen identifizierbar geblieben. Jetzt klingelt das Telefon in seinem Zimmer drüben vergeblich, und als ich hinüber gehe und anklopfe, bleibt alles still. Schickt es sich zu beharren? Es ist zehn Uhr vorbei. Was hätte ich von der Wahrheit ahnen sollen! Auf seinem Balkon stand er! Diesmal war er es selber gewesen; der Mücken halber hatte er die Schiebetür ganz zugezogen, dergestalt daß sie von außen nicht mehr zu öffnen ist. Was mag er gedacht haben? Draußen in der rwandischen Nacht mit Blick auf den Kivu-See?

Man sagt, daß im Kivu-See Schwimmen gefahrlos ist. In dem dunklen, umwaldeten See am Fuß der 4000 Meter hohen Virunga-Vulkane sind Gase am Werk, und vielleicht stauen sie sich irgendwo in den zerschründeten Tiefen zu gefährlichen Glocken, die eines Tages sich losmachen und kompakt nach oben gelangen könnten. In Kamerun hat ein solcher Gasaustritt einmal ganze Dörfer ausradiert. Hier soll es dank diesen Gasen den Pärchenegel nicht geben, den Erreger der Bilharziose. Sonst weiß man wenig Genaueres. Anzusehen ist dem ruhigen Seespiegel nichts, bis auf eine Bucht drüben in Goma, wo eine Tafel aus dem Wasser ragt und an dieser bestimmten Stelle vom Baden abrät.

Doch um all dies ging es ihm nicht, als er tags zum Baden keine Lust hatte. Das erfrischende Naß, dem er lieber fernblieb, braucht für ihn weder perfide winzige Biester noch Monstren zu bergen. Es tut es ganz von alleine – war es nicht schon für Laotse stärker als jeder Granit? Es ist ein träges, ein schweres Element. Beinahe verändert es die Gesetze des Raums, und mit seinen ungeheuren Kräften kehrt es alle Richtungen in eine einzige Richtung: hinunter. Mir war es stets genau umgekehrt ergangen. Ich komme zwar aus den Bergen, was in Afrika Vorteile hat, aber noch immer geschieht es mir nicht unter Wasser, sondern über dem Boden, daß ich mich plötzlich dem Erdmittelpunkt wesentlich näher fühle. Für ihn dagegen verhält es sich am dramatischsten mit dem Meer, einem unerhörten, einem gräßlichen Ding. Das Meer – womit hätte man es vergleichen können! Mit gutem Grund war es von der Feste getrennt worden, denn erschaffen war es, einzig um die Welt zu verschlingen, zu verschlingen fast wie das große Schiff, das einst so neu und nobel in den Abgrund schoß.

Einmal auf dem Trockenen, mögen die Unterschiede gering erscheinen. Im Reich der Seetiere, dem alles Landleben entstiegen ist, bleiben sie groß. Ein Schweizer Freund kann seinen ganzen mächtigen Brustkorb mit Atemluft füllen, und dennoch, obschon ein leidenschaftlicher Schwimmer, geht er, wenn er untätig ist, unter. Ich – eine Tonne fast ohne Beine – kann beim besten Willen nicht sinken, und selbst das nur, wenn ich den letzten Sauerstoff aus den Lungenspitzen presse, mich ganz energisch zusammenkrümme und noch dann im äußersten Fall höchstens im Süßwasser. Nein, das möchte er nicht, im Meer auf dem Rücken liegend einnicken können, wie es mich bei gutem Sonnenschein mehrere Male erwischt hat. Wie ein eingeweihter Franzose gesagt hat, sind wir aus vielen Dingen gemacht, die uns nicht kennen, und er glaubt mir in diesem Punkt nicht ein einziges Wort. Angesichts des Wassers ist er fest und unerschütterlich wie ein Fels, und er glaubt mir nicht, daß sein spezifisches Gewicht eine Spur zu hoch ist, nein, es kann nicht an ihm, es kann nur am Wasser liegen, daß sein Volumen ein bißchen zu wenig verdrängt. «Ja gewiß», sagt er, da ich beharre, «es gibt schließlich auch die Levitation, das ist das freie Schweben des Körpers im Raum.» In der Luft, meinte er, und keiner zweifelt, daß er selber viel lieber spontan die Schwingen ausbreiten und hoch – wie Robert – empor in die Lüfte steigen würde und fliegen und fliegen.

Aber das ist ja alles aktenkundig, seine Lieben zum Leichten, zu

Diderot etwa, und «Jacques le fataliste» ist ein Buch, das er gerne geschrieben hätte, keiner plaudert da etwas aus. Ist er nicht insgeheim doch von jeher ein leidenschaftlicher Tänzer? So leicht, wie es ihm immerfort geht? Selbst der alte Eléctrico, Lissabons hundertjährige Trambahn, hebt in seiner Hand zu tanzen an, während sie in der Wirklichkeit wie ein mittlerer Felssturz über die steilen Stiegen der Alfama herabdonnert. Das Beben, in das sie jede zwölf Minuten das halbe Viertel versetzt – dämpft es sich zwischen den Deckeln seiner Bücher nicht etwas ab?

Nicht alles unter diesem wenigen hier ist allein ihm zuliebe zusammennotiert. Nicht jeder Gemeinplatz wird ihm gerecht, nicht jeder eignet sich zu seiner Würdigung, und einiges verdient Erwähnung, nur weil es viele gibt, denen er darin ein Vorbild sein könnte. Er schläft gerne genug, und dafür ist es ihm anzusehen, wenn er wach ist. Was hätte er da anderes gewollt mit den tauben Blumentöpfen voll Lob, als sich an einem klingenden Punkt des Einspruchs zu freuen? Es wäre so oft zu schön, ihn zu finden. «Das Wort ‹schwer› ist leicht», hat er selbst festgestellt und niedergeschrieben. Hört er dennoch etwas zum dreihundertstenmal nochmals, dann wird er manchmal auf eine schöne, ganz einfache Weise ernst, und besorgt ahnt man sogar einmal etwas von einer Müdigkeit, die ihn befallen könnte, wenn jemand blind auf ihm herumhackt und er sich nicht entziehen kann. «Weißt du», wiederholt er dann, «es gibt vieles, was du an dir niemals ändern kannst.» Vielleicht hatte er den Komfort, daß er es nicht allzu häufig zu tun brauchte?

Hat einer mit seiner Herkunft mehrere Brüder, wie er sie hat, dann ist davon leicht einer Pfarrer. Wäre es so in seiner Familie, dann dächte man vielleicht daran, wenn er einem einschärft, welches abgründige Mißtrauen er hat gegen all den zeitgemäßen französischen Tiefenschwindel. Will er am Ende doch nicht jede Welt und nicht alles an ihr dekonstruiert und in Säuren gelöst und im innersten Kern ausgehöhlt wissen? Muß es bei ihm doch nicht mit allem unausgesetzt problematischer stehen und schlechter, als es damit bereits steht? «Oh, ich dachte, Mylord, Ihre Yacht sei etwas größer, als sie ist», bemerkt der Gast zur Begrüßung. «Nein, Mylord, ich bedaure», versetzt der Gastgeber, «wie Sie sehen können, Mylord, ist meine Yacht nicht etwas größer, als sie ist.» Wie er im Taxi in Kigali – noch schreiben wir 1992 – darüber herzhaft lacht, da kommt mir zum zweitenmal jene ganz andere Frage, die ich nicht mag. Was für eine Welt müßte das sein, mit der einer wie er sich ganz überworfen hätte? Es ist eine der sonderbaren Fragen, wie sie – vom Himmel herab – die Leute gelegentlich treffen. Man schiebt es mit einem vagen Schrecken beiseite, damit man darauf nicht zurückkommt.

Jetzt, zwanzig Minuten nach dem Abbruch meiner vergeblichen Suche nach ihm, der draußen auf dem Balkon über etwas mir Unbekanntes nachdenkt, steht er wieder im Haus und erzählt fröhlich, daß in dem fast leeren Hotel das Zimmer neben dem seinen natürlich belegt war und der Nachbar ihm gerne zu Hilfe kam. An Afrika ist das ein Vorteil, daß dafür keine große Portion vom Glück des Tüchtigen nötig ist. Allein schon dem Putzpersonal zuliebe – aber die Gründe sind viele – verteilt man in Afrika die acht Gäste nicht auf die acht Ecken des überdimensionierten Kastens europäischer Bauart. Einiges kann sich dadurch erleichtern, wenn nicht alle um jeden Preis auseinanderstreben. Wenn alle näher zusammenbleiben, kann das die einen auf Einfälle bringen. Mit seinem Suppenlöffel schöpft Crispus sie direkt von der großen Schüssel zum Mund. Es sind, kurz gebrüht und leicht geröstet inzwischen, die fliegenden Ameisen, die eine Stunde zuvor in der frühen Dämmerung für diesen Großbetrieb gesorgt haben, besonders lebhaft um die Laternen vor dem Hotel mit den paar zahlkräftigen Essern. Sämtliche Frauen mit sämtlichen Kindern haben auf der Straße die Ameisen eingesammelt, und die Farbenpracht der ugandischen Kleider hat er vom ersten Tag an bewundert.

Am nächsten Tag ist auf der Rückreise wieder viel Zeit im Wagen, und ich habe ihm doch etwas zu gestehen. Leider gab es in diesem Hotel kein Telefon, wo jemand nach ihm hätte verlangen können. Doch hätte er aus anderer Ursache den Speisesaal kurz verlassen ... – ich glaube, ich hätte aus Crispus' Schüssel gekostet. Es bestand kein Anlaß zu Rücksicht auf ihn. Aber es war einer der ersten Abende, und eine Hemmung, mich in eine Pfadfindermutprobe zu verstricken, hielt mich zurück. Vielleicht war es aus Pietät, daß er sagte, ihm seien ganz ähnliche Gedanken gekommen. Aber er vermag an sich zu halten, auch in der großen musikalischen, mitreißenden Bierschwemme Afrika. Der maßvolle Aristoteliker, als der er sich – es sei denn am Wasser – von morgens bis abends erweist, hält es auch bei den Leviten mit einer gemilderten Fassung: «Ihr müßt», steht dort, «nicht unrecht handeln mit dem ... Hohlmaß.» Stimmt, er muß es nicht.

Er selber kam darauf öfter zurück, und einmal sagte er, er habe das mindestens dreimal weitererzählt, wie er an seinem ersten

Abend in Afrika die Videokopie einer Sendung aus den sechziger Jahren zu sehen bekam. Da diskutierte Adorno mit vier Gehilfen über Samuel Beckett und über die pragmatischen Umstände der Entstehung von «Warten auf Godot» und dergleichen, schwarzweiß und moderiert noch ganz anders als heute. Ich verscheuche den dummen Gedanken, hier in Afrika könnte das heute vielleicht fast etwas afrikanisch anmuten. Die Leute im Inneren des Bildschirms kommen nicht auf die Frage, was sie da weit von zu Hause in diesem Wohnzimmer verloren haben. Aber aus meinem Heim an der Olekejuado Road ist diese Frage nicht endgültig zu vertreiben. Worauf hat der Musikpriester Fela Kuti in einem Frankfurter Bildschirm gefaßt zu sein? Wie findet das Lagos Pidgin aus Felas Shrine von Ikeja hinaus in die Welt?

Zwischen all den Betrachtungen zu den angolanischen und den somalischen Kriegen braucht wohl jeder ein persönliches Album mit Erinnerungen anderer Art, und eine liebe Episode gehört zu dem, was ich nach Afrika mitnehmen mußte. Es war einmal ein Mathematiker und Philosoph, in dessen Vorlesungen stets fünf Hörer saßen. 25 Jahre oder mehr hatte er an der Grundlegung der Arithmetik gearbeitet, und er trat ins Greisenalter ein. Als sein großes Buch schließlich erschien, erhielt er den Brief eines jungen Briten, der mit dem Nachweis eines Mangels sein Lebenswerk aus den Angeln hob. Gottlob Frege hieß der Mathematiker und Philosoph, und der junge Brite hieß Bertrand Russell. Frege reagierte auf die Entdeckung mit intellektuellem Vergnügen. Ich glaube, ich wäre in den zwei Wochen der kleinen Reise nicht darauf zu sprechen gekommen. Er war es; schon am Tag seiner Ankunft fragte er, ob ich darum wüßte.

Er ist überzeugt, daß Rauchen nur bei nachteiliger Konstitution schädlich ist, und was ihn als Mittsechziger angeht, so wird er zweifellos neunzig. Bis jetzt deutet nichts darauf hin, daß er nach einem Biographen sucht. «Du meinst, er hat das Wunder geschafft und ist es geblieben – ein ganz großer Bub?» Ich habe keine Antwort auf die Frage von Franz, dem deutschen Kollegen, und bin erschrocken, daß ich dazu offenbar sollte den Anlaß gegeben haben. Oder erlebe ich jetzt am Ende, wovon er mir bereits zweimal sprach? War das jetzt soeben dieses goldige Wort, das ihn hier in Hamburg wieder einmal ereilt hat – das goldige Wort vom «zornigen jungen Mann»? Muß mir, mit meinen vierzig Jahren, die Unzertrennlichkeit von Mensch und Markenzeichen nicht doch noch ganz unbekannt sein? Hätte ich zu Franz besser gar nicht von ihm gesprochen? Aber nicht doch, geht mir rechtzeitig ein Lämpchen an. In der Verwirrung entgeht mir, welchem Reflex ich es zu danken habe, aber mit ihm jedenfalls kann die Frage nach jenem Wunder nichts zu tun gehabt haben. Franz, der die Frage gestellt hat – da steht er mit einemmal vor mir, zweiundfünfzig, gewichtig und alt, und wie er, schon Urzeiten bevor ich ihn kannte, restlos ergraut sein mußte. Und ist nicht Franz, wie alle es sagen, ein großer Bub geblieben? Da packt er jetzt die Gelegenheit und streckt die Hand aus nach einem größeren Bruder ...

Was tut er da mit den Papieren auf seinen Knien? Richtig, er sitzt mit sich in der Schule; seine Lippen bewegen sich, und für einige Augenblicke denke ich, jetzt hat er mich so weit, daß ich nie im Leben ein Buch von ihm negativ rezensieren könnte. Soeben hat mich auch der Hauch einer Ahnung gestreift, zu welcherart Mitteln er nebenbei greift, wenn er so etwas schreibt wie die «Litanei des Es». Auf einem Blatt hat er die Namen von Afrikas 53 Ländern eingetragen und rechts daneben die Hauptstädte. Jetzt deckt er die rechte Hälfte mit einem zweiten Blatt Papier ab, und Zeile für Zeile arbeitet er sich durch die Liste hinunter. Ich merke, daß ich es nicht werde für mich behalten können.

Auch ihn selber werde ich in irgendeiner Form daran erinnern müssen. Zudem, gestehe ich, war da noch etwas, das ich ja nur zeitweilig vergessen hatte, weil es so schnell gegangen war, und da sich diese Aufzeichnungen jenem Ernst, der von Ehrfurcht kommt, nicht beständig und konsequent entziehen können, so will ich das an dieser Stelle einfügen. Für dieses eine Mal erläßt er es nicht, daß ich aushole. (Warum auch sollte Abschweifen in Afrika untersagt sein.) «Dickschädel!» liebkost er mich, nicht ungern und beinahe etwas beharrlich. Ist daran nicht am Ende etwas Leichtfertiges, so geschwind wie er stets die Prinzipienreitereien ertappt haben will? Dabei braucht man ihm unter Umständen gar nicht erst zu widersprechen, damit sein ganzer Schwung sich unversehens in Standvermögen umwandelt, damit das Behende in seiner Art eine Notfallbereitschaft zur kognitiven Brachialgewalt erahnen läßt. Es gibt nämlich gewisse Dinge, und da duldet er keine Verklärung. So nennt er zum Beispiel seinen Motor geradewegs Ehrgeiz, und zum Beispiel weiß er auch soviel, daß von aller Kritik die Selbstkritik am wenigsten Überwindung kostet. Man muß dazu nicht allererst einen an sich doch fremden Mitmenschen vors innere Auge zerren, denn selber ist man bereits zur Stelle. Er ist in diesem Punkt manchermann um Meilen voraus, und es kann sich in solch einer Angelegenheit nicht gut anders verhalten haben, als er es sagt. Demnach befand er sich selber einst unter den ersten, die darin, in seinem Ehrgeiz, das Krankhafte aufgespürt hatten. Was, falls es Leute gibt, denen nichts bleibt, außer sich zu kurieren? Wenn ein Defekt für einmal – wie in Afrika die meisten – nichts weiter als seine Behebung erzwingt?

Was ist dazu mehr zu sagen? «Fehlen, ohne sich zu bessern, das», so sagte Konfuzius, «nennt man Fehlen.» Dazu ist mehr zu sagen, ich verspreche es, denn beim Abendessen bricht ihm, im Hotel am rwandischen Ufer des Kivu-Sees, ein Backenzahn auseinander. Er erwähnt es und hält die eine Hälfte davon zwischen zwei Fingern. Wer hat für den Fall nicht unverzüglich eine Offerte der Anteilnahme bereit, eine lebhafte Erinnerung an ein eigenes, ganz ähnliches Mißgeschick und an den folgenden zweiwöchigen Muskelkater in der Zungenwurzel... Als mir vor Jahren in der Westsahara dasselbe passierte, vermochte ich am ersten Abend kaum einen Gedanken zu fassen, geschweige denn festzuhalten. Noch am Morgen darauf führte ich die Interviews deutlich konfuser als sonst. An der Bewegung seiner Lippen ist zu erkennen, daß er mit der Zunge noch einmal zur Unfallstelle zurückkehrt – ganz kurz bloß und auch jetzt mit nicht mehr als drei oder vier Kilo Gepäck. Ein Lächeln huscht über sein Gesicht, ungefähr so vielleicht, als hätte sich beim Anblick eines gerissenen Schnürsenkels eine überraschende Assoziation eingestellt. Es ist zu unwahrscheinlich, daß er sich daran erinnern wird, denn nur das Bild ist einen Augenblick stehengeblieben. Er selber ist längst wieder mit Leib und Seele beim Thema, und in all den folgenden Tagen kommt es nicht wieder vor, daß sein verabscheuenswürdiger Backenzahn sich noch ein einziges Mal einmischt.

«Entschuldigen Sie, daß ich Sie nicht sogleich erkannt habe», hat der junge Mitarbeiter eines katholischen Hilfswerks gesagt. Überhört haben kann er es nicht, denn er hat es gar nicht gehört, und der Mann des Hilfswerks findet keine Zeit mehr, sich daran zu erinnern. Er hat tatsächlich etwas von einer Autorität, und ich erinnere mich, wie ich selber beim erstenmal mit klopfendem Herzen an seiner Wohnungstür klingelte. Das hatte er abgedreht, diese gewisse Nervosität, ich weiß nicht wie, aber in zwei oder drei Sekunden drehte er es vollständig ab. Afrikaner gibt es wahrscheinlich nicht mehr als eine einstellige Zahl, die ihn am Namen erkennen. Monsieur Alisoana Raharinarivonirina? Auf Madagaskar sind die Nachnamen Sätze, und man neckt sich mit deren Bedeutung: vielleicht «der, welcher auf dem Heimweg ein Kaninchen gefunden hat». Alisoanas Nachname hat auf achtzehn Buchstaben immerhin neun Vokale. Trotzdem merkt man sich in Alisoanas Umgebung die Nachnamen oft nicht. Sein deutscher Nachname hat ein Dutzend Lettern, nur einen Buchstaben weniger als ein Wort wie zum Beispiel «Sonnenaufgang», und davon sind acht Konsonanten. Der Vokal ist alle viermal der gleiche. «Wie hast du gesagt? Razanbarstar? Wanzasbargar? Arnzansbakar?» Crispus, mein lieber Freund in Kampala, schaut mich ein wenig zweifelnd an. Mr. Magnus – «good morning, Mr. Magnus», «good night, Mr. Magnus» oder «thank you, Mr. Magnus», ja, das mag gehen.

Nairobi, März 1994

III

Die Rache
des Körpers
am Gedanken

Dieter Schlesak

Die Rache des Körpers
am Gedanken

Louis Althusser

I

Nicht nur Althusser, die besten Köpfe im Westen, wie Foucault oder Derrida, George Steiner, Paul Virilio und am genauesten vielleicht Jürgen Habermas haben auf das Scheitern der Moderne und ihres Fortschrittsgedankens seit 1789 hingewiesen. Nach 1989 werden dieser Bruch und Abgrund besonders deutlich. Ähnlich wie Walter Benjamin, dem ebenfalls mit dem Erkenntnis-Chock arbeitenden Denker, geht es auch Althusser, etwa in «Das Kapital lesen», um eine «Geschichtspause», eine Geschichts-Absenz: wie kann die ewige Wiederkehr des Gleichen, die immergleiche Kette von Unterdrückung und Herrschaft und ihr Status quo durchbrochen werden? Drei Neuformulierungen dazu finden wir bei Althusser, und darin besteht, nach Etienne Balibar, Althussers Originalität. Erstens: Weil die Verblendung zur Unterdrückung gehört, kann sie, solange diese andauert, nicht aufgehoben werden, sie ist aber immer mehr unserem Bewußtsein entzogen; zweitens geht es um den Prozeß der «Absenz». Diese ist eine theoretische Besinnung auf das Unmögliche, die Erkenntnis, daß unser Bewußtsein von Betrug und Lüge infiziert ist, daß wir, was wir nicht sein dürfen und können, als Außenwelt, als Schein der Gegenwart *leben müssen*. Daß schließlich drittens die Ursachen dessen, was als Schein da ist, tief ins Unbewußte gedrungen sind und dieses Unbewußte so als kollektiver Wahn Geschichte macht, der wir nicht entkommen können, sondern die wir «mitmachen müssen», ob wir wollen oder nicht!

Beim unglücklichen Philosophen Althusser hatte die Entdeckung, daß jede Verbindung zum «Realen» «Imagination» und vereinzelt sein muß, es eigentlich keinen Halt mehr geben kann, zum Wahnsinn geführt. Auch Althusser ging vom radikalen Illusionsverbot aus und endete 1980 in der Heilanstalt. Die totale Entlarvung des alten «Realen» ist menschenunmöglich und schlichtweg nicht zu ertragen.

2

«Ich erinnere mich jetzt», schrieb Etienne Balibar, der Meister-Schüler: «Es war an jenem Tag im August 1980, als Althusser, völlig ausgelaugt von Schlafmangel, vollgestopft all die Wochen mit Psychopharmaka, unter höllischen Halluzinationen leidend, ruhig und verständig zu mir sagte: Ich werde mich nicht umbringen, ich werde Schlimmeres tun. Ich werde alles vernichten, was ich geschaffen habe, alles, was ich bin – für mich und für andere...»[1] Der Professor war in der Klinik am Parc-Montsouris untergebracht. Seine Frau Hélène, die Jahrzehnte seine sich steigernden Angstzustände hatte ertragen müssen, war von Juni bis September bei ihm.

Er wurde bald aus der Klinik entlassen. Doch im gleichen Jahr ermordete er in einem Anfall von Umnachtung seine Frau Hélène. Das war in Paris, rue d'Ulm, Sonntag, dem 16. November 1980, neun Uhr morgens in einem kleinen Appartement der Eliteschule der Nation, der Ecole Normale: Althusser kniete vor Hélène, gebeugt über ihren Körper, und massierte ihren Hals, der wie ein Gegenstand an seiner Haut lag. «*...Der Hals kalt, er war kalt, der Hals, und ich sprang auf, und aus voller Kraft laufend, durchquerte ich in einem Zustand intensiver Panik die Wohnung... der Krankenstation zu, ...immer noch schreiend, stürzte ich... die zum Arzt hinaufführende Treppe hoch und schrie: Ich habe Hélène erwürgt...*»

Althusser erhielt vom herbeieilenden Arzt eine Beruhigungsspritze; er war wie umnachtet, kam erst in der Heilanstalt Saint-Anne wieder zu Bewußtsein. Drei Polizeipsychiater in Schwarz verhörten ihn aber erst Tage später. Der Untersuchungsrichter brachte kein Wort aus ihm heraus. Und er wurde wieder mit dem Psychopharmakon IMAO und Elektroschocks behandelt. Mit dem «kleinen Tod», wie er schreibt. Und einmal pro Woche kam auch sein Psychoanalytiker. Im Juni 1981 wurde er in die Heilanstalt Soisy überführt und blieb dort bis Juli 83. Er hatte oft Besuch von Freunden. Er schien wieder völlig normal und wurde 1983 aus der Heilanstalt entlassen.

Er lebte noch zehn Jahre – ohne Öffentlichkeit, in einer erschrek-

---

1 Die kursiv gesetzten Passagen stammen, falls nicht anders bezeichnet, aus dem Bekenntnisbuch Althussers: «L'avenir dure longtemps» («Die Zukunft hat Zeit», übersetzt von Hans Horst Henschen), wobei die deutsche Übersetzung (S. Fischer, 1993) nur teilweise dienlich war. Ich habe mich an das Original gehalten, weiter an Übersetzungen, die es früher beim Verlag VSA, West-Berlin, gab.

kenden Normalität als Privatmann und schrieb 1985 seine Lebensbeichte, die aber erst 1992, nach seinem Tode, erschien. Er starb
1990 an Herzversagen.

Das Jahr 1989 hat den Kommunisten und Denker Althusser als
FALL der Selbstauslöschung wieder äußerst interessant gemacht.

Der Philosoph Althusser weiß bis zu seiner Lebenskrise wenig
über die Abgründe seines Lebens, er schiebt sie weg, so daß er sich
nicht einmal an den Mord erinnert – dieser tiefe Schlaf des Bewußtseins ist ein Symptom. Alles ist von einer festgefahrenen fixen
Idee überdeckt worden, die ihn vor den eigenen Abgründen und
Krankheiten schützte. Als diese Verdrängungsmaschine zerbirst,
kommt der Wahnsinn aggressiv zum Vorschein. Erst als er sich
davon befreit, sich als Scheinwesen und Selbstkonstruktion aus-
löscht, erst nach dieser gräßlichen Selbstbefreiung durch Mord beginnt er zu leben und zu lieben. Er sieht sein letztes Buch, das
wichtigste, das er geschrieben hat, als Ersatz für seinen Prozeß als
Mörder, er klagt darin sogar, daß er als Patient – wegen Schuldun-
fähigkeit – keinen Prozeß erhalten habe. Die «Krise des Marxismus» bestimmte sein Denken, ruinierte seine Gesundheit.

Frühjahr 82 in der Heilanstalt Soisy, wohin Althusser im Juni 81
mit dem geschlossenen Krankenwagen unter Bewachung überführt worden war; auffallend der große grüne Fleck, Park genannt,
das Gras wie geschoren: überall die weißen Gestalten der Patienten
und die blütenweißen Pavillons zwischen hohen Bäumen, im Pavillon Nr. 7 jener Mann, den sie für einen Mörder halten. Althusser
hatte nun alles hinter sich und nichts mehr im Sinn, angestrengt
zerfurchtes Gesicht, über dem eine tiefe Dunkelheit lag, Nacht, die
versuchte, ihn zu verschlucken, Wachheit eine Leistung, umschat-
tet die Augen, die müde waren, alles müde, und angestrengt da,
nur der Mund bewegt, die Rede, Worte zwischen dem Zigaretten-
stummel, der immer brannte, die Hände mit der abgenommenen
Brille über dem Tisch, die Hände sehr alt, auch der Anzug dunkel,
fast schwarz über der abgemagerten Gestalt, fast eng der Brustkorb, asthmatisch, Schultern kaum, das Hemd weiß mit offenem
Kragen, sieben tiefe Falten auf der Stirn, hochgezogen darunter die
umschatteten Augen, Brauen hoch, als wäre er ein zum Tode Ver-
urteilter, der überlebt hatte, so kam er sich vor, die Hände um den
eigenen Hals, zugedrückt, dachte er; und Althusser redete und redete nur vom Selbstmord, ein Vortrag. Und auf die Frage, ob er
sich unglücklich fühle, frappierende Antworten. Merkwürdige
Erinnerungen an das relative Glück während der Internierung im

deutschen Lager im Krieg, weil es ein geschlossener Raum war, also auch geordnet und perfekt: *«Einheit, wie ich sie zum Glück auch in der Heilanstalt, oft wegen Geschütztseins erfahre, schönes Ausgelöschtsein, endlich Nichts sein... im leer summenden Raum der Krankenstation...»* – War dies hier ein lebender Toter, atmend, der verzweifelt versuchte, endlich sterben zu dürfen, zu entkommen, das zu sein, was er wirklich war? Etienne Balibar, mit dem er «Das Kapital lesen» verfaßt hatte, schrieb zu dieser Selbstauslöschung: «Althusser hat schon 1977 auf einem Kongreß in Venedig zum Thema *Krise des Marxismus* mit beißender Ironie alles von ihm Gedachte lächerlich gemacht.» Lenins Lüge vom Primat der Politik, des Staates, der Diktatur entlarvt und sich dagegen verwahrt, daß die Partei von oben den Arbeitern, anstatt auf deren «Wut und Elend, Schmerz und Misere» einzugehen, «Bewußtsein, Geschichte, Theorie» aufzwinge. Das Revolutionäre an Herrn Marx sei gewesen, daß er «Proletarier geworden» sei, welch falsches Bewußtsein: Von den Kommunisten aber sei doch immer nur das schlechte Gewissen der Intellektuellen ausgenützt worden, die Gewissensbisse, besser zu leben, die Leichtigkeit des Denkens luxuriös zu kultivieren, im Verhältnis zum «Leben», zum Elend der Proletarier eigentlich Parasiten zu sein! Auch Marx sei kein Proletarier gewesen. Und nie hätten die KP-Eliten auf das Volk gehört, es verachtet, die Denker aber im Dienste ihrer Macht ausgenützt.

Tabula rasa, dies ist tatsächlich Althussers Leistung gewesen... Niemand hat damals, 1972, diese von Althusser vorausgeworfenen Zeichen erkannt. Doch der berühmte Marx-Theoretiker und Professor hatte sich 1980 selbst die Maske vom Gesicht gerissen. War der Aufstand des Körpers eine Rache am Ideologen? Die Selbstauslöschung äußerte sich schon früh als Verworrenheit. Althusser tat, dachte und schrieb seit 1976 das Gegenteil von dem, was er bisher getan, gedacht, geschrieben hatte; es war eine Art langsamer Selbstverrat im Dienste der Wahrheit; Etienne Balibar gibt in seinem Buch «Ecrits pour Althusser» ein krasses Beispiel, Althusser habe 1979 für einen Kongreß in Tiflis einen Vortrag geschrieben: «Die Entdeckung des Dr. Freud», der fast mit den gleichen Sätzen das Gegenteil von dem behauptete, was in einem früheren Aufsatz «Freud und Lacan» stand! Die Freunde waren entsetzt über diesen Selbstverrat und warnten ihn. Althusser hat sich selbst in seinem letzten, dem Bekenntnis-Buch über den Mord an seiner Frau, als Denker-Scharlatan eingestuft. Die Krise begann zwischen 1976 und 1980. Zweifel an der Theorie, an der Revolution, am Marxismus hatten diese Symptome ausgelöst. – Der Marxist Althusser geht so weit, auch den offiziellen Marxismus zu den «ideologischen Staatsapparaten» zu zählen.

Althusser hatte schon 1967 mit der Partei gebrochen und erklärt: «Mit der Partei ist der Punkt Null des Marxismus erreicht.» Er sei zwar nicht aus der KP ausgetreten; doch keiner könne ihm zum Vorwurf machen, er sei moskauhörig gewesen, schrieb er, und 1974 habe er anläßlich eines Philosophenkongresses entsetzt selbst erkannt, welch geistige Wüste die Sowjetunion sei. Krach mit der Partei in Paris war die Folge. Der Verrat an Marx durch das, was sich im Osten als seine «Realität» ausgab, wirkte natürlich zurück, das eine ließ sich vom andern kaum mehr trennen. Paradoxerweise wäre er als Marxist erst jetzt (nach 89) frei, jetzt nach dem Tode der erfundenen «Realität» des Ostblocks.

Etienne Balibar spricht in seinem Buch von drei möglichen Gründen für die Selbstauslöschung des Marxisten Althusser. 1. Die eigene Psychose. Daß er nicht jener war, der er zu sein schien, sondern immer nur ein Scheinwesen. Die Ursache dafür liegt tief in der Kindheit. 2. Unmöglichkeit, die Krise des Marxismus zu lösen. 3. Viel wichtiger und weit über die Marxismus-Krise hinaus: die allgemeine Krise des Denkens und der Sprache heute.

Im vulgären Marxismus ging es um eine gepanzerte Unwahrheit, die ja Staatswirklichkeit war und Ideologie, es ging um Anmaßung und Vorspiegelung falscher Tatsachen. Und doch blieb diese Krise des Marxismus Spitze des Eisberges eines verlorenen Vertrauens in den Begriff, das Wort, die Erkennbarkeit, Planbarkeit und Veränderbarkeit der Welt. Es ging in dieser Ideologie um den Versuch, das Wirkliche, den einzelnen, alles, was außerhalb des Wortes und Begriffes existierte, auszuklammern; dieser Verrat war besonders furchtbar im realen Sozialismus. Vielleicht ist es diese Erfahrung eines «theoretischen Antihumanismus» als Staatspraxis, also die Verhöhnung des Menschen, des einzelnen, der nicht zählte, was wider die Natur ist, und sich dann rächte. 1989 haben Millionen einzelne dieses «System» hinweggefegt.

Althusser: *«Die Theorie von Marx geht nicht vom Menschen aus, sondern von der geschichtlichen Struktur der sozialen Beziehungen.»*

Erstaunt stellte Althusser fest, daß ihm seine eigenen Theorien im eigenen Leben, in der eigenen Krise zu nichts nütze waren!

Im Politischen wurde diese Theorie negativ und antihumanistisch, z. B. im Konzept «Klassenkampf», in dem das Individuum nichts zählte, nur der Schauspieler seiner Herkunft war; wohin das führte, wissen wir: die unzähligen Morde an Unschuldigen, die zu «Klassenfeinden» deklariert wurden, war die Folge! Den realen Sozialismus hielt Althusser für einen «breiten Fluß» – aus Scheiße. Am Ufer eine riesige Barke mit einem Steuermann, Staatsmacht und KP: die strafen, kontrollieren. Drüben aber könnten dann alle im Paradies des Kommunismus aussteigen...

Dieses kritische Instrument Marxismus, auf den neuesten Stand soziologischer Forschung gebracht, das schärfste Instrument, das es gegen die Industriegesellschaft des Kapitals gibt, ist mit einer falschen Utopie tödlich gekoppelt und hat zu schlimmsten Verbrechen geführt. Idealisierung der Menge und Masse, des «Proletariats» als Hebel zur Erlösung der Menschheit, die Marx mit der wissenschaftlichen Analyse verbindet, hat zum Wahnsinn des «Klassenkampfes» als Erlösungsinstrument und der Vergottung einer PARTEI und «Avantgarde des Proletariats», der KP, geführt, die so als «Instrument der Geschichte» die größten Bluttaten rechtfertigen konnte.

Doch scheint Althusser auch seine eigenen Bücher unbewußt als Betrug angesehen zu haben. Merkwürdig, daß ihn nach der Veröffentlichung seiner Hauptwerke «Für Marx» und «Das Kapital lesen», Büchern, die ihn bekannt und berühmt gemacht haben, heftige Depressionen befielen.

Hatte er sich nackt ausgezogen? Hatte er sich verraten, hatte er hochgestapelt, gelogen und etwas vorgespielt? Wer weiß. Er theoretisierte, weil er, wie er selbst schreibt: «zur Liebe unfähig» war. Diese Unfähigkeit steht im Zentrum seiner kranken Persönlichkeit, seiner «totalitären Seele»: das Überspringen von Gefühl und Realität. Wir wissen, aus diesem Gefühlsmangel, aber auch, weil er ein «anderer» sein wollte als jener, der er eigentlich war, hatte er eine Professoren-Karriere gewählt und hatte anfangs in den Jahren um und nach 68, als das Abstrakte Hochkonjunktur hatte, als marxistischer Philosoph Erfolg.

Und damit wären wir beim wichtigsten Grund der Selbstauslöschung: sich selbst, den eigenen Namen, die falsche Person nicht mehr zu akzeptieren.

Es ist so, als wäre das, was die bisherige Person Louis Althusser ausmachte, Sartres fleischgewordene *mauvaise foi*, die Lebenslüge: Und dazu kam notgedrungen die ewige Furcht, «entlarvt» zu werden. Als hätte es da ein SCHEINWESEN Althusser gegeben, eine Maske, hinter der er sich versteckte. Er selbst nennt es «Kunstgriffe der Verführung und des Schwindels». Er will sich beliebt machen, mogelt, schreibt schon in der Schule ab. Und besonders hochstaplerisch erscheint, daß er, als sein Hauptwerk «Das Kapital lesen» 1965 erscheint, wo er empfiehlt, *alles* und Wort für Wort von Marx zu lesen, nur die Frühwerke kennt und nur den *ersten* Band des Kapitals; Resultat: eine Angstpsychose und schwere Depressionen, so daß er schon 1965 in die Heilanstalt muß.

«Unglaubliches Entsetzen bei der Vorstellung, daß diese Texte mich vor einem denkbar größten Publikum ganz nackt zeigen würden», schreibt er: *«ganz nackt, das heißt, so wie ich war, ein Wesen, das nur aus Kunstgriffen und Schwindeleien bestand.»*

Er war auch rhetorisch ein Meister der Inszenierung und der Show. Des Scheins und Scheinens also! Doch der Betrüger ist nicht gewissenlos genug. Der «Wille zur Übertreibung» erscheint ihm als der «Wille zur Selbsttötung». Aber auch dieses ist wohl pathetisch gemeint; kaum etwas von dem, was er sagt und schreibt, entspricht wirklich zuverlässig den Tatsachen, auch seine autobiographische Beichte nicht, in der er nicht Fakten, sondern Gefühle und Reaktionen auf Fakten vorführen will. Er hat eine intelligente Ausrede parat: alles, was wirklich zu sein scheine, sei ja nur Projektion, «Phantasma», Halluzination.

In einem geplanten Vorwort zu seiner Autobiographie hat Althusser sogar verkündet, daß er seine eigene Kindheit nicht so beschreiben wollte, wie sie war, auch die Familienmitglieder nicht so, wie sie gewesen waren: *«Ich habe mich darauf beschränkt, über sie so zu reden, wie ich sie empfunden und gefühlt habe, eben wissend, daß sie genau so wie jede körperliche Wahrnehmung eine Projektion hätten sein können...»*

3

Gebannt im ideologischen Traum, hatte er sich und sein Leben verloren. Damit kommen wir zum ersten, zum tiefsten Punkt, zu Althussers Wunde, dem ersten Grund seiner Selbstauslöschung, einem familiären, ja, fast privaten Grund: Partei, Philosophie, Marxismus, all dies – ein Nichts im Verhältnis zur Hölle der Kindheitswirklichkeit und dann zur Hölle der Ehewirklichkeit im zerstörerischen Bindungs-Clinch in der rue d'Ulm in Paris: Hélène war seine Wunde, er die ihre; Hölle und Abgrund, diese Ehe. Zwei Persönlichkeiten, durch die Last ihrer Vergangenheit zu Seelenkrüppeln geworden, beide am Rande des Wahnsinns.

Hélène Rytman, in Paris geboren, acht Jahre älter als Althusser,

stammte aus einer jüdischen Familie aus Galizien, von der Mutter gehaßt und als Kind zurückgestoßen, ohne Liebe aufgewachsen, als «kleines schwarzes Tierchen», wild, eine kleine Rebellin, wuchs in ihr der Selbsthaß; Hélène, die sich als grauenhaftes Weib, als Megäre sah, die von keinem Mann geliebt werden konnte und mit zwölf Jahren vom Hausarzt gezwungen wurde, zuerst den krebskranken Vater, ein Jahr später die krebskranke Mutter mit Morphium zu töten, wurde auch noch von demselben Arzt sexuell mißbraucht. Althusser lernte Hélène 1946 im Ambiente einer Partisanenfamilie kennen; er wurde angerührt von der Hilflosigkeit der kleinen Jüdin und von ihrer Leidenschaftlichkeit und Tapferkeit. Er war beeindruckt von ihren Erzählungen aus der Résistance, in der sie militärische Verantwortung getragen hatte, Taten, zu denen er, wie er sich sagte, zu feige und sicher nie fähig gewesen wäre; diese gewalttätige Kriegswelt erschien ihm als Steigerung der fordernden und banalen Wirklichkeit, in der er sich immer hilflos ausgeliefert vorkam; und vor der er in den Begriff, in die Philosophie geflüchtet war. Im Kreis der Résistance-Genossen Hélènes aber fand er «*Solidarität und Kampf, eine Welt der Aktion, aufgebaut nach den großen Prinzipien der Brüderlichkeit, eine Welt der Tapferkeit. Und jetzt wurde ich durch Hélène mit einem Schlag nicht nur all diesen Widerstandskämpfern gleichgestellt, ... sondern war auch noch und für lange Zeit unendlich viel höhergestellt als die armen Normalmenschen, die mich niedergehalten hatten mit ihrer Jugend...*»
Doch genau diese so fiktiv angeeignete *Jugend* mußten beide schwer büßen. Es war eine Neuauflage des Mutterkomplexes Althussers, denn Hélène wurde nun für ihn «die *gute* Mutter», ja sogar der gute Vater, acht Jahre älter als er, liebte sie ihn wie ihren «eigenen», «wunderbaren» Sohn.
Er war von Kindheit an immer der «andere», nie er selbst gewesen, und jetzt war er ein falscher Mann-Sohn. Althusser selbst schreibt darüber: «*... lui (er), jenes Pronomen der dritten Person, das wie ein Aufruf eines anonymen Dritten klang, mich jeder eigenen Persönlichkeit beraubte und auf jenen Mann hinter meinem Rücken anspielte: Lui – das war Louis, mein Onkel, den meine Mutter liebte, nicht ich. Dieser Name war der Wunsch meines Vaters, im Angedenken seines Bruders Louis, gefallen vor Verdun, doch es war der Wunsch vor allem meiner Mutter, in Erinnerung an jenen Louis, den sie geliebt hatte und den sie auch ihr ganzes weiteres Leben nicht aufgehört hat zu lieben.*»
Wer nicht geliebt wird, kann nicht lieben, wer nicht angeschaut wird, ist absent; und Althusser bekennt seine Liebesunfähigkeit,

daß er «gleichsam fühllos für die andern, für ihre Liebe» war; die unpersönliche Liebe seiner Mutter, die nicht ihm galt, ihn negierte, habe ihn unfähig gemacht, für andere zu existieren, ja, er sei «ohnmächtig in seinem eigenen Körper», den er nicht bewohnen konnte, als habe sie ihm diesen weggenommen, amputiert, und als Versehrter habe er über die «Seinsmacht» nicht verfügen können, zu geben.

Am schlimmsten bei der ersten heftigen Liebesregung von: Louis, LUI! heftige Leidenschaft für die schwarzhaarige Simone, der er Sand zwischen den Brüsten durchrieseln ließ, der Sand sikkerte zum Bauch, erreichte den Venusberg, Simone spreizte ihre Beine, und er konnte das Gekräusel und den Spalt des «Rosa Alpenveilchens» sehen. Die Mutter aber stellte ihn zur Rede, verbot ihm den Umgang mit Simone; Liebe war «nicht schicklich», die Mutter hinderte ihn daran, Simone zu sehen; gleichzeitig nahm sie den Sohn in Besitz, wühlte in seinem Bettlaken, fand Spuren von Pollutionen, nahm einmal sein Glied in die Hand. Er nennt es «Vergewaltigung».

Wir kennen die Abgründe dieser autoritären «Erziehung» der Großelterngeneration. Adorno, Freud, Reich haben sie analysiert. Bei den Deutschen hat diese Erziehung mit zur Nazi-Katastrophe geführt.

Althusser baut auf diese intimen Gewalterfahrungen seine etwas kurzschlüssige Theorie von dem Unterdrückungssystem in der bürgerlichen Gesellschaft auf:

«Einige gewalttätige Formen, die ich einmal ideologische Staatsapparate genannt hatte, haben mir in meinem Leben viel zu schaffen gemacht; zu meiner großen Überraschung ersparte mir die Tatsache, daß ich einiges von ihnen begriffen hatte, nicht, daß sie mich ebenfalls zutiefst bestimmten.»

Eben das verborgene Unbewußte, seine geballte Macht beherrscht schon bei Freud, neben Marx der zweite große Lehrmeister Althussers, das Theater des Sichtbaren und die kleineren Machtspiele auf der Szene. Durch Unterdrückung des eigenen Willens, des Ich, der Liebesfähigkeit, lernt man sich in der Gesellschaft «realitätsgerecht» zu benehmen, zu handeln ... Eine harte Schule, eine harte ungerechte, gespaltene und gesichtslose Wolfs-Gesellschaft.

Nach dem Mord an Hélène spricht Althusser nur noch von Zerstörung, da er in diese Lebenslüge von Kind an hineingewachsen war, er: ein soziales Phantom wie jedermann, nur er – er meinte sich dessen bewußt zu sein, gefangen zu sein in einem lebenslangen Selbstbetrug – bis hin zum letzten tragischen Akt: «... *weil ich ja inzwischen sogar das Mittel gefunden hatte, zu existieren – als Lehrer, Philosoph und Politiker, (doch) die oft wiederholte Zwangsvorstellung kehrte wieder, daß ich nichts anderes war als eine Existenz aus Kunstgriffen und Schwindeleien... nichts Authentisches, also nichts Wahres und Wirkliches, und daß mir der Tod von Anfang an eingeschrieben war: der Tod jenes Louis, des Toten hinter mir, den der Blick meiner Mutter durch mich hindurch fixierte... als greifbaren Beweis meiner Nicht-Existenz hatte ich verzweifelt alle Beweise meiner Existenz zerstören wollen...*»

Er war so überzeugt davon, daß die soziale, die familiäre, die politische Welt eine Masken-Welt der Toten ist, daß er seine ganze Philosophie darauf aufbaute, die Maske aber «Ideologie» nannte.

Doch die beiden Sphären, das Intime und das Allgemeine, sind schwer, oft nur gewaltsam zu verbinden. Das wirklich Erlebte, Intime ist stärker, glaubwürdiger: Schon als Kind im Schatten eines Toten, kämpft Althusser mit diesem um seine Mutter; er sei «vaterlos» auf die Welt gekommen und habe sich selbst erschaffen müssen, sagt er, was mißlang. Wie sollte man sich auch (mit Philosophie, gar mit Parteihilfe, Marxhilfe) selbst erschaffen können? Doch es gibt eine abgründige Erklärung dazu, die einen erschrekkenden Hintergrund mystischer, autistischer oder kindlicher Omnipotenzgedanken bloßlegt – Althusser war, bevor er Marxist wurde, überzeugter Katholik:

«... *daß ich die Trauer, die ich um Hélène trug, nicht erst seit dem Tod (der Zerstörung Hélènes) und an ihr abarbeitete, sondern seit jeher. Tatsächlich hatte ich immer Trauer um mich selbst getragen, um meinen eigenen Tod durch meine Mutter und zwischengeschaltete Frauen... diese Trauer habe ich zweifellos in... regressiven Depressionen erlebt, die... eine widersprüchliche Art und Weise waren, für die Welt in der Ausübung der Allmacht zu sterben... die totale Unfähigkeit, in allem und jedem gleich allmächtig zu sein. Immer die schreckliche Zwiespältigkeit, deren Entsprechung man übrigens in der christlichen Mystik des Mittelalters findet: totum=nihil.*»

Doch diesen Kampf, er selbst zu sein, also wirklich zu sein, diesen Kampf führte er überall, auch in der Schule, wo er die Lehrer als Väter ansah, die er aber beherrschen müsse. Die Kastration des Natürlichen zwingt ihn andauernd zum Unnatürlichsein, zur Maske.

Um die Beziehung zu einem «abwesenden Vater» zu regeln, habe er sich «einen imaginären Vater» gegeben, habe er den eigenen Lehrern zwar nichts beibringen können, doch für sie die «Verantwortung übernommen», so als mime er das Verhalten seines Vaters gegenüber der Mutter und der Schwester, um «die zu kontrollieren, zu überwachen, zu zensieren». Der autoritäre Charakter, Frucht der Erziehung, kam durch. Wobei er sich mit allerlei «Kunstgriffen» zugleich lieb Kind bei den Lehrern machte: um sie zu *verführen*. Er ist sich kaum bewußt, daß sich aus diesem Vater- und Herrschaftswahnsinn seine «totalitäre Seele» aufbaute. Als Alibi diente ihm die Philosophie: *«Da sogar die größten Philosophen ohne Vater geboren wurden... und da ich keinen Vater hatte, wurde ich ‹Vater des Vaters›, die Beherrschung mit Hilfe der Sprache und des Begriffes... als wäre unsereiner ein allmächtiger Vater und auch verantwortlich für alles...»*

Trotziger Größenwahn: das typische «Alleswissen», die infantile «Beherrschung des Ganzen», jene «totalitäre Seele», das Fatalste, was die untergegangene Weltbeherrschungsideologie zu bieten hatte. Althusser sagte sogar, daß er die Weltbeherrschung in der Theorie zumindest mit angestrebt habe: *«Die Führungsrolle in der Geschichte der wirklichen Welt.»* Diese Überhebung, ja, dieser Größenwahn, der Anspruch, die Welt total im Griff haben zu können, sie auch verändern, ummodeln zu können nach eigenem Plan, führte ihn auch in die Falle der KP, von der er hoffte, daß sie seine Einmaligkeit als Philosoph garantiere, nämlich daß die KP als eine politische Macht die Theorie, seine eigene, direkt in Wirklichkeit umsetzen könne. So etwas habe es in der ganzen Philosophiegeschichte noch nicht gegeben, schrieb er stolz. Dies führte natürlich zu andauernden Reibungen mit den Dogmatikern. Daß er sich mit den Geschichtsfälschern eingelassen hatte, ja, auch sein Allmachtsdenken kam letztlich aus seiner Menschenferne und Fühllosigkeit. Doch oft spricht auch der Größenwahn eines autoritären Autors aus Althusser, oder ist es schon der Größenwahn des Paranoikers, wenn er von der Einsamkeit des Denkers spricht, Cartesius, Kant, Kierkegaard, Wittgenstein als Kollegen der Einsamkeit anspricht und sich um die große Verantwortung sorgt, was die Wirkung seines Denkens betrifft. Denn er ist einzigartig, er hat keine Vorläufer und Meister gehabt, seine Ideen wirken direkt über die Partei in die Realität, glaubt er.

Gefährlich war das eigene Unbewußte und eine eigensinnige Ichbezogenheit; 1968 hatte er den gefühligen Humanismus der KP abgelehnt und war stolz: endlich allein recht gegen alle gehabt zu haben. Er vollbringt das Kunststück, sich an die den Menschen ausklammernden Marx-Fundamente halten zu wollen, so sein eigenes leidvolles Ich auszuklammern: *«Die Gesellschaft setzt sich nicht aus Individuen zusammen, sondern aus Beziehungen...»* Andererseits in seinem Denken fast autistisch zu sein: *«Allein verantwortlich, hatte ich endlich den Bereich meiner eigenen Initiative gefunden, wo ich meine eigenen Wünsche verwirklichen konnte, zumindest den Wunsch, endlich einen eigenen Wunsch zu haben (... es war erst die leere Form eines Wunsches, und diese leere Form des Wunsches für einen realen Wunsch zu halten, war genau mein Drama, aus dem ich als Sieger hervorging, aber nur im Denken, im reinen Denken), wie in einem Schicksal... Erfüllung des reinen Wunsches meiner Mutter...»*

Zugleich aber strebt er nach der Entlastung im Inkognito. Er wollte anonym und namenlos sein. Vielleicht war er ein Solipsist, der meinte, ganz allein zu sein, sich und die Welt nur zu träumen, die ihm so zusetzte – als eigener Alptraum, eigene Projektion; er hat es auch mehrfach geäußert: nämlich daß Welt, wie sie sich uns darstellt, das ist, was Erkennen aus ihr macht. Das Ich ist immer eine Filmkamera und kein Spiegel. Man ahnt, wie nahe am Unausdrückbaren diese Auffassung ist; Althusser verehrte Spinoza, ging von einem innern Kraftzentrum aus, das diese «Filme» abrollen läßt, dem er sich selbst überläßt, er bringt dafür als Beispiel – die Wachheit der Katze: Diese Weigerung, Störungen eines inneren Schwingungszustandes auch nur wahrzunehmen, dann aber plötzlich aus tiefster Bewußtlosigkeit aufzuspringen, kommt aus tiefster Irritation, im Eigenen gestört zu werden durch Menschen, durch äußere Geschehnisse, andauernde Vergewaltigungen. Autismus? Aufschlußreich dazu ist, was Annie Leclerc in einer Sondernummer «ALTHUSSER» des «magazine littéraire» über das Wahnsinnsverhältnis zu seiner Frau Hélène schreibt: «Der stärkste Wunsch, der konstanteste, der unveränderlichste, der pathetischste Wunsch Althussers war: in der Stille zu wohnen bis ans Ende aller Zeiten, unbeweglich, entkörpert, verschlossen im Herzen der Fleisch gewordenen Wahrheit, der Kirche, Hélènes, der Partei, der Gesetze, Gottes...»

Denken habe er schon lange nicht mehr gekonnt, schreibt er nach dem Mord an seiner Frau: Denken – diese Anmaßung sei erledigt gewesen: *«In seinem Denken drückt der Philosoph, so hat es Marx gesehen, die theoretische Beziehung zu sich selbst aus.»* Und nun gab es keine Beziehung mehr. Der Selbstvater war tot. Denn sein eigener Vater sei ja er, Louis Althusser, gewesen, von Kindheit an. Das war jetzt aus. Als sei nach dem Tode Hélènes nicht nur «die gute

Mutter» gestorben, sondern auch dieser Selbstvater, an den er und alle eine Zeitlang geglaubt hatten.

Hélène war seine neue und «gute» Mutter gewesen, eine Art Inzest, denn zugleich liebte sie ihn «als Mann», der er ja gar nicht war. Er habe nicht lieben können, und die Liebesunfähigkeit führte er wieder auf die Kindheit zurück. Und auf Peinliches, auf allzu Intimes: im Dunkeln (im Bad) habe sein Vater versucht, ihn sexuell fit zu machen, anscheinend hat aber auch die Mutter «Hand an ihn gelegt»..., ihm «den Sex enteignet». Es ist schon peinlich und erstaunlich, was für Ausreden er für seine Unfähigkeit zu lieben vorbringt. Hélène aber, die sich als die häßliche Megäre und nicht für liebenswert hielt, wollte geliebt sein, und war zu Recht voller Ängste, von ihm nicht geliebt zu werden: «...Auf meinen ohnmächtigen Willen zur Liebe antwortete nur ihr wilder, hartnäckiger und heftiger Komplex, zu wissen, nicht geliebt zu werden, weil sie es nicht verdiene... Verstrickung in Wut, Haß und wechselseitige Zerfleischung...»

Er aber fürchtete, von ihr verlassen zu werden. Schuf sich eine «Reserve von Frauen», die sie – als Mutter? – begutachten mußte. Ein sadomasochistischer Zauberzirkel ohne Ausweg, Verletzungen, Kränkungen, Streit ohne Ende. Sie bat ihn, ihr seine Affären zu verschweigen. Er tat es nicht. Aufstand gegen seine Mutter, die verboten hatte, den Körper oder den Besitz anderer Leute zu berühren? Stolz zeigte er im Sommer, es war in der Bretagne, Hélène seine Strandergeberungen, und das war genau zu jener Zeit gewesen, als er sich mit dem Gedanken an einen großen Bankeinbruch trug. Später dann in Saint-Tropez hatte ihn ein Freund mit einer jungen Schönen besucht; ihm hatte er ein Manuskript zum Lesen gegeben und sich auf das Mädchen gestürzt, sie in Gegenwart von Hélène geküßt und ihr Bauch, Brüste und Scham gestreichelt, halb erschrocken, halb geschmeichelt hatte sie es sich gefallen lassen; dann habe er sie an den Strand eingeladen, in eine kleine Bucht, erzählt er, und die sei an dem Tag völlig leer gewesen, mitten in den Wellen habe er die Neue, die sehr entgegenkommend und noch geiler war als er, geliebt, und sie seien dann weiter hinausgeschwommen, bis sie dann plötzlich erkennen mußten, daß eine Strömung sie weiter hinauszog; Hélène aber sei am Strand schreiend und sich die Haare raufend auf und ab gelaufen.

Dazu aber kommt noch eine Art politischer Sentimentalität und ein Intellektuellen-Schuldbewußtsein, das er auf unerträgliche Weise mit den persönlichen Komplexen vermischt. Vielleicht gehört diese Rührseligkeit, mangels starker Gefühle, mit zu den Motiven, weshalb er an Hélène, der Jüdin, Partisanin und Roten so hing, ja, warum er ein «fortschrittlicher» Mensch geworden war: Er fand Hélène in Tränen aufgelöst und wie eine Alte dahocken, zitternd und sichtlich in einer hysterieähnlichen Krise. Rühr mich nicht an, oder ich schrei um Hilfe, hau ab mit deiner Hure, fort. Und heulte wieder und schrie los. Er habe das Mädchen fortgeschickt, sie auch nie mehr wiedergesehen. Erst nach zwei Stunden sei sie, Hélène, wieder zu sich gekommen und endlich mit nach Hause gekommen. Nun sei da aber noch etwas anderes in jenem versteinerten, bis zum Wahnsinn schönen, vor Schmerz transparenten Gesicht gewesen, ja, alle Toten, die im Krieg von den Nazis umgebracht worden waren, schienen da mit aufzuscheinen... dieses sei in das Gesicht der Jüdin Hélène eingeschrieben gewesen...

Wieder erscheint dieser Marxist und Kommunist als der subjektivste Mensch, fast als Autist. Ja, sogar seinen Marxismus leitet er aus seiner Intimität ab, in seiner papierenen Sprache klingt das so: *«Und was meine Beziehung zum Marxismus betrifft, ich meine, da sehe ich erst jetzt klar. Auch in diesem Fall handelt es sich nicht um Objektivität, die ich beschreiben könnte, sondern vielmehr um mein Verhältnis zu einem oder zu mehreren objektiven Objekten, um meine Beziehung zu einem ‹objektuellen› Objekt, d. h. einem unbewußten, inneren...»* Dieses seltsame «objektuelle» Objekt ist letztlich die verquere platonisch-inzestuöse Mutterbeziehung. Ein «Augenkind ohne Körper», sagt Althusser selbst, sei er gewesen: er solle alles nur aus der Distanz des Sehens wahrnehmen, wollte ihm seine Mutter wie einen Klosterzwang antun, wahrzunehmen nicht mit den Händen, die Dinge nicht direkt zu berühren, war der Wunsch der sexfeindlichen, körperfeindlichen Mutter, der Reinheitsfanatikerin; so blieb Althusser ein lebenslanger Voyeur.

4

Die Frage kommt von Spinoza, nicht von Marx: Warum kämpfen die Menschen für ihre Knechtschaft, als wäre es ihr eigenes Heil? Dieses ist der Ausgangspunkt seiner Theorie. Nämlich die «ideologischen Staatsapparate»: Familie, Schule, Medien, Kirchen, Justiz usw., die dieses Gift der Verbote verwalten, es aber ins Unbewußte jedes einzelnen als Zwänge hineinsetzen. Nach dem Mord an seiner Frau verkündet er, eine «Konfession» zu seinem Fall vorzulegen, «einmalig in der abendländischen Geistesgeschichte» – denn, so das Vorhaben, es sollte seine Theorie der «ideologischen Staatsapparate» nun mit Material aus seinem eigenen Fall angereichert und bewiesen werden. Und das ganze Buch erscheint wie eine Liebeserklärung an Hélène.

Im März 85 beschließt Althusser, seine Lebensbeichte zu schreiben, sammelt Zeitungsartikel über den Skandal vom November 80, befragt Freunde und seine Ärzte, den Analytiker, den Psychiater, notiert alles auf Merkzetteln, schafft eine reiche Dokumentation zu seinem Fall, um seine rätselhafte Amnesie, das totale Vergessen des Mordmoments, das ihn quält, aufzuheben. Und in sechs Wochen schreibt er das Buch nieder: «Die Zukunft hat Zeit». Ist es eine Autobiographie, ein Familienroman, eine Beichte? Die Herausgeber schreiben: «Die Geschichte, die er erzählt, ist eine Geschichte seiner Affekte, die seiner Phantasmen... Wenn wir mit diesen... Texten in die Schrift der Phantasie eintreten, in die der Halluzinationen, dann deshalb, weil ihre Materie die des Wahnsinns ist... wir stehen hier vor einem Zeugnis des Wahnsinns, doch im Gegensatz zu den ‹nosographischen Dokumenten›, den ‹Denkwürdigkeiten eines Nervenkranken› des Präsidenten Schreber, die Freud studiert hat, oder jenen des Pierre Rivière (Mörder seiner Mutter, seiner Schwester), untersucht von Michel Foucault – erleben wir mit, wie ein Intellektueller, mit einer außerordentlichen Intelligenz, von Beruf Philosoph, seinen eigenen Wahnsinn erlebt.»

Althusser hat sich angestrengt, er hat geheuchelt, er wollte ein ANDERER sein. Etwas, das er nicht war. Auch nicht die reine Figur, der Keusche, der er der Mutter zuliebe sein wollte. *«Die schmutzigen Hände, der Schmutz waren die Phobie meiner Mutter, und daher bekam der Schmutz eine Art Faszination für mich... Das Auge ist... seit Platon, Aristoteles, Thomas von Aquino und bis heute das spekulative Organ par excellence.»*

Die Mutter des Philosophen – und die Mutter der Philosophie – die reine Idee: Haar und Schmutz schied Platon aus der Idee aus. *«Ja, ich habe erfüllt, was sich meine Mutter seit unvordenklichen Zeiten (das Unbewußte ist zeitlos) von der Person jenes anderen Louis wünschte und erwartete – und ich habe es getan, um sie zu verführen: die Verständigkeit, die Reinheit, der reine Intellekt, die Entkörperlichung, der Erfolg in der Schule und zu guter Letzt eine ‹literarische› Karriere...»*

Reinheit schafft er nicht. Er weiß bis zu seinem 27. Lebensjahr nichts vom Sex, und als er das erste Mal onaniert, wird er ohnmächtig. Nach dem ersten Beischlaf, mit dreißig!, fällt er in eine schwere Depression und kommt zum erstenmal in die Heilanstalt. Es war natürlich Hélène, mit der er zum erstenmal schlief. Ein Gefühl des Ekels, taub und stumm, doch gewalttätig, habe in ihm gearbeitet... Die Tage vergingen, und die Depressionen nahmen zu. So kam es zu einer längeren Zwangseinweisung mit Elektroschocks, die der berühmte Analytiker Pierre Male verordnet hatte. Furchtbare Zuckungen und Aufbäumen des Körpers mit Schaum vor dem Mund. Ein kleiner Tod auf Raten. – Die Angst und Aggression gegen Frauen habe zugenommen.

Hélène treibt (ohne sein Wissen) ab. Und er sieht dies sogar als Opfer für ihn an. Das bezahlt er bitter. Es entstand zuerst ein schönes, aber kompliziertes Verhältnis. Sie kümmerte sich in den Phasen seiner Depression mütterlich um ihn. Wenn er gesund war, betrog er sie. Sie rächte sich dafür, nützte seine Trennungsängste aus, verschwand tagelang ohne Adresse.

Die Florentiner Analytikerin Giuliana Kantza schreibt in einer Arbeit über Althusser: «Die erste Krise ist die, den Sex zu negieren, die wirkliche Zeugung, Ekel... Hélène treibt das Kind ab, Althusser wird nie Vater. Bleibt Selbstvater. So war dieser Akt des Todes wie ein Zeugnis: zwischen einem Mann und einer Frau die Unmöglichkeit zu lieben, hier, ins Extreme getrieben, die Passion des Hasses.»

Das, was jeden Moment geschieht, gehorche einem geheimnisvollen Zwang alltäglicher Wiederherstellung, sagt Althusser, er spricht von «Wiederholungszwang», der immer gleichen Bedingungen für diese bestimmte, von Interessen beherrschte Lebensform, wo jeder durch Erziehungsmaßnahmen, die er selbst erlitten hat: der andere, der Fremde wird, nie er selbst!... Das Bewußtsein der inneren Zwänge dieser Lebensform sei uns entzogen; es scheint meist so, als hätten wir das, was wir tun, auch immer selbst gewollt! Familie und Schule seien dafür die Hauptverantwortlichen. Versuchte er sich die Herstellung der banalen Wirklichkeit als Zwang vorzustellen, da er selbst in hohem Grade lebensuntüchtig war? So war ihm der Gedanke an winzige Banalitäten des Alltags ein alptraumhafter Horror. Die Klinik, die Philosophie sowieso – Fluchtorte vor den Widrigkeiten des Banalen. Die Anstrengung, sich etwas Essen machen zu müssen, einzukaufen, gar einen Umzug mit all den Büchern zu bewältigen, ja, mit der Putzfrau zu verhandeln... die Angst, allein zu bleiben... Und anfangs in der Heilanstalt habe er alles «verloren», das Nachthemd, die Schuhe, die Brille, den Schlüssel vom Schrank, das Unterhemd, kunterbunt und durcheinander, und es sei eine Art Konversion einer völlig andern Abwesenheit gewesen, der von Hélène, die schließlich die Abwesenheit seiner Mutter gewesen sei... und verlor alles, weil er alles verloren habe, nicht nur das eigene Leben, nein, *alles*, und er habe es auch radikal darauf angelegt, es zu verlieren, so daß nichts geblieben sei... Haft, in der Fremdheit der äußeren, auch der inneren Natur als Zwang, eine «Evidenz» anzuerkennen, eine sichtbare Wirklichkeit, die ausweglos erscheint, wie der eigene innere Zwang zur Unfreiheit (alles ist so wie es ist!). Als wäre der Böse am Werk, der das täglich herstellt! – «*Die hartnäckigen Evidenzen... vereinen sich so sehr mit unserem alltäglichen ‹Bewußtsein›, daß es äußerst schwierig ist, um nicht zu sagen, fast unmöglich, sie als Wiederherstellung (eines Status quo) zu erkennen*» (Das Kapital lesen, 1965). Nämlich zur Erkenntnis zu kommen, daß diese «hartnäckigen Evidenzen» nichts Äußerliches, sondern unsere eigene Projektion sind, Projektion von fertiggemachten Seelen, die von einer Art «downer-program» beherrscht werden: das sich täglich durch unser aller Unbewußtes wiederherstellt. Bei ihm in einer Angstpsychose. Dieser Schauspieler des Unbewußten wurde, so meint Althusser: beeinflußt, geformt mit Hilfe der in diese intime Sphäre hineinreichenden tiefen Sonden von Erziehungsmaßnahmen und Zwang in Familie, Schule, Betrieb etc., die unser Handeln lenken. Und Millionen Schauspieler der Gewohnheit erschaffen gemeinsam jeden Tag, jede Stunde dieser äußeren Banalität – nicht neu, sondern ALT und wie gehabt.

Es stimmt schon: Wir sind blind in der geschaffenen Gewohnheit. Staunen, so meint auch Althusser, Staunen erst wäre die *plötzliche* Wiederkehr verdrängter Wahrheit, Aufheben des Selbstvergessens... Auch wenn es durch Schrecken geschieht. Blindheit, auf der unser so fader Wirklichkeitswahn beruht, wird dann aufgehoben. Schmerzhafte Einsicht, daß Leben verlorengeht in aufgezwungenen Versäumnissen. Wir haben 1989 solch einen schockartigen Einbruch ins Gewohnte, ein «historisches Staunen» erlebt.

Interessant ist Althussers Theorie des «Wiedererkennens», das simpelste Beispiel, wie der Status quo andauernd wiederhergestellt wird! Wie «Wiedererkennen» das Subjekt ausschaltet und Nichterkennen oder Nichtsehen des Wirklichen und der eigenen Existenz erzwingt. Der Mensch als Sozialtier: «*Wenn wir auf der Straße jemandem begegnen, den wir (wieder-)erkennen, so geben wir ihm ein Zeichen, daß wir ihn wiedererkannt haben (und daß wir gesehen haben, daß er uns wiedererkannt hat), indem wir ihm ‹Guten Tag, mein Lieber› sagen und ihm die Hand schütteln (die zumindest in Frankreich übliche materielle rituelle Praxis des ideologischen Wiedererkennens im Alltag; in andern Ländern herrschen andere Rituale). Es soll... die Gewißheit geben...*

konkrete, einzigartige... und (selbstverständlich) unersetzbare Subjekte zu sein... In der Materialität des im Imaginären lebenden Menschen...» «Materiell» ist bei Althusser ein irreführendes Wort, er meint damit das *wirkend* Vorhandene, das erfaßt wird, wenn wir uns nichts vormachen oder vormachen lassen, also die Dinge durchschauen. Denn: *Man sieht nur, was man weiß.* Bei Brecht, der mit dem sogenannten «Verfremdungseffekt» gearbeitet hat, um die Blindheit des Selbstverständlichen aufzuheben, gibt es ein schönes Beispiel; die Wahrheit sei in die Funktion gerutscht, sagte er, die Fotografie etwa von IG Farben vermittle überhaupt keinen Eindruck von der wirklichen Funktion des Chemie-Werkes. Der Glaube an den Schein, ans Nur-Sichtbare ist eine Art anerzogene Blindheit, nämlich das, was *wirklich* ist, nicht «sehen» zu können oder zu dürfen. Es ist wichtig: *zu wissen,* Theorie wie ein Mikroskop zu benützen, den Schein zu zerschlagen, *die Hintergründe* zu erkennen! Das dürfte heute, wo *unsichtbar* alles mit Atomstrahlen und Chemie durchseucht ist – sogar überlebensnotwendig sein. Auch Marx sprach von Zauberei, von Dämonie im Schein der Ware, des Geldes, die etwas anderes verbergen. Die neuen Gifte bringen es an den Tag: Profitinteressen. Was sie also verbergen, wissen wir heute. Doch es scheint ein verbotenes Bewußtsein zu sein. Die Gründe der Apokalypse als Folge des Systems wahrzunehmen, nun ja... Neue Gegenstände sind im Feld der bestehenden Theorie notwendig *«unsichtbar... weil sie als Gegenstände in ihr untersagt sind...»* Oder in der Wissenschaft: *«Das Nicht-Gewußte ist genau das, was sie an Brüchigem in sich trägt, und zwar unter dem Anschein des am meisten Evidenten: im Schweigen, im Zusammenhang ihres Diskurses (aber erscheinen) gewisse... Abwesenheiten, blinde Flecken im strengen Zusammenhang ihrer Argumentation, kurz alles, was einem aufmerksamem Hinhören ‹hohl klingt›.»* Ideologie also in der Wissenschaft. Auf niederer Ebene aber, im Familienleben: ein persönliches Verdrängungsinstrument, denn familiäre «Ideologie» hat Althusser tatsächlich zugrunde gerichtet.

5

Es ist erstaunlich, daß sein Fall am besten mit der von ihm entworfenen Theorie des Unbewußten erklärt werden kann. Er hat versucht, die wirklichen Tiefenkräfte der Geschichte zu analysieren, Tiefenkräfte, die nicht die ökonomischen, wie bei Marx, sind, sondern die Verdrängungen, das mehr oder weniger kranke («verdinglichte») Unbewußte, das die Menschen zu handeln zwingt.

Alles im Gesellschaftlichen oder Persönlichen sei also vom «Imaginären», vom Unbewußten und von der Emotion bedingt, von Wünschen und Träumen, Gefühlen und Ressentiments... Das hat mit Marx nichts mehr zu tun, sondern mit Spinoza und Freud. Jean-Paul Sartres Ansicht aus «Marxismus und Existentialismus» trifft ganz besonders auf Althusser zu: «... der Schmerz, das Bedürfnis, die Leidenschaft, die menschliche Mühsal sind nackte, durch Erkenntnis weder überschreitbare noch abwandelbare Realitäten... Denn die Ideen ändern die Menschen nicht...»

Der zweite, wichtigere Ausgangspunkt Althussers war erlebt *und* durchdacht: war das Rätsel der Berührung von Mater materia. Am Anfang waren für seine Theorie Husserl, Sartre und Merleau-Ponty gewesen. Und da setzt jener Dreh ein, jene Dialektik, die ihn überhaupt zum Marxismus gebracht hat: Der Körper und die Theorie bestätigen sich gegenseitig und heben sich auf in der *Tat*.

Dieses war freilich auch ein subtiler Aufstand gegen das Unbewußte der körperlichen Berührungs-Verbote der Mutter; Verbote von zu Hause: Distanz, Sehen – ohne den Körper, die Hände gar einzumischen, die schmutzigen Hände. Und so habe er, Althusser, begonnen, mit seinem *jungen Körper zu denken*, er sei ein Mensch der Praxis, des Körpervergnügens geworden, das Gegenteil also von Thomas von Aquino etwa, dem alles Auge war. Die Berührung mit den Händen, sogar dies habe ihm dann nicht mehr ausgereicht, um an die Wirklichkeit zu glauben, da zu sein, zu existieren, dazu gehörte mehr, nämlich etwas umzuformen, zu bearbeiten, beginnend mit Basteltätigkeiten als Junge bis zu ernsthafter Arbeit; ihm habe geistige Arbeit nicht ausgereicht, sondern jene Berührung der nackten, der kruden Realität habe er angestrebt wider jede spekulative Illusion, diese Lust habe ihn zu Marx gebracht, und er könne diesen Horror seiner intellektuellen Freunde nicht begreifen, die körperliches Tun als Zwang, Verblödung und Zeitverlust ansähen. Und so habe er dann den Begriff der *praktischen Theorie* oder *theoretischen Praxis* gefunden. Dieses Unmittelbare, Konkrete, Sinnliche wird endlich erreicht durch paradoxen Umweg: soziale Tat, Arbeit, Durchbruch («Revolution») – kaum durch Blicke oder nur Berührung des einzelnen Dinges. In seinem Hauptwerk, *Für Marx*, suggeriert Althusser, daß die (wissenschaftliche oder revolutionäre) Praxis niemals nur auf das Selbstbewußtsein zurückgeführt werden könne. Die Philosophie als Praxis-Theorie habe in erster Reihe die Aufgabe, grundsätzlich die Illusionen des Bewußtseins in allen ihren Formen aufzudecken. Erstaunt habe ihn Spinozas berühmte Formel, daß der Begriff des Hundes nicht bellen könne, der wirkliche Hund sich dem Wort und dem Begriff «Hund» entziehe. Spinozas Ansicht vom Körper, der von «mens», einer Art Potenz und Geschenk, bewohnt ist: «*Als Kraftbündel in sich, bewegt, wie meine eigenen Glücksgefühle auf dem Land und bei der Feldarbeit – ein Körper, der denken kann*...» Er habe ein Glücksgefühl empfunden, wenn sein Körper sich frei bewegen konnte. Und da sei es der Großvater gewesen in seinem Forsthaus im Bois de Boulogne, wo es von Unsichtbarem, aber sehr Nahem gewimmelt habe, Gerüche der Pferde, Ställe, das Kauen... alles hörend, sehend, schmeckend, Geruch der Erde; er wollte die Erzählung dessen, was *wirklich* geschieht. Indem man etwas praktisch verändert, aktiv mitwirkt an dem, was geschieht, verändert man sich selbst. Die schöne alte Utopie einer Selbstveränderung durch Tat in reflektierter Praxis: Erstaunlich, wie nah dieses von Hegel übernommene Zentrum des geschmähten marxistischen Denkens dem Grund gegenwärtigen Wissens kommt. Carl Friedrich von Weizsäcker definiert den Kern heutiger Erkenntnismöglichkeit so: «Das umfassendste mathematische Schema eines Naturgesetzes ist das einer Differentialgleichung nach der Zeit. Eine derartige Gleichung gibt an, wie bei gegebenen Umweltbedingungen der Zustand eines Objekts seine eigene Änderung determiniert.»

Doch keine Theorie half Althusser, auch nicht die «Theorie der Praxis»; als geschah, was ihm wirklich geschah, da half kein Marx, kein Sartre, keine Physik, der Durchbruch zum Wahnsinn und zur Mordtat an seiner Frau Hélène geschah, als das Denkgerüst, seine Maske, die ihn eine Zeitlang geschützt hatte, zerbrach. Althusser hat die «Krise» des Marxismus aus diesem selbsterlittenen Zwiespalt zwischen Ideologie als Krankheit des Kopfes und Ideologie als Krankheit der Seele vorausgesehen und erkannt – daß Gifte des Unbewußten Geschichte und auch seine Geschichte gemacht hatten. Denn *sie tun es und sie wissen es nicht.*

Ulrich Holbein

Seelenbaum, Volkskörper, Nervenanhang

Aus meinem Briefwechsel mit Wolfgang Treher über die Wahnsysteme Steiners und Hitlers

Drei Vorsprüche von Rudolf Steiner

Wenn wir Menschen einem Esel gegenüberstehen, da bekommt unser Ätherleib die Tendenz, die Formen des Esels anzunehmen. (Oktober 1920)

Der Kopf bleibt eigentlich sein ganzes Leben lang im Grunde ein Kindskopf. (1921)

Heute sträuben sich viele, infolge der Verwachsung des Ätherkopfes mit dem physischen Kopfe, gegen das Entgegennehmen spiritueller Wahrheiten.

Zwar ist Steiner sprachlich nicht so gut wie richtige Schriftsteller, doch geht dies auch fast allen anderen Schriftstellern so. Steiner hingegen hat etwas, was sonst keiner hat. Daß die Leber, wenn sie sehen könnte, die Därme brennen sähe, oder daß ungerechte Gesetze Abschnürungen im Ätherleib hinterlassen würden, daß der Affe vom Menschen abstamme, Juden öfter an Diabetes erkrankten als andere Völker, daß ohne Einsamkeitsgefühl beim Ausatmen kein Gedächtnis zustande komme, daß Störungen des Astralleibes zu Hysterie führen würden, Störungen des Ätherleibes zu Paranoia, Störungen des physischen Leibes zu Idiotie und Dementia – gegen Steiners Lehren gehalten bleiben die Manifeste und Formulierungen sämtlicher Surrealisten irgendwie unglaubwürdig, jedenfalls zutiefst unausgeflippt. Salvador Dalí glaubt nicht an seine Camembert-Uhren, sondern malt sie nur. Steiner aber nimmt das Bündel seiner störbaren Wesensglieder, also physischen Leib, Ätherleib und Astralleib, restlos wortwörtlich.

Zur Zeit gebe ich mich der Erforschung von Rudolf-Steiner-Gegnern hin, um meine Liebe zu Ätherköpfen aller Art zu steigern. Steiner – von Ernst Bloch lunatischer Journalist gescholten – steigt aus allen Attacken und Gnadenstößen immun lumineszierend hervor und beschwört fürderhin als blaßgesichtiger Ururenkel Goethes den naiv – nämlich unmetaphorisch

– übernommenen Erdgeist. *Hermann Hesse meinte, für einen Heiligen reise Steiner zuviel; andererseits sind auch Buddha und Laotse viel herumgekommen. Max Dessoir wies Steiner mangelnde Sprachkenntnisse nach, Steiner schreibe falschen Plural: Cherubime statt Cherubim; Vorsicht: Auch Goethe schrieb Sphinxe statt Sphingen. Als Maurice Maeterlinck Steiner vorwarf, er würde ein Buch logisch anfangen, im Lauf desselben aber wahnsinnig werden, konterte Steiner, angesichts der Fülle seiner Bücher könne er logischerweise nicht abwechselnd logisch und wahnsinnig sein. Gurdijeff verglich die Anthroposophie einer Suppe, über die ein Huhn nur hinweggeflogen sei und die sich trotzdem Hühnersuppe nenne – was die gegenwärtig boomende Übersetzung Steiners ins Russische nicht aufhält. Kaum stieß ich im «Eppendorfer» vom 16. 3. 92 auf den Artikel: «Schizophrenie – Diagnose für Hitler & Steiner? Wenig Interesse an Wolfgang Trehers Aussagen – totgeschwiegen vom ersten Augenblick», erwachte in mir ein Rieseninteresse an den Aussagen dieses Outsider-Neurologen, Jahrgang 1919, der – in der seit Lange-Eichbaum fest installierten aufklärerischen Tradition stehend, große Köpfe als krank zu entlarven – eine «Zellularpathologie der Seele» geschrieben hat sowie Pathographien über berühmte Geister, über Rousseau, über Hegel, über Ernst Jünger (soeben erschienen), vor allem aber das großangelegte Werk: «Hitler, Steiner, Schreber», Untertitel: «Gäste aus einer anderen Welt», 384 S., mit Bildteil, 2. Aufl. 1990, 66,– DM, erschienen dies alles im Oknos Verlag, Brandelweg 14, D-79312 Emmendingen-Maleck. Hier werden diese bisher nicht äußerst zusammengehörigen drei Köpfe synoptisch umfassend dargestellt, familiär angereichert mit Fallbeispielen aus der lebenslangen psychiatrischen Praxis des Autors, der im «Eppendorfer» auch abgebildet wurde, als äußerst rüstiger Senior mit Bommelmütze. Unverzüglich erbettelte ich sein Hauptwerk.*

19. 8. 1993

Sehr geehrter Herr Dr. Treher,
soeben an einem Lang-Essay über Wahnsysteme brütend, möchte ich Sie gleich einmal bitten, mir Ihr Steiner / Schreber-Buch zu übersenden sowie das über Hegel, sofern noch nicht vergriffen. Ich möchte das nicht herkömmlich rezensieren, sondern das gesamte Themenfeld ventilieren und hierbei Ihre Bücher, je nachdem was drinsteht, ausführlich erwähnen. Da mein Text (etwa 15 Seiten) im FAZ-Magazin erscheinen soll, wird breite Öffentlichkeit auf Ihre vernachlässigten Thesen aufmerksam werden. Die Redaktion ist dort sehr freimütig und ohne Angst vor anthroposophischer Ge-

genwehr. Überdies möchte ich darstellen, daß nicht nur ein offizielles Wahnsystem wie das von Schreber und ein offensichtliches Wahnsystem wie das von Steiner genauso minuziös ausziseliert werden und ähnlich funktionieren, sondern daß auch ganz andere, unverdächtige philosophische Systeme und Weltbilder zum Wahn tendieren, nicht nur das verquere System Heideggers.
In der Hoffnung, daß dieser Brief Sie findet,
bin ich mit freundlichen Grüßen
Ulrich Holbein

29. August 1993

Sehr geehrter Herr Holbein,
soeben vom Urlaub zurückgekehrt, finde ich Ihren Brief vom 18. August vor. Vielen Dank. Normalerweise versende ich wegen schlechter Erfahrungen keine Bücher ohne Rechnung. Es gibt passionierte Bücherjäger, die den kostenlosen Erwerb von Neuerscheinungen als «Hobby» betreiben. Gerade der Selbstverleger begegnet immer wieder Menschen, die ihm ungeniert die fieseste Seite ihres Charakters enthüllen. – Bei Ihnen liegt der Fall anders. Ich wünsche Ihnen viel Vergnügen bei der Lektüre von HB und HSS. Ich empfehle, die Lektüre von HSS ab Seite 269 mit dem «Vortrag» zu beginnen, sich mit dem «Atlas» zu amüsieren und sich erst dann dem Text von 1966 zuzuwenden, der alles subtil untermauert.

Alle meine Texte entstanden aus dem Bestreben, das Schizophrenieproblem den Klauen der Mediziner zu entreißen und es zum Grundstein einer allgemeinen Pathologischen Anthropologie zu machen. Diese ist rein linguistisch zu bewältigen, was heißt, daß sie von jedermann zu verstehen ist, der kein Legastheniker ist. Man muß dazu kein Mediziner sein. Mit der Psychoanalyse geht das übrigens nicht, die als via falsa geradezu darauf angelegt ist, den Zugang zu meinen Entdeckungen (!) zu versperren.

Ihren Optimismus, die FAZ betreffend, teile ich nicht. Meine Arbeiten werden nämlich keineswegs «vernachlässigt»; vielmehr wird seitens der FAZ und des «Spiegels» argusäugig darüber gewacht, daß nichts davon in die öffentliche Meinung eindringt. Seit vielen Jahren weiß man über mich in den Redaktionen sehr genau Bescheid. Ich nehme an, daß ich im FAZ-Computer gespeichert bin; fällt mein Name, leuchtet ein Sperrzeichen auf.

Was die «sehr unverdächtigen philosophischen Systeme» anbe-

trifft, so sind zumindest einige nicht nur verdächtig, sondern «offensichtlich», nur eben nicht (ich nehme Ihre spaßige Differenzierung auf) «offiziell» verrückt. Schopenhauer hat Hegel zu Recht für verrückt erklärt und prophezeit, man werde dem Hegel-Zeitalter noch einmal die Schandglocke läuten. Daß eben dies nicht eintrete, ist das ängstliche Bestreben all der Leute, die meine Sachen in den Giftschrank stecken. Mein Jünger-Buch erscheint im Oktober. Titel: Transzendenz und Katastrophe. Ernst Jünger im Spiegel der Hegelschen Philosophie. Eine psychopathologische Studie. – Von hohen Juristen wurde ich gewarnt; ich müßte mit Strafverfolgung und hohem Schmerzensgeld rechnen.
Mit freundlichen Grüßen bin ich
Ihr Wolfgang Treher

3.9.1993

Sehr geehrter Herr Dr. Treher,
Hegel & Hitler kamen unbeschadet hier an – vielen Dank! Ich habe bereits viel drin gelesen und finde die Parallele Steiner/Hitler sehr einleuchtend durchgeführt. Kein Detail erscheint mir an Haaren herbeigezogen, wie dies ja oft bei wild entschlossen durchgezogenen Thesen geschieht, wobei dann gern die Gegenbeispiele ausgeklammert werden. – Was mich bei Steiner noch rein psychiatrisch interessiert, wäre die Frage, ob sein Leben so hätte weitergehen können, wenn er zwanzig Jahre länger gelebt hätte. Widerspricht Ihrer Darstellung in puncto Selbstausbrennung der Seele nicht der Umstand, daß Steiner m. W. bis zum Schluß keinen Leidensdruck fühlte, sondern doch vermutlich mit überirdischster Wollust in seinen Welten aufging, wobei ich mich noch zusätzlich frage, ob visionäre Fähigkeiten nicht nur in seltenen Erleuchtungsminuten den Einblick in die Akasha-Chronik erlauben, sondern quasi rund um die Uhr, also womöglich auch während der endlosen Eisenbahnfahrten durch Europa?
Gern hätte ich noch mehr über die Himbe-Mumbe-Wumbe-Welt Ihres Patienten Prell erfahren, was diese Welt sonst noch für Eigenschaften hat, außer der Unverletzlichkeit und wie so ein Name zustande kommt.
Wenn Sie auf S. 40 schreiben, kritische Gegenstimmen würden kaum hörbar, so kenne ich doch etliche contra Steiner, z. B. die Ernst Blochs.
In Sachen Jünger glaube ich nicht, daß Ihnen juristisch da viel

passieren kann. Es müßte Jünger selbst eine Klage erheben, und ich weiß nicht, ob man als Hundertjähriger zu solchem Hickhack noch Lust verspürt.

Doch nun lese ich erst mal weiter in Ihren Büchern, erst den Hitler zu Ende (ich bin erst auf S. 83) und dann den Hegel. Nochmals dankend und freundlich grüßend, verbleibe ich als Ihr Ulrich Holbein

Sehr geehrter Herr Holbein,
Dank für Ihre rasche und wieder sehr reichhaltige Antwort. Sie haben eine erfrischende Art, an die Dinge heranzugehen. Seit Jahrzehnten habe ich eine solche Korrespondenz nicht mehr geführt.

Daß Steiner der Leidensdruck fehlte, ist sicherlich nicht richtig; sehen Sie sich dazu den Bildteil meines Buches an. Aber natürlich wurde er immer kompensiert durch die Halluzinose «rund um die Uhr», wie Sie zutreffend vermuten, und zwar mindestens dreißig Jahre hindurch. Nur darum konnte es ja zu den 350 Büchern und 6000 Vorträgen kommen. «Himbe-Mumbe-Wumbe» ist ein sehr milder Neologismus im Rahmen des schizophrenen Sprachzerfalls.

Ernst Bloch ist ein unkritischer Hansdampf, den ich nie ernst nehmen konnte; auch ist er ja selbst dem kranken Hegel aufgesessen. Strenggenommen vertragen sich Logik und Wahn tatsächlich nicht. Die «großen» Schizophrenen verpacken ihren Wahn aber in eine so kolossale Rabulistik, daß es dem Laien ganz unmöglich ist, die Denkfehler auf den Angelhaken zu bekommen: eben das ist der Fall Hegels, Rousseaus usw. Mein Ernst-Jünger-Buch bringt dazu viel Illustratives. Um noch einmal auf Steiner zu kommen: natürlich hat er die Gesellschaft polarisiert, wie jeder Prophet; darum gab es von Anfang an auch Gegenstimmen. Am Ende aber hat er gesiegt, auf der ganzen Linie. Ändern kann sich das nur durch Wissenschaft, nicht durch Literatur.

Ich bin darauf gespannt, wohin sich unsere Korrespondenz entwickelt. Ich freue mich jedenfalls darüber sehr.
Mit herzlichen Grüßen bin ich Ihr
Wolfgang Treher

15.9.1993

Sehr geehrter Herr Dr. Treher,

immerhin gelangt man als Steiner, der mir halt näher liegt als Hitler, zwischendurch zu Sichtweisen, an die ein kerngesundes Prachtexemplar eben nimmermehr herankommt. Dadurch, daß der Urheber eines Weltbilds oder Wahnsystems krank genannt wird, sinkt für mich der theoretische oder ästhetische Anregungswert der jeweils gelehrten oder dargestellten Inhalte überhaupt nicht.

Ich entnahm Ihrem Brief, daß Sie eine Änderung des großen Einflusses Steiners anstreben, eben dadurch, daß Sie ihn als empirisches Individuum anrüchig machen. Das ist für mich aber just das Verwunderliche und schier Faszinierende, wie zahlreiche Köpfe, die doch weitgehend klinisch völlig gesund sind, auf ein abstruses System derart serienweise hereinfallen, daß lauter begrüßenswerte Sachen entstehen, Betonung des Musischen, ökologisches Bewußtsein usw.

Die sehr tendenziös ausgewählten Steinerfotos sprechen zwar Bände, dennoch kann ich den schriftlichen Dokumenten keinen Hinweis auf krankheitstypischen Leidensdruck entnehmen, sondern nur Klagen über Erschöpfung durch das Reisen und Überarbeitung. Auch läßt das stete Gleichmaß der Vorträge und die Einheitlichkeit der Inhalte durch die Jahre vermuten, daß da gar nichts schubweise verlief. Müssen sich die Zustände eines Schizophrenen nicht ab und zu verdünnen, so daß er durchaus zwischendurch merkt, hier stimmt was nicht und vielleicht projiziere ich diese und jene Aura bloß ums Objekt herum?

Mit herzlichen Grüßen bis in Kürze
Ihr Ulrich Holbein

18. September 1993

Sehr geehrter Herr Holbein,

Ihr Brief vom 15.9. ist wieder sehr bemerkenswert. – Natürlich kann man aus den Erlebnissen von Kranken für Kunst und Literatur Honig saugen; jahrtausendelang ist das in allen Kulturen geschehen. Der Preis dafür, die begleitenden furchtbaren Selbstvernichtungsprozesse, wurde nicht gesehen. Die Zeiten beseligender Wahn-Kunst sind vorbei. Der Mann, der das große Loch in den Teppich des schönen Scheins gemacht hat, ist Adolf Hitler. Auch er hat zunächst ungeheuer befruchtend gewirkt und hochbegabte

Künstler an sich gezogen: Albert Speer, Fritz Todt, Arno Breker. An dem Erfolg der ungeheuren Massenspektakel mit Lichtdom und Fahnen-Draperien waren gerade die Künstler beteiligt; denken Sie auch an die Film-Apotheosen der Leni Riefenstahl. Das alles war naiv, kein Betrug; Speer glaubte wirklich an seinen Führer. Als er mich 1972 besuchte, bedrängte er mich mit der Frage, wie sich denn dieses hypnotische Phänomen erkläre. Ich wußte damals die Antwort noch nicht, die im Begriff der seelischen Endosymbiose liegt. Näheres erfahren Sie aus meinem Buch.

Daß Millionen auf Hitler hereinfielen, ist kein Argument für Hitler, wie es kein Argument für Steiner ist, daß es in aller Welt einige Millionen Anthroposophen gibt. Der Pferdefuß aller schizophrenen Propheten (nicht schizophrene gibt es offenbar überhaupt nicht) ist das Auschwitzsyndrom, das sich bei allen auffinden läßt, auch bei Steiner: Anthroposophie ist Pflicht! Wer das nicht begreift, ist «böse» und muß «als Leichnam abfallen».

Steiner postuliert, die «Erde» müsse zerstört werden (putzige «Ökologie» oder?), aber selbst diese Aussage wurde noch zu seinen Gunsten ausgelegt, so von Peter von Siemens, Verkäufer von Atomkraftwerken: Wenn nach dem «Weltenplan Rudolf Steiners» die Erde sich ohnehin in wenigen tausend Jahren «astralisiert» haben werde, mache es nichts, wenn man «in vorsichtiger Form» schon heute von Steiners «Dritter Kraft» Gebrauch mache!

Was Sie, lieber Herr Holbein, als Laie nicht ahnen können, ist, daß Steiner, wenn er von der «Erde» spricht, sie gar nicht meint, sondern «Erde» als Chiffre für den längst im Gange befindlichen eigenen Seelenzerfall benutzt, aus welchem er sein «Geist»-Bewußtsein bezieht. Er genießt diesen Prozeß; daher sein Satz, die Erde müsse zerstört werden, damit sich «das Geistige an der Erde hinüberwirken könne zum Jupiter». Sehen Sie, da wird dann die Ökologie stattfinden, auf dem Jupiter!

Die Seele frißt sich selbst auf, was ich seit dreißig Jahren in HSS auf Seite 104 dargelegt habe. In seltenen Fällen kommt die Krankheit, wie bei körperlichen Krebsen manchmal auch, zum Stillstand. Von diesem Glücksfall haben Hegel und Jünger profitiert; sie machten aus ihren kranken Erlebniswunden eine «Philosophie». Bei Steiner und Hitler kam sie nicht zum Stillstand, übrigens auch bei Rousseau nicht.

Der Seelenkrebs ist ein absolut grauenhaftes Phänomen. Als Katalysator sozialer Massen-«Bewegungen» kann er zu Weltkatastrophen führen. Glauben Sie etwa, Mohammed sei gesund gewesen???

Ich füge einige Belege bei; leider ist mir die Fotokopie vom «Leichnam», der abfallen müsse, gerade ausgegangen.

Geradezu gemeingefährlich ist das Ergebnis von Steiners Supervision an einer Waldorfschule, wo er ein kleines Schulmädchen für einen ichlosen Dämon erklärt. Tatsächlich wurde an dem einen oder anderen Erziehungsheim eine «Dämonenaustreibung» versucht, indem man das Kind schwach bekleidet in den Regen hinausstellte (ich besitze den Brief einer ehemaligen Erzieherin darüber).

Sie schreiben, Sie interessierten sich weniger für Hitler, mehr für Steiner. Man kann jedoch die einzelnen «Fälle» nicht isoliert betrachten. Was innerseelisch vor sich geht, ist bei allen das gleiche: Autoaggression, Seelenverbrennung, die sich so lange fortsetzt, bis nichts mehr übrigbleibt, der «Geist» ausgenommen, der sich in Himmelshöhen «emaniert». Die Trümmerwüsten der ausgebombten deutschen Städte entsprechen sehr genau Hitlers innerseelischer Szenerie, wie er sie selbst 1925 auf Seite 69 seines Buches visionär vorausgeschaut hatte.

Zuletzt meine dringende Empfehlung: Lesen Sie HSS ganz!
Mit den herzlichsten Grüßen
bin ich Ihr
Wolfgang Treher

27. 9. 1993

Vorspruch:
«Wahnvorstellungen sind wie die Narbe zu der Wunde im Astralleib.» Steiner ca. 1904

Sehr geehrter Herr Dr. Treher,
das sind wirklich hanebüchene, stark mittelalterliche Dokumente, die Sie da beilegten. Ähnliches fand ich im Sonderheft Nr. 8 der Flensburger Hefte, das ich antiquarisch erwarb: «Anthroposophen in der Zeit des deutschen Faschismus. Zur Verschwörungsthese», 1991, wo Steiner über den schädlichen Einfluß spricht, sobald Schwangere eines Negers ansichtig werden. –

Sodann besorgte ich mir die Anthroposophen-SPIEGEL-Serie von 84, um Ihrem Hinweis auf Peter von Siemens genauer nachzugehen. Dieser verstrickt sich in seiner Argumentation in Paradoxen: Falls er wirklich mit seinem Kernkraft-Lebenswerk die Astralisierung der Erde vorverlegen will, wozu hält er dann die aus astralischer Sicht eher unnötigen Sicherheitsvorschriften garantiert hochpenibel ein? Theoretisch wäre also ein zukünftiger Staatsmann denkbar, der diesen militanten Aspekt von Steiners Lehre ungut weiterdenkt und ausbaut und dann sogar Machtmittel mobilisiert, um mittels Kernkraft usw. die sowieso bevorstehende Astralisierung handfest voranzutreiben. Mir schwebt da als Horrorvision etwa ab dem Jahr 2010 ein chinesischer Saddam vor, also nicht mehr jemand, der wie Dschingis-Khan immer bloß die andern ausrottet, statt sich selbst, oder der wie Hitler die Zerstörung des eigenen Volkskörpers dem Feind überläßt, sondern der nach einer längeren Anlaufphase beides, Freund wie Feind, gleichermaßen niedermacht – das wären doch weitgehend unerprobte Perspektiven!?

Herzlich grüßend Ihr Ulrich Holbein

P. S. Auf meiner Reise nach Weimar und Pirmasens wurde mir von einem Waldorffest berichtet, wo die Erzieher als Engel verkleidet auf Rollschuhen die Violine strichen, während die spastischen Erziehungsbedürftigen als Rollstuhl-Tiere verkleidet wurden.

1. Oktober 1993

Sehr geehrter Herr Holbein,

Ihre Briefe sind für mich so lehrreich, weil sie zeigen, wie ein offenbar hochbegabter Leser noch nach der Lektüre meiner Bücher von Steiners «Lehre» affiziert bleibt, wenn auch unter allmählichem Anwachsen der kritischen Distanz. Wenn Sie Ihrem Brief Steiners jenes Statement als Vorspruch voranstellen, dann glauben Sie doch offenbar an Astralleib, Wunde und Narbe???

Vergessen Sie nie: Es gibt keine «Lehre» Steiners, solange kein Geistesgesunder in seine Worthülsen hineinkriecht. Es gibt nicht Steiners «Erde», nicht Steiners «Jupiter», und es gibt keinen «ätherischen Christus, der in die Erdenentwicklung eingreift». Es gibt auch nicht Hitlers «Juden». In meinem hoffentlich noch in diesem Monat erscheinenden Jünger-Buch zeige ich, daß Jünger den «Bürger» mit dem Maschinengewehr vernichten will. Aber es gibt diesen Bürger gar nicht. Hitlers «Jude» und Jüngers «Bürger» haben mit den Juden und den Bürgern nichts, aber auch nicht das allergeringste zu tun.

Der von einer schizophrenen Störung Betroffene lebt in einer nach außen vollkommen dichten Kapsel. Die Katastrophe ist da, wenn Gesunde von außen in die Kapsel hineinkriechen. Die Kontaktstörung verschwindet dadurch nicht; sie macht aus dem nun entstandenen Kollektiv einen Fremdkörper mit Vernichtungspotenz. Die Davidianer von Texas erschießen Polizisten und verbrennen sich selbst wie schon 1978 die 900 Jim-Jones-Anhänger von Jones-Town in Guayana, die sich zwar nicht verbrannten, aber Cyankali soffen.

Das gleichzeitige Niedermachen von Freund und Feind ist nicht, wie Sie meinen, eine noch unerprobte Perspektive, sondern Realität seit je überall dort, wo seelische Hinfälligkeit Gesunder das Eindringen der Selbstvernichtungspotenz von Kranken in die Realität ermöglichte.

Auf das, was Sie in Ihrem Essay aus meinen Sachen machen werden, bin ich natürlich sehr gespannt.

Mit herzlichen Grüßen Ihr W. Treher

18. 10. 1993

Sehr geehrter Herr Dr. Treher,
keine Bange, an den Astralleib glaube ich nicht, jedenfalls nicht mehr als an Vitzliputzli und Sanctus spiritus, und weiß jederzeit sehr wohl, daß für die Psychologie Glauben und Aberglauben sonderbar identisch aussehen. Dennoch finde ich Wohlgefallen an dem blanken Wort Astralleib und fände die Welt einigermaßen arm und desolat, wenn niemand mehr mit glänzenden Augen sich nach höheren Sphären sehnte und wenn alle Leute – kraft psychischer Urgesundheit – Empiristen, Positivisten, Marxisten und Atheisten wären, also Geisteshaltungen frönten, die auf weniger schizophrener Disposition basieren als Idealismus, Spiritualismus, Theosophie und sonstige -sophie. Immerhin bin ich ein ästhetisches Individuum und möchte frei mit Astralleibern und ähnlichen Halbheiten und Paradoxa verkehren dürfen, ohne deshalb gleich faktisch dran zu glauben.

Haben Sie übrigens Interesse, daß Ihr Buch als Taschenbuch erscheint? Vielleicht könnte ich da etwas vermitteln.

Sehr geehrter Herr Holbein,
Ihre Taschenbuch-Idee halte ich für unrealistisch. Taschenbuch ist
Massenbuch. Die Masse, die HSS lesen würde, gibt es aber gar
nicht; ich halte es für völlig sicher, daß das jeder Verleger a priori
weiß. Ich zweifle sogar daran, daß Sie HSS zur Gänze gelesen und
durchdacht haben. Ihr begrenztes Interesse an dem Buch nehme ich
Ihnen auch gar nicht übel; Ihre weitgespannten Phantasieräume
und in mannigfaltige Richtungen ausstrahlenden Intentionsbögen
bilden ein Spektrum, innerhalb dessen meine Sachen fast nur eine
Spektrallinie sind.

Sie gehen, so will mir scheinen, von der Voraussetzung aus, daß
HSS weithin unbekannt geblieben sei. Das ist ein Wunschtraum der
Medienzaren, die eine Verbreitung des Buches nicht wünschen. Sie
möchten es gern totgeschwiegen wissen, aber es ist nicht tot. Dazu
ist es viel zu interessant. Seit 27 Jahren diffundiert es subkutan, tröp-
felnd, aber unaufhaltsam, nach dem Schneeballprinzip, in eine Le-
serschaft, deren Größe mir unbekannt ist, die aber existiert.

Nun möchte ich Sie noch vertraut machen mit meinem Auto-
renhochmut, den ich mit Goethe teile. Ich bin nämlich der Meinung, daß HSS wie meine anderen Bücher in hundert Jahren noch
genau so unverwelkt sein wird wie heute; es ist wegen der darin
enthaltenen Entdeckungen so unüberholbar wie, sagen wir mal,
die Relativitätstheorie. Man kann sie überprüfen, nicht überholen.
Um Ihnen das Nachschlagen zu ersparen, zitiere ich aus «Dichtung
und Wahrheit», 13. Buch:

«Sie leben nämlich in dem Wahn, man werde, indem man etwas
leistet, ihr Schuldner, und bleibe jederzeit noch weit zurück hinter
dem, was sie eigentlich wollten und wünschten, ob sie gleich kurz
vorher, ehe sie unsere Arbeit gesehen, noch gar keinen Begriff hatten, daß so etwas vorhanden oder nur möglich sein könnte.»

Mit meinen Worten: Wenn diese Idioten sich nicht um mein
Buch reißen, sind sie selbst schuld; mich geht das nichts an.
Mit herzlichen Grüßen
Ihr Wolfgang Treher

P. S. Glücklicherweise war Steiner, im Unterschied zu seinem
Landsmann Hitler, zu krank für die Ins-Werk-Setzung der ihm
vorschwebenden Erdzerstörung und Jupitervergeistigung. Nicht
ganz ausgeschlossen ist es freilich, daß irgendwann ein glaubens-
fester Anthroposoph nachholt, was Steiner wollte, aber nicht

schaffte. Als Arzt kann ich nur davor warnen, aus dem schizophrenen Seelenfeuer ein ignis sacer zu machen und sich an Astralleibern zu erfreuen, weil sie so blank sind. Das Ende vom Liede ist dann das «Loch in der Ewigkeit», das ein Patient aus Leo Navratils schizophrener Künstlerkolonie malte.

26. 10. 1993

Sehr geehrter Herr Dr. Treher,
ich glaube nicht, daß für HSS als TB (nicht Tuberkulose, sondern Taschenbuch!) keine Leser da sind. Ein paar Tausend finden sich für jegliches Thema.

Hinsichtlich Ihrer Selbsteinschätzung des Ewigkeitswertes Ihrer Bücher müßte ich allerdings – falls ich Psychiater wäre – einen leichten Hang zum Größenwahn (Einstein-Syndrom) bei Ihnen diagnostizieren, genauso wie übrigens bei mir selbst, subjektiv höchst angenehm, und in Konkordanz hiermit einen paranoiden Beziehungswahn – ich bitte um Vergebung! – hinsichtlich Ihrer Ansicht, jeder (!) an den entscheidenden Stellen kennt Sie, weiß um Ihre Thesen und schweigt Sie höchst aktiv tot. Spaß beiseite: In den Redaktionen hocken inzwischen ganz neue Jahrgänge, alle so etwa Jahrgang 60, da weht ein salopper Wind, und von all diesen, die jetzt bereits alles entscheiden, kennt Sie garantiert so gut wie überhaupt keiner.

Die heutige Plünderung des Planeten, die verödeten Flächen, Brachland, Parkplätze müßte als die trostlose Landschaft einer schizophren ausgebrannten Seele erscheinen, also als Resultat einer Menschheitsschizophrenie – obwohl doch nur ein geringer Prozentsatz der sechs Milliarden Erdbewohner schizophren sind. Folglich führt auch die normale Tätigkeit halbwegs gesunder Menschheit zu einem globalen Leichnam – es ist also gar keine Lösung, nicht schizophren zu sein. Bestimmte Spaltungs- und Vervielfältigungserlebnisse finden sich in jedem Leben, ohne daß ich gleich krank sein müßte. Zwar wäre es für alle Beteiligten angenehm, wenn Hitler Maler geblieben wäre, doch fände ich es im Falle Steiner arg bedauerlich, wenn er Eisenbahner geworden wäre. Als Künstler und sich Visionen wünschender Mensch betrachte ich gewisse schizophrene Erlebnismöglichkeiten (mystische Ekstase u. ä.) als wahrheitsträchtiger als die stinknormale Erlebnislosigkeit ungefährdeter Durchschnittsverbraucher. Solange das «Loch in der Ewigkeit» – herzlichen Dank für das Bildchen! – im Hörsaal bleibt, finde ich die

entsprechenden Theoreme ungefährlich. Die Stelle von der erdzerstörenden Jupitervergeistigung ist keine Zentralstelle bei Steiner, ich habe sie in zig Büchern nullmal gefunden, während Steiner seine ansonsten völlig ungefährlichen Geistestatsachen, daß z. B. der Astralleib nachts ausfliegt, x-mal wiederholt und umformuliert. Anders gesagt: Wenn Ihr Buch jetzt auf einmal extrem bekannt würde, würden Tausende harmloser Waldorflehrer bloß beim gutwilligen Zupfen ihrer pentatonischen Holzinstrumente irritiert. Die müßten einsehen, einem Geisteskranken aufgesessen zu sein, derweilen Steiner vielleicht nur halb so krank war, wie er in Ihrer Darstellung erscheint. Zeitgenossen Steiners berichteten neulich im TV, wie unglaublich hingegeben Steiner zuhören konnte – paßt das in die Symptomatik, daß bei einem Schizophrenen ausgerechnet sein Zuhörenkönnen gerühmt wird?
Soviel für heute

20. Oktober 1993

Sehr geehrter Herr Holbein,
Sie setzen mich von Mal zu Mal mehr in Erstaunen; fast fürchte ich, daß unser Briefwechsel in einen Schlagabtausch ausartet, den ich sonst vermeide, weil mit «richtigen» Anthroposophen eine Verständigung nicht gelingen kann. In einer sensiblen Phase hat Sie das Steinersche Quasi-Heroin erwischt, und nun sind Sie geprägt wie die Konrad Lorenzschen Graugänse, die auch einer klappernden Holzlokomotive hinterherlaufen. –

Den Waldorflehrern, um sie zu retten, gönnen Sie einen Reigen seliger Geister, und für sich selbst erfinden Sie ein Künstleraquarium mit exotisch bunten, aber blinden Fenstern. In Dreiteufelsnamen, es gibt die Astralleiber, aber nicht draußen, sondern als quasizelluläres Zerfallsprodukt der Steinerschen Seele. – Sie verdrängen, was offen am Tage liegt, lenken ab, schlagen Haken, wobei sich zeigt, daß Sie meine Bücher immer noch nicht gelesen haben. Sonst hätten Sie mitbekommen, daß ich die Parallele Schizophrenie und technisch-zivilisatorische Lebensentgleisung schon vor einem Vierteljahrhundert – da gingen Sie noch zur Schule – gesehen, analysiert und detailliert beschrieben habe (im HB, S. 80 ff). Sie hätten auch längst rezipieren dürfen, daß sich das Skelett von Hitlers Psyche in Steiners Ameisengeisttheorie[1] exakt spiegelt und die unausweichliche Konsequenz einer solchen Struktur die totale

---

1 HSS, Seite 239/240.

Selbstvernichtung ist. – Sie versuchen das Ungleiche gleich zu machen und glattzustreichen und kommen den Gesundbetern bedenklich nahe, wenn sie schizophren und trotzdem gesund sagen. Meine Empfehlung: Sagen Sie am besten überhaupt nicht mehr Schizophrenie (ein unbeholfenes, die Sache nur ganz unzureichend treffendes Wort), sondern nur noch Seelenkrebs, dann sind Sie auf dem richtigen Weg. Mich verblüfft überhaupt die Leichtigkeit, mit der Journalisten dieses Wort über die Lippen geht, das ein Phänomen meint, woran sich die Psychiater seit zwei Jahrhunderten die Zähne ausbeißen.

Immanuel Kant: Aufklärung ist der Ausgang des Menschen aus seiner selbstverschuldeten (!) Unmündigkeit. Leider sind viele Menschen das Gegenteil von Stehaufmännchen: Fallummännchen, die immer wieder in den uralten Status der Unmündigkeit zurückfallen. – Die Anthroposophen glauben, etwas ganz Apartes für sich zu haben, das Weltgeheimnis, wie es bis dahin niemand kannte. Du meine Güte! Es ist doch alles dasselbe, Bhagwan, David Koresh, Christology church und die unzähligen Sekten all der anderen Jesusse, Rudolf Steiner als «ätherischer Christus» inbegriffen. Wir fliegen zum Mond und fahren mit dem Mercedes zur Hexenverbrennung: Fortschritt, der nach den Sternen greift, auf der einen Seite, auf der anderen geistiger Stillstand seit Jahrtausenden. «Stinknormal» ist es sicherlich, Steiners unendliche Ergüsse unendlich langweilig zu finden. Nicht ein Buch, ein Satz genügt, um die Diagnose zu wissen.

Es gibt anthroposophische Psychiatrie-Ordinarien, das läßt tief blicken und ist, gelinde gesagt, ein Skandal, der irgendwann, hoffentlich bald, auffliegt. Der nächste Aufklärungsschritt wird jedenfalls von der Psychiatrie ausgehen. Zwanzig Bände Hegel, achtzehn Bände Jünger, 350 Bücher von Steiner: in diesen Wortozeanen glauben sich die als «Philosophen» verkleideten pathologischen Propheten geborgen. Aber es kommt doch alles heraus, die kahle, dürre, sich ewig wiederholende Struktur eines autoaggressiven Seelenprozesses. Daß sie alle dasselbe sagen, haben ja Hegel und Steiner gewußt: «Die Eingeweihten schildern zu allen Zeiten und an allen Orten im wesentlichen das gleiche» (Akasha-Chronik, Seite 23). So ist es, ich habe dem überhaupt nichts hinzuzufügen.

Mein Ernst-Jünger-Buch erscheint in der nächsten Woche. Ich denke nicht daran, auch nur ein Besprechungsexemplar zu verschenken.

Mit herzlichen Grüßen

Sehr geehrter Herr Dr. Treher,

nein und nochmals nein, ich steh dem Astralleib – samt allen Sylphen, Gnomen und Salamandern – nicht anders gegenüber als Goethe dem katholischen Himmel, bin also kein Steinersympathisant, sondern bloß die Projektionsfläche Ihres auf S. 103 geschilderten ultimativen Denkens seitens Hitler, mit dem Sie das strenge So-oder-So teilen, die Einteilung der Menschheit in psychisch gesunde Aufklärer, Wissenschaftler, Psychologen, Rationalisten, also Träger der wahren Erkenntnis auf der einen Seite und auf der anderen die vom Seelenkrebs bedrohten oder befallenen Dichter, Denker, Künder, Heiligen, Staatenlenker und Himbe-Mumbe-Wumbe-Normalpatienten. In dieses Raster mag ich mich nicht fügen, sondern das muß aufgelockert werden, indem ich Steiner, Schreber und vor allem Hegel (einschließlich Bloch) Ihnen gegenüber verteidige (wenn's sein muß: sogar Jünger), und umgekehrt: indem ich gewisse Gemeinsamkeiten zwischen angeblich Kranken und vermeintlich Gesunden hervorkehre.

Indem Sie das Diagnostizieren als Problemlösung darstellen, also Aufklärung als Heilmittel, bewegen Sie sich sehr diesseits von Horkheimer / Adornos «Dialektik der Aufklärung», die detailliert jeder Aufklärung die Tendenz nachweist, zurückzukippen in Mythos, Barbarei u. ä. – selbst das simple «Lexikon der Weltanschauungen, Sekten und religiösen Sondergruppen» lastet den Aufklärern exakt jene Denkstrukturen an, die sie mit den von ihnen bekämpften Sekten teilen, getreu Ihrem Goethemotto: «Wir sind so klug (= aufgeklärt), und trotzdem spukt's im Tegel.» Da ich ein bisserl von Ihrer Hardliner-Position abweiche, gehöre ich prompt zur Gegenseite. Kaum werde ich Ihre Bücher verschärft kritisieren, werden Sie mich als inkompetente Leiche zurücklassen, abstoßen und einsam höhersteigen. Folglich bin nicht ich der Infizierte, sondern aus dieser Sicht sind Sie der Infizierte, wobei ich mich in dieser Sicht freilich nicht versteifen möchte, sonst wäre auch ich infiziert (bin ich sowieso). In summa: Auch die Aufkärer haben ihre Defekte; der Preis, den Freud und Jung für ihre kühlen Erkenntnisse zahlen mußten, laute Amusie, mangelnde Phantasietätigkeit, abgestorbene Gefühlswelt; nie lasen sie Lyrik; nie durften sie sich den Genuß ozeanischer Gefühle gönnen. Deren Seelenleben stirbt nicht im Lauf eines Lebens imposant ab, sondern es handelt sich von vornherein um derart trockene Seelen, daß da gar nicht viel absterben kann.

Da ich sehr langsam lese, habe ich die Lektüre Ihrer wundersam anregenden Schriften tatsächlich noch nicht völlig beendet, hoffe aber, jetzt schon ein bißchen mitreden zu können. Ihre Parallelisierung von Steiners Seelenbaum, Hitlers Volkskörper und Schrebers Nervenanhang finde ich äußerst stimmig und sinnvoll, doch sind Sie so eingenommen von dieser Wahrheit, daß Sie sie an vielen Stellen wiederholen, wenngleich nicht ganz so oft wie Steiner oder Heidegger ihren amorphen Krempel. Die Tendenz zum Ruminieren, genau wie die Tendenz zum Einteilen bzw. Spalten, halte ich nun aber nicht für seelenkrebsverdächtig, sondern für eine generelle menschliche Grundfunktion. Während ich von Ihnen her gesehen in Gefahr bin, die destruktiven Energien zu unterschätzen und zu verharmlosen, die bei manifester Schizophrenie frei werden, sind Sie von mir her gesehen in Gefahr, kontinuierlich zu überinterpretieren. Ihr Kapitel über Hitlers Stimmen finde ich z. B. nicht restlos überzeugend. Aus diesen relativ wenigen und nicht sehr eindeutigen Indizien ein Stimmenhören herauszuhören oder hineinzulesen, wird insgesamt schwerer fallen, als meinetwegen Goethe von dieser Seite her aufzurollen. In dessen Leben und Werk gibt es ungleich mehr und schlagendere Beispiele dafür, daß Goethe ganz massiv von Stimmen heimgesucht war, wobei man bei der Thesenbildung nicht bloß auf Erdgeist, Mephisto und sonstige Stimmen zur Rechten, Stimmen zur Linken und Stimmen von oben angewiesen bleibt, sondern sehr ertragreich Goethes Sesenheimer Heautoskopieerlebnis hinzuziehen kann, sein lebensentscheidendes Münzwerfen in Dichtung und Wahrheit usw. Auch der alte Goethe in seiner beklemmenden Eisigkeit und Starrheit, mit der er in jüngeren Jahren bereits Schiller schockte, würde das Bild von der ausgefressenen, erloschenen Seele stimmig abrunden. Es ließe sich also ein von Dürrenmatt erfundener Psychiater denken, der dem Wahn verfiele, 98 wie Jünger zu werden und ausnahmslos jedem Geisteshelden – außer vielleicht Grass, Kohl und ähnlichen Normalverbrauchern – Seelenkrebs nachzuweisen, pro Fallstudie ein Buch.

Das wären jederzeit auch für mich dankbare Projekte. Ich hab just eine Esoterik-Messe in Saarbrücken besucht und unglaubliche Beobachtungen mitgebracht, sodann Porträts von Gaddafi, Pol Pot, Kim Il Sung, Fidel Castro gelesen und bin entsetzt, wie schwächlich und unwirksam überall das Licht der Aufklärung zu glimmen vermag, so daß ich angesichts all dieser wahnhaften Greuel umstandslos bereit bin, mich theoretisch sofort wieder –

nahezu restlos – auf Ihre Seite zu schlagen, als Ihr für heute herzlich grüßender

P. S. Sie weisen mich in Ihrem Buch auf HB S. 80 hin, wo ich gern nachschlüge, kann mir aber HB nicht aufschlüsseln. Keiner Ihrer Titel scheint sich mir mit HB abkürzen zu lassen, oder?

12. November 1993

Sehr geehrter Herr Holbein,
ich bedanke mich für den possierlichen Brief vom 10. November. – Ich bin gar kein «Hardliner», die Natur ist es; Auschwitz ist «hard» genug.

Was machen Sie eigentlich mit meinen Briefen? Schmeißen Sie sie gleich weg oder haben Sie so ein kurzes Gedächtnis? Ich schickte Ihnen als Antwort auf Ihren ersten Brief HSS und HB (Hegelbuch) und habe in diesem Brief schon die Abkürzung HB benutzt, an die Sie sich jetzt nicht mehr erinnern.

Zu den Wiederholungen: Es scheint Ihnen nicht bewußt zu sein, daß Sie im letzten Brief vom 10. 11. nur etwas ausführlicher wiederholen, was Sie schon im ersten Brief schrieben.

Daß Sie «kein Steiner-Sympathisant» seien, glaube ich Ihnen nicht; Sie verteidigen ja Steiner mit Zähnen und Klauen, und außerdem: Wie wären Sie, ohne infiziert zu sein, zu dem närrischen «Vorspruch» im Brief vom 27. September gekommen (Wahn-Narbe am Astralleib usw.)!

In Ihrem letzten Brief geht alles wie Kraut und Rüben durcheinander. Ich stehe nicht an, auch Adorno-Horkheimers «Dialektik» dem Kraut-und-Rüben-Denken zuzuordnen; mit der Hegelschen und sokratischen Dialektik verhält es sich freilich anders, die ist schizophren und damit aufklärbar.

Das Kapitel über Hitlers «Stimmen» gehört ja noch zum Vorspann; hätte ich es für stringent erachtet, hätte ich das Buch ja damit abschließen können. Stringent ist aber, was danach kommt. Ich löse eine ohne Rest aufgehende Rechenaufgabe, was übrigens nur bei Kranken, niemals bei Gesunden möglich ist. Hitler kann man erforschen, Mozart nicht.

8. 12. 1993

Sehr geehrter Herr Dr. Treher,
mein Brief trug zwar ein possierliches Gewand, barg aber dennoch ein theoretisches Problem, auf das Sie nicht eingingen, um mich statt dessen einer minimalen Vergeßlichkeit in puncto einer kleinen Abkü zu schelten. Meine Frage war: Läßt sich nicht an Goethe eine Seelenkrebs-Diagnose viel dankbarer durchführen als an Ernst Jünger, der doch auch rein optisch viel passabler und halluzinationsfreier ausschaut als Steiners Rudi? Ein kranker Geist in einem derart gesunden Körper, daß praktisch kein Normalsterblicher die Chance hat, ebenfalls 98 zu werden? (Ich komme mir bereits ziemlich überreif vor...)

Um es noch einmal umzuformulieren: Ich konstatiere gewisse Identitäten zwischen Arzt und Patient, wobei nicht ich mit meinem unschuldig ironischen Vorsprüchli heimlicher Steinerianer bin, sondern Sie, der Sie ihn zum Buchthema machen, derweilen Steiner & Konsorten Sie zum Buchautor gemacht haben, ansonsten Sie ohne Lebensthema wären! Ihre eigene Affinität zu diesen Themen bekämpfen Sie nun in meiner angeblichen Steiner-Sympathie, die von mir her gesehen überhaupt nicht besteht. Steiner trägt seine Theoreme in derselben Vehemenz und Unduldsamkeit gegen andere Sichtweisen vor wie Sie Ihre inhaltlich zum Glück anderslautenden Thesen. Einer meiner Briefpartner, Prof. Weigle aus Berlin, der HSS gelesen hat, nennt das «die wahnvolle Klarheit der Dogmatiker» und schreibt des weiteren über den Verfasser von HSS: «Daß sein gnadenloser Scharfblick von finsterer Seelenverwandtschaft sich nährt und schärft, ist direkt zu spüren.» Und ein Hitlerspezialist aus Hamburg schrieb mir, es sei ein völlig alter Hut, Steiner als wahnsinnig zu entlarven, das sei bereits zu dessen Lebzeiten wiederholt geschehen. Bereits die von Ihnen geschmähten Adorno/Horkheimer haben vor einem halben Säkulum die Elemente des Antisemitismus unüberbietbar tiefgründig aus seinen paranoischen Wurzeln hergeleitet.

15. 12. 93

Sehr geehrter Herr Holbein,
ich danke für den Brief vom 12. Dezember. – Was haben Sie da nur wieder verzapft! Was heißt hier «ironisches Vorsprüchli»! Sie jonglieren doch auch sonst mit Astralleibern herum. Hielten Sie nichts davon, hätten Sie sich nur mit einer Albernheit kompromittiert,

mit substanzlosem Geschwätz und Schellengerassel. Aber so ist es eben nicht. Die Wahrheit dürfte sein, daß Sie unaufrichtig sind. Wenn's für Sie eng wird, vollführen Sie Kopfstände, schlagen Purzelbäume und machen den Clown in litteris.

Steiner mein «Lebensthema», welche Verkennung! Ich hab ein Buch über Hegel geschrieben, ein Buch über J.-J. Rousseau und *kein* Buch über Steiner. Natürlich ist es ein «alter Hut», Steiner und Hitler als wahnsinnig zu entlarven. Bei mir ist die «Entlarvung» nur ein unvermeidlicher Begleiteffekt; das eigentliche Thema ist die Aufdeckung der universell bei allen Schizophrenen anzutreffenden Seelenstruktur.

Ich habe gar nichts dagegen, daß Sie bei Goethe einen Seelenkrebs diagnostizieren; ich beglückwünsche Sie zu diesem «Wurf»! Belegen Sie Goethes Seelenkrebs mit Befunden, Sie werden mit dem Nobelpreis belohnt! Ich kann es nicht, ich bin zu dumm dafür.

Merkwürdig ist auch: Ich lege den Forschungs-Ertrag eines langen Psychiaterlebens vor; Sie haben von allem keine Ahnung, aber gleich eine Meinung! Sie haben sogar schon eine Meinung zu meinem noch gar nicht erschienenen Jünger-Buch!

Seit Jahren sind mir Leute bekannt, die aus mir einen «Ideologen» machen wollen, weil ich mir einbildete, Ideologien entlarvt zu haben: «Selber Ideologe», lautet die Retourkutsche, eine altbakkene Masche. Sie machen mich ja sogar zum antisemitischen Paranoiker!

Sie brauchen jemanden, der Ihnen mal den Star sticht, und das will ich tun: Ich halte Sie für einen gänzlich urteilsunfähigen Menschen, der niemals denken gelernt hat (das muß man nämlich lernen!) und sich maßlos überschätzt. Sie sind ein Genie paradoxer Buchtitel: Lärm – belauscht, Lücke – voll besetzt, Ozean – Sekunde usw. Das reizt. Potentielle Leser fühlen sich davon angesprochen, ich auch. Ich habe mir die «Ozeanische Sekunde» gekauft, welche Enttäuschung! Sie sind ja ein geistiger Zappelphilipp und Faselhans. Ich nehme an, daß Sie, wie Schiller und Goethe auch, ein Standbein in einem bürgerlichen Brotberuf (Lehrer? Studienrat?) haben, wenn nicht, dann Gnade Ihnen Gott! Einem bösartigen Rezensenten liefern Sie ja Stoff in Hülle und Fülle. Er könnte zum Beispiel von einem geistigen Labskaus sprechen, angerichtet mit etwas Dressing-Pisse aus Ihrer verehrlichen Wasserlatte. Möglich, daß Sie als «Künstler» – irgendwo – hohe Anerkennung finden. Sogar Scheiße kann heute «Kunst» sein. Die Galerie Braun & Schmidt, Wuppertal, verkauft «Skulpturen» von Eberhard Kranemann. Darunter ist auch ein Stück Scheiße, von Goldfäden durchwirkt. Titel des Kunstwerks: Aus Scheiße Gold machen. Die Galerie will dafür nicht viel haben, DM 300,– nur, trotzdem: für Scheiße, die man selbst täglich kostenlos produziert, ist das viel Geld.

Meine Empfehlung: Vergreifen Sie sich nicht an meinen Sachen, sie sind Ihnen unbekömmlich.

Mit freundlichem Gruß
W. T.

P. S. Ich habe bei Adorno im Seminar gesessen und bei Horkheimer Vorlesungen gehört. Horkheimer war Schopenhauerianer, mir sehr sympathisch, ein grundsolider Schulmeister. Adorno, preziös ridikül, litt an der Zwangsneurose, sich selbst «dialektisch» in den eigenen Hintern beißen zu müssen. Und damit Gott befohlen!

17. 12. 1993

Sehr geehrter Herr Dr. Treher,
vor ein paar Tagen bat mich eine strenge Anthroposophin auf ihr Naturholzzimmer, ich bangte ahnungsvoll: Was kann die von mir wollen? Sie nahm mich gehörig ins Gebet: Sie hätte gehört, ich wolle etwas über Steiner schreiben, und ob ich denn da «überhaupt kompetent» sei. Tatsächlich: Sie wollte verhindern, daß ich über Steiner schreibe. Und schon trifft ein Brief ein, von Ihnen, dem A-priori-Feind dieser Frau (samt ihrem Dr. Steiner), mir gleichfalls die Kompetenz absprechend (nur mit ein bißchen anderen Worten), halt nur im Hinblick auf die Werke von Dr. Treher. Hiermit habe ich Sie auf der frischen Tat ertappt, die Untugenden des klassischen Dogmatikers zu entfalten, exemplarisch in Reinkultur mir gegenüber, nach dem Schema: Wer anders denkt, dem wird das Denken rundweg abgestritten. Ich bin zu jung (= unreif), um Ihr Lebenswerk zu verstehen, Sie hingegen sind keineswegs zu alt (= senil), um die Eigenart meiner Bücher beurteilen zu können. Leute, die Ihre Bücher ablehnen, sind Idioten, Leute wie ich, die Ihre Bücher und Briefe weiterhin mit Freude und Gewinn lesen, sind blind – Sie aber sind in der Lage, mir den Star zu stechen, auf daß vielleicht auch ich teilhaft werde, Ihre Bücher nicht in den falschen Hals zu kriegen – eine verräterische Metaphorik wenden Sie

da an: Denn auch der Dr. Steiner verstand sich gegenüber seinen Lesern als Lichtbringer, denen die Augen erst von oben herab geöffnet werden müssen! Ätsch: Tat twam asi!

Dabei gehe ich mit Ihren Theoremen inhaltlich völlig d'accord, würde allenfalls sprachliche und stilistische Kleinigkeiten monieren. Nur weil ich mein Menschenrecht in Anspruch nahm, Astralleiber nicht schwerbewaffnet zu bekämpfen, sondern satirisch zu behandeln, und nur, weil ich augenzwinkernd provokant den alten Tabu-Hut aufgetischt habe, die amüsante Wahlverwandtschaft zwischen Nervenarzt und Nervenkranken, fühlen Sie sich prompt veranlaßt, mich in toto als Gegner zu behandeln, mein Werk in toto mit Scheiße zu vergleichen – das find ich psychiatrisch hochdelikat. Ich habe 16 Semester Philosophie & Psychologie studiert (in Tübingen), in Ihren Augen aber habe ich von allem keine Ahnung. Da kann ich nur folgende Diagnose stellen: Hochgradige Realitätsverkennung. Ausgeprägtes Rachebedürfnis gegenüber Zufügungen, die gar nicht stattfanden. Einlieferung in eine geschlossene Anstalt dringend anzuraten, falls Sie sich weiter in jene Bekämpfung eines fiktiven Feindes hineinschaukeln, der mit mir identisch sein soll und in welchem keiner mich wiedererkennen würde. Vorsicht, sonst fliegen wir noch in Kürze wildstrampelnd gemeinsam in einem Himbe-Wumbe-Mumbe-Weltall herum, Treher & Holbein ineinander verbissen wie Schreber & Flechsig.

Diese meine laienhafte Diagnose ist möglicherweise grundfalsch, ich lasse da mit mir handeln, ich muß mich nicht gleich verbiestert festbeißen. Ihre Diagnose hinsichtlich meines Brotberufs aber ist in jedem Fall nicht nur falsch, sondern ununterbietbar absurd – allerdings muß ich zugeben, daß ich eventuell auch für Experten ein schwieriger Fall bin. Wenn Sie mich als wahnkrank einstufen würden, wäre mir das viel schmeichelhafter als Ihre Vermutung, daß ich ausgerechnet so was Biederes wie ein Lehrer sei. Da kommt nicht Menschenkenntnis und lebenslang geschulter Scharfblick zum Zug, sondern erneut Projektion: Sie haben nebenbei Ihre Bücher geschrieben, also soll auch ich das so gemacht haben. Dies wieder erfreut mich insofern, als wir dann doch irgendwie Bundesgenossen und Schicksalsbrüder wären – wenn ich Lehrer wäre. Ich sehe die Gemeinsamkeiten anderswo: Jeder von uns zwei beiden hat eine gewisse Eigenwilligkeit und sprachliche Frische aufzufahren und sicher auch ein wenig Lust an männlich rechthaberischer Streitkultur.

Daß ich nicht denken kann, das geht mir allerdings übel nach.

Vielleicht meinen Sie bloß, daß ich nicht wissenschaftlich denken kann? Ich denke halt stereoskopisch, quadrophonisch und womöglich so arschbeißerisch wie Adorno und nicht so simpel, eingängig und stur gradaus wie Horkheimer. Von Adorno und mir her gesehen denken die vielen kleinen Trehers unterhalb jeder philosophischen Elastizität eng in ihren arg begrenzten Thesenpaketen herum, wobei schon wieder eine akkurate Diagnose fällig wird: Sie und ich leiden / erfreuen uns inkurabel an Größenwahn – recht so? Und selbst Zwerge verspüren beim gedanklichen Verharren in ihren Merksätzen und Scheuklappen eine sonderbare Wollust, die schier in Richtung Levitationsgefühl abhebt! Kurzum: Wir durchschauen uns jeweils restlos, Sie mich sowieso und ich zur Strafe – Sie!

Einen friedlichen Jahresausklang wünscht mit herzlichen Wintergrüßen

Ihr denkschwacher Wasserlatten-Clown

29. 12. 93

Sehr geehrter Herr Holbein,
warum mußten Sie denn sechzehn Semester studieren, das ist ja furchtbar! Kennen Sie nicht Schopenhauers Dictum: Die Gelehrten haben sich dumm gelesen! Und gar Philosophie.

Mit meinem Brief vom 15. 12. hoffte ich die Korrespondenz beendet zu haben; jedenfalls rechnete ich nicht mit einer Antwort. Ich soll mit Hitler wie mit Steiner geistesverwandt sein und damit die «amüsante Verwandtschaft» des Nervenarztes mit seinen Kranken bestätigen? Sie behaupten, Sie seien mit meinen «Theoremen inhaltlich völlig d'accord», wie ist das mit dem Sammelsurium läppischer Retourkutschen vereinbar, mit dem Sie mich überschütten? Der Ozean Ihrer Logorrhoe – eine meiner Krankenschwestern verblüffte mich mit der Übersetzung «Sprechdurchfall» – erweckt in mir die Vorstellung, an das Marterholz endlosen geistreichelnden Zwangsschreibens und Zwangswitzelns geschlagen zu sein. Sie sprechen von männlich rechthaberischer Streitkultur, was sich so liest, als tjosteten und buhurdierten zwei Don Quijotes aufeinander los, bis sie beide gleichzeitig vom Sattel fallen. Wir durchschauten uns, meinen Sie. Schön wär's. Leider kann ich in unserer Korrespondenz von Anfang bis Ende keinen Fortschritt wahrnehmen. Ich tippe mir die Finger wund, und Sie bringen mich mit Ihrem Unverständnis zur Verzweiflung. Es erneut sich in mir der Eindruck, daß Sie meine Bücher gar nicht lesen, möglicherweise einem Selbstschutzbedürfnis nachgebend.

Ich mache einen letzten (!) Erklärungsversuch: Schizophrene Autoaggression ist nicht werthaltig, kann also auch keine Quelle von «Inspiration» sein; wer sich davon «inspirieren» läßt, landet zuletzt bei Auschwitz (siehe dazu «ewiges Auschwitz», HSS, S. 372). Daß Gesunde nicht inspiriert sein könnten, ist ein seltsames Vorurteil, siehe dazu die gewaltige Bilderfülle des zweiten Faust, den philosophischen Tiefsinn der Bachschen Solosonaten und dann natürlich das grandiose nonverbale Weltbild Joseph Haydns, dieses einzigartige Manifest der Größe und Freiheit, mit der Durchsichtigkeit und Helle antikischer Architektur, straff gezügelt noch im berauschendsten Brio, herbstlich eingefärbt im sotto voce der großen Adagios...

Aus Platzgründen müssen wir den Fortgang des Briefs etwas raffen. Laut Dr. Treher hat die Flechsigsche Seele mit dem leibhaftigen Hirnanatom Flechsig nichts zu tun, Oskar Lafontaine nicht mit Adelheid Streidels unterirdischen Mordfabriken, die Juden von Auschwitz nichts mit dem Juden, der an Hitlers halluziniertem Weltuntergang schuld ist. Bei den Defektpersönlichkeiten Steiner, Hegel und Jünger sei die Krankheit stehengeblieben und narbig ausgeheilt; das zurückbleibende Narbensymptom sei bei Hegel die Dialektik. Die Wahrnehmungswelt dieser Kranken bestehe aus ihren projizierten Seelensäcken, der eine Sack mit positiven Seelenpartikeln beladen (Volkskörper), der andere mit negativen (Jude). Bei Berührung dieser Säcke entstehe chronischer Verbrennungsprozeß zwischen Genußerlebnis (Hegels Weltgeist) und ausgebrannter Seele (Hegels Schädelstätte). Die Billiarden Böblinger seien ein Produkt des Geschlechtsverkehrs zwischen der UNO-Kaiserin von Böblingen und einem «Obersten Honogogoscho!, der sich, wie die Flechsigsche Seele, irgendwo im Himmel aufhält und seine Kaiserin allnächtlich sticht. Eigentlich hat Adelheid Streidel nur gesund werden wollen; sie wäre gesund, wenn das negative Gegenüber verschwände. Genauso sei Hitlers Welterlösungsstrategie eine Do-it-yourself-Therapie am untauglichen Objekt. Das Posthistoire einer befriedeten, vernunftgeregelten Welt, sozusagen einer global gewordenen EG, enthülle sich spätestens mit dem nächsten Kuckucksei als Utopie. Die Postmoderne, als deren Repräsentanten der Freiburger Professor Rolf Günter den Dichterphilosophen Ernst Jünger vorstellt, nehme die Widervernunft in der Geschichte mit ihrem stets sich erneuernden Blutsumpf als ihr unabänderliches So-Sein schicksalsergeben, ja – leider – zur Theodizee wollüstig verklärt hin. Usw.

Nachtrag 1994: Inzwischen haben die Kampfhähne eine Schein-Versöh-nung hingekriegt. Der Themenknäuel verzettelte und verharmloste sich in Richtung Haydn. Überhaupt habe ich das streitbare Fossil überhaupt nur deshalb manchmal ein wenig unsanft provoziert, um den Briefwechsel bri-santer aufgischten zu lassen und um Dr. Treher mit meiner Romanfigur, dem fiesen Nervenarzt Dr. Knirsch, physiognomisch zu verschmelzen. Hiermit sei bekräftigt: Den Dr. Treher gibt's wirklich, und seine Bücher sind keine Fiktion, sondern sofort bestellbar und äußerst lesenswert. In-zwischen hat mir der Verfasser von HSS bereits Fotos zugesandt, auf denen er im Kreis seiner äußerst zahlreichen und erfolgreichen Kinder und Enkel zu sehen ist. Ich verkniff mir gewaltsam die allzu holbeintypische Anmerkung, daß das stolze Vorzeigen von biologischem Nachwuchs – mit einer Formulierung von Burghard Schmid – «auf einen unbewußten Zweifel an der geistigen Lebensleistung» schließen lasse und daß er auf körperlicher Ebene genau das tue, was er Hitler und Schreber vorwerfe, die mentale Aufspaltung in tausend Mini-Abspaltungen von Schreberschem Geiste bzw. in einen geballten Volkskörper aus lauter kleinen Hitlers. Und während die islamische und chinesische und großrussische Bombe dem definitiven Weltseelenkrebs entgegentickt, kann der Urzwist zwischen Mythos und Aufklärung = Dichtung und Wahrheit = Holbein und Tre-her jederzeit wieder loszüngeln, falls ich nicht ab sofort alle Astralleiber in Ruhe lasse und mich streng auf das sotto voce der großen Adagios Joseph Haydns eingrenze ...

Zu den Autoren

Karl Bruckmaier, geboren 1956, lebt in München und ist Hörspielautor, DJ und Pop-Journalist. Er veröffentlichte u. a. «I'm Only In It For The Zeilenhonorar» (Sonnentanz Verlag 1993), «Front» (Hörspiel-CD, BR 1989) und «Amiri Baraka: Real Song» (Hörspiel-CD, enja 1995).

Georg Brunold, 1953 in Arosa (Graubünden) geboren, war von 1991 bis 1994 Auslandskorrespondent der Neuen Zürcher Zeitung in Nairobi. Er veröffentlichte 1994 in der Anderen Bibliothek den Band «Afrika gibt es nicht». Sein Porträt ist Teil eines Reportagenbandes, der unter dem Titel «Afrikanische Reporterspur» im Buchverlag der NZZ erscheint.

Diedrich Diederichsen, geboren 1957 in Hamburg, veröffentlichte u. a. «Sexbeat» (1985), «1500 Schallplatten» (1990), «Freiheit macht arm» (1993). Im Herbst erscheint «Politische Korrekturen». Er lehrt in Stuttgart an der Merz Akademie, Fachhochschule für Gestaltung, sowie am Art Center in Pasadena.

Franzobel, geboren 1967 in Vöcklabruck, lebt als freischaffender Autor in Wien und Pichlwang. Zuletzt veröffentlichte er «Hundshirn», Blattwerk 1995, und «Die Krautflut, Erzählung», Suhrkamp 1995. Für «Die Krautflut» wurde er 1995 mit dem Ingeborg-Bachmann-Preis ausgezeichnet.

Gero Günther, geboren 1966, arbeitet als Journalist und Autor in München. Er schrieb eine Magisterarbeit zum Thema «Camping Out With The Counterforce: Thomas Pynchon's *Vineland* And More Popular Culture». Sein «Countdown to TxTc» erschien in einer anderen Version bereits im «jetzt», dem Jugendmagazin der «Süddeutschen Zeitung».

Ulrich Holbein, geboren 1957, veröffentlichte zuletzt den Roman «Warum zeugst du mich nicht» (1993), im Juni 1996 erscheint «Sprachlupe» bei Eichborn. *Wolfgang Treher*, Jahrgang 1919, Facharzt für Neurologie und Psychiatrie, arbeitete 1959–1981 im Psychiatrischen Landeskrankenhaus Emmendigen. Er veröffentlichte Bücher über Rousseau, Hegel und Ernst Jünger.

Barbara Maria Kloos, geboren 1958 in Darmstadt, lebt nach Aufenthalten in München, Berlin und New York seit 1993 als freie Schriftstellerin in Köln. Zuletzt erschien der Lyrikband «Die Tage waren wie Ballons», Schneekluth 1991. In den letzten Jahren Arbeitsschwerpunkt im Bereich «Spoken Poetry».

Radek Knapp, geboren 1964 in Warschau, lebt seit 1976 in Wien. 1994 wurde sein Erzählungsband «Franio» als bestes deutschsprachiges Prosadebüt des Jahres mit dem «Aspekte»-Literaturpreis ausgezeichnet.

Helmut Krausser, geboren 1964 in Esslingen, lebt bei München. Er veröffentlichte die Romane «Könige über dem Ozean» (1990), «Fette Welt» (1992), «Melodien» (1993) und «Thanatos» (1996), die Erzählungsbände «Spielgeld» (1989) und «Die

Zerstörung der europäischen Städte» (1994) sowie zwei Bände seiner Tagebücher.

Marko Lehanka, geboren 1961, studierte an der Städelschule, Hochschule für Bildende Künste, in Frankfurt / Main bei Thomas Bayrle. Von 1991 bis 1992 war er Mitarbeiter am Frankfurter «Institut für Neue Medien». Von 1989 bis heute zahlreiche Ausstellungen im In- und Ausland. Er lebt in Frankfurt / Main.

Michael Lentz, geboren 1964 in Düren, lebt in München. Autor, Musiker und Interpret von experimentellen Texten und Lautgedichten. Seit 1987 im Ensemble des Komponisten Josef Anton Riedl.

Thomas Meinecke, geboren 1955 in Hamburg, lebt seit 1977 in München. Er veröffentlichte «Mit der Kirche ums Dorf», Suhrkamp 1986, «Holz», Kiepenheuer & Witsch 1988, und «The Church Of John F. Kennedy», Suhrkamp 1996.

Andreas Neumeister, geboren 1959, veröffentlichte zuletzt «Salz im Blut», Suhrkamp 1990, und «Ausdeutschen», Suhrkamp 1994. Er lebt in München.

Norman Ohler, lebt in Berlin und arbeitet derzeit an seinem zweiten Roman «Chemie». Sein erster Roman «Die Quotenmaschine» ist im Februar 1996 bei Hoffmann & Campe erschienen.

Albert Ostermaier, geboren 1967 in München, lebt und arbeitet dort als freier Schriftsteller. Er veröffentlichte u. a. «Zwischen zwei Feuern. Tollertopographie» (1993) und den Lyrikband «Herz Vers Sagen» (1995). Zur Zeit arbeitet er für das Bayerische Staatsschauspiel an einem Stück über Bertolt Brecht.

Kathrin Röggla, geboren 1971 in Salzburg, lebt in Berlin. 1995 erschien ihr Prosaband «niemand lacht rückwärts» bei Residenz. Im gleichen Jahr wurde sie mit dem Priessnitz-Preis ausgezeichnet.

Dieter Schlesak, geboren 1934 in Schäßburg (Siebenbürgen), lebt in Camaiore / Italien. Er veröffentlichte zuletzt den Essayband «Wenn die Dinge aus dem Namen fallen» (1991) und eine Chronik der Jahre nach dem Zeitbruch 1989, «Stehendes Ich in laufender Zeit» (Leipzig 1994).

Claudius Seidl, geboren 1959, veröffentlichte ein Buch über Billy Wilder, eines über das deutsche Kino der 50er Jahre und schrieb die Biographie Uschi Obermaiers auf. Zuletzt erschien, gemeinsam mit Andrea Parr, «Gnadenlos glücklich.» Er ist Redakteur beim «Spiegel», arbeitet in Hamburg und lebt in München.

Christian Uetz, geboren 1963 in Egnach, Schweiz. 1993 erschien «Luren, Gedichte» im Verlag im Waldgut Frauenfeld, 1994 «Reeden» im gleichen Verlag.

Christoph Willumeit, geboren 1963, studierte Germanistik und Kunstgeschichte. Er lebt und arbeitet als freier Autor und Übersetzer in Hamburg.

Hubert Winkels, geboren 1955, lebt als freier Autor, Literaturkritiker der «Zeit» und Filmemacher in Düsseldorf. Er veröffentlichte u. a. «Liebesexpress» (Roman, 1985), «Ausnahmezustand» (Erzählungen, 1987), «Einschnitte. Zur Literatur der 80er Jahre» (1988) und «Freistil» (1993).

Andreas Neumeister Marcel Hartges (Hg.)

Poetry! *Slam!*
Texte der Pop-Fraktion

rororo